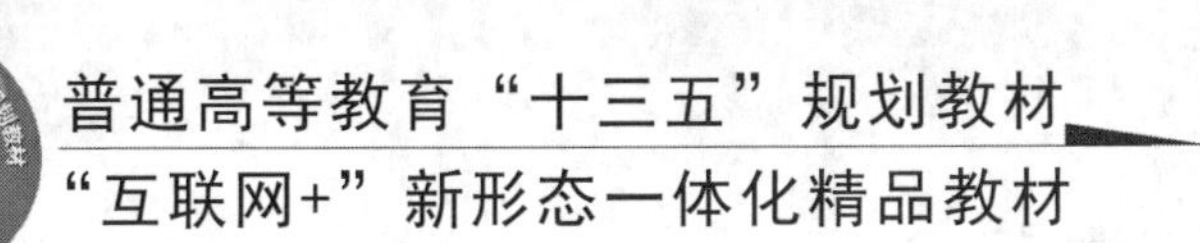

普通高等教育"十三五"规划教材

"互联网+"新形态一体化精品教材

大学生健康教育

（第2版）

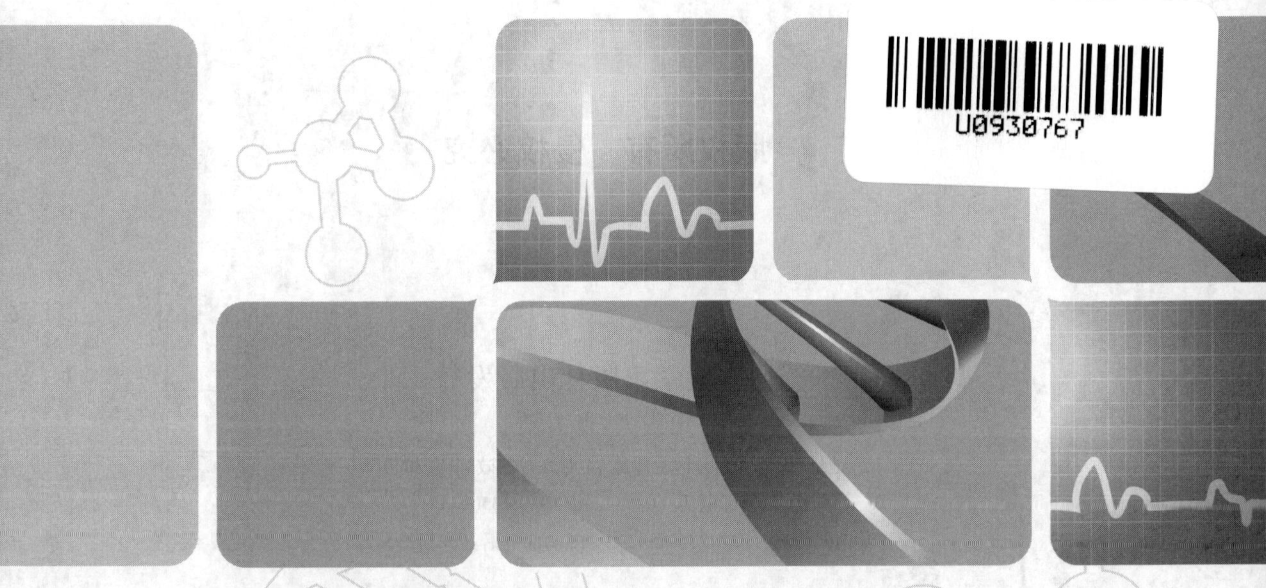

主　编　谭奇余

副主编　（按姓氏拼音排序）

范玉蓉　高天培　龚峥伟　李忠晓

林　华　马智群　舒　琼　孙　云

谢少丽　徐利新

编　委　冯琴华　何静芳　黄殿勇　邵立斌

南開大學出版社

图书在版编目(CIP)数据

大学生健康教育 / 谭奇余主编. —天津:南开大学出版社, 2011.7(2018.7 重印)

ISBN 978-7-310-03722-3

Ⅰ.①大… Ⅱ.①谭… Ⅲ.①大学生-健康教育 Ⅳ.①G479

中国版本图书馆 CIP 数据核字(2011)第 112332 号

南开大学出版社出版发行

出版人:肖占鹏

地址:天津市南开区卫津路 94 号 邮政编码:300071

营销部电话:(022)23508339 23500755

营销部传真:(022)23508542 邮购部电话:(022)23502200

*

北京荣玉印刷有限公司印刷

全国各地新华书店经销

*

2018 年 7 月第 2 版 2018 年 7 月第 2 次印刷

787×1092 毫米 16 开本 17 印张 342 千字

定价:39.80 元

如遇图书印装质量问题,请与本社营销部联系调换,电话:(022)23507125

Preface 前言

人的一生中想要拥有的东西有很多很多，事业、爱情、名誉、地位、金钱、家庭、信仰、娱乐、健康等等，而这一切，都要用血肉之躯去承载，如果我们的身体生了病，所有的东西都会离我们远去。所以说，健康不一定代表一切，但失去了健康，就失去了一切。中国的大学生在受教育历程中，学了很多专业知识，但对自身了解甚少，对身心的自我维护意识较为淡漠。由于我国健康教育工作薄弱，不少大学生对维护健康不够重视，又缺乏应有的保健知识，甚至对不良的生活方式习以为常，在不同程度上损害了身体健康。大学生作为特殊的青年群体，正处于个性发展和人生观形成时期，面临多种选择、机遇和激烈的竞争，很容易产生心身疾病。因此，在大学普及开展健康教育以提高大学生的心理素质和身体素质，是培养德、智、体、美全面发展的社会主义合格建设者和可靠接班人的重要途径，也是关系到中华民族素质提升的一项具有战略意义的重要工作。

当前，我国已进入改革发展的关键时期，社会组织形式、就业结构、社会结构变革加快，社会利益关系更趋复杂，社会竞争不断加剧，大学生面临的学习、生活和就业等压力日趋明显，容易产生心理困惑、心理障碍和行为偏差，对其成长和发展具有不可忽视的影响。这就要求学校针对当代大学生的特点，积极开展健康教育，帮助其培养良好的心态、健全的人格，促进大学生思想道德素质、科学文化素质和身心健康素质协调发展。为了满足大学生的健康需求，我们根据《大学生健康教育基本要求(试行)》，编写了《大学生健康教育》一书，本书适用于本科院校、成人高校及高职高专院校等各类院校，旨在使大学生掌握健康的基本知识，确立健康的自我意识，增强自我监测和自我保健能力，积极、主动地参与健康活动，成为自身健康的主宰。

Preface

本书根据大学生健康教育的基本要求，分别对大学生身心健康的有关问题进行论述，主要分为十个章节，系统介绍了健康教育概论、人体基础知识、大学生心理卫生、学习卫生与起居卫生、性心理与性卫生、常见病的防治、药物应用基本知识、饮食与营养、体育锻炼与健康、现场救护等内容。全书内容新颖，语言通俗易懂，且密切联系青年学生的思想和行为，具有较强的针对性和实用性。

本书在编写过程中吸取和借鉴了国内外一些专家和学者的研究成果，且得到了一线教学专家的大力支持，在此一并表示诚挚的感谢。由于编者水平所限，书中不足之处在所难免，恳请广大读者批评指正，以便今后修订、完善，联系电话：010－57749959，邮箱：2033489814@qq.com。

编　者

Contents

目　录

Contents

第一章
健康教育概论

幸福的首要条件在于健康。

——柯蒂斯

只有身体好才能学习好、工作好，才能均衡地发展。

——周恩来

当人们衣食无缺后，对于健康的渴求便越来越强烈了。健康，是人生一切成就的根源。追求健康已成为现代人的基本目标之一。

我国著名医学科学家、中国科学院院士吴阶平说：“健康不是一切，但没有健康就没有一切。”现代社会需要的是体力和智力协调发展、人格完善、才能卓越的人才。大学生要立志成才，首先要具备较高的思想道德素质、科学文化素质、心理素质和身体健康素质，而身体健康素质是大学生成才的重要因素。大学生的身心健康关系到自己学业的成就和理想、前途，也关系到社会的进步、国家的昌盛和民族的振兴。健康是人类生存与发展的最基本条件；健康既属于个人，也属于整个社会、国家和民族；健康是提高生命价值、生命质量和实现美好人生的前提条件，是人生的第一财富。

第一节 健康的概念

健康是一种动态平衡。这是一种平衡的状态：均衡地输入和输出能量和物质（甚至允许生长）。健康也意味着有继续生存的期望。对有情感的动物，例如人类，它是万物之灵，生来就有追求精神面与物质面两种更好的生活方式，所以对健康认知与要求会有更广的概念。

一、健康概念的演变

健康是一个综合概念。在不同的历史发展阶段中，人类对健康的认识和要求，与物质生产、科学技术、社会结构等因素的变化密切相关。

在人类社会的早期，生产力十分低下，一旦失去健康人类便无法生存。此时健康的意义与生命等同。随着生产力的发展和物质的丰富，人们才有可能考虑减轻病痛和伤害，改善其生活，求得更长的生存期。在尔后很长的一段历史时期中，人们仅在患病时才寻求医药，并认为医治疾病、延年益寿是医生的责任。衡量健康与否，则以是否患病以及疾病的严重程度为标准。

到20世纪中叶，科学技术的迅速发展和新兴边缘学科的出现，为人类认识自身提供了多种手段和方法，使人类对健康的认识和要求不断地更新、扩展，并赋予更丰富的内涵。早在20世纪30年代，美国健康教育学专家鲍尔等指出："健康是人们身体、心情和精神方面都自觉良好，活力充沛的状态。"1948年世界卫生组织在宪章中指出："健康不仅是免于疾病和虚弱，而且是保持身体上、精神上和社会适应方面的完美状态。"这一概念改变了以往健康仅指无生理功能异常、免于疾病的单一概念，明确、概括地指出人生命活动过程中生物、心理、社会活动等多方面的要求，并在1978年初级卫生保健大会所发表的《阿拉木图宣言》中加以重申。可见健康的概念在不同的历史发展阶段中有所演变，反映着强烈的时代特征。"健康不仅是免于疾病和虚弱，而是保持体格（生理）、心理、（道德）和社会（适应能力）方面的完美状态"，是一个广泛适用的概念。世界卫生组织还提出了健康的10个标志：①有充沛的精力，能从容不迫地对付日常生活和工作而不感到精神压力；②处事乐观，态度积极，勇于承担责任；③善于休息，睡眠良好；④应变能力强，能适应外界的各种变化；⑤能抵抗普通感冒和传染病；⑥体重合适，身材匀称而挺拔；⑦眼睛明亮，反应敏锐；⑧头发具有光泽而少头屑；⑨牙齿清洁无龋，牙龈无出血而颜色正常；⑩肌肤富有弹性。

现如今，世界已公认健康是社会进步的一个重要标志和潜在动力；促进健康不仅是卫生部门的责任，也是社会成员共同的任务。个体不但要对自己的健康负责和向社会求得医疗服务，更要在促进他人和全社会的健康方面承担义务。这就要求人们有增进健康的强烈意识并重视健康的价值。随着社会经济科技文化等发展以及人类对客观世界认识的不断深化，健康将被赋予更新的含义。现在可以预见，下一世纪最大的突破将在生命科学领域；追求高质量的健康生活，是历史发展的必然趋势；人们对健康的认识必将日臻确切并更符合客观和自身的规律。

二、健康与疾病

健康与疾病之间并没有十分清晰的界限。人们对于疾病的认识也随科学水平的发展而发生变化。在这一进程中所产生的一些认识，以及对待疾病和健康问题的思想和方法，是人类对健康与疾病总体特点和实质的认识与概括，影响和指导着医学的研究与实践，通常称为医学模式。它的形成与转变，反映了人类对疾病与健康的认识的深化与发展。

回顾历史，医学模式经历了神灵医学模式、自然哲学医学模式、生物医学模式、现代医学模式等发展历程。在古代，人们认为生命是神所赐，患病是神灵的惩罚，保护健康和治疗疾病，主要依赖于求神问卜，就是用一些动、植物治病也常常是医巫混杂。随着生产力的提高，对于疾病与健康的认识也有了发展。如古希腊医学家希波克拉底认为："人体存在血液、黏液、黑胆、黄疸四种体液，如各体液配合正常，人就健康，如配合不当，人就生病。"我国传统医学的阴阳五行学说和内因、外因的病因学说，已将健康、疾病与人类生活环境相联系。尽管这一时期的医学染有浓重的宗教色彩，但已逐渐积累了丰富的实践经验（有人称这为经验医学时期）。到16世纪中叶，自然科学已有了明显的进步，医学进入了实验医学阶段，许多生物学家和医学家分门别类地研究了人体结构和各种生命现象，如哈维发现了血液循环，魏尔啸发表了细胞病理学说，等等。这些成就给生理学、医学带来划时代的影响。生物科学的进一步发展（如细菌学、组织胚胎学、生物化学、遗传学、病理学等学科的形成，以及显微镜等多种检测技术的应用），使人类有可能以生物学观点来进一步阐述生命现象，从器官和细胞角度来寻找疾病时的组织损害或生物大分子结构和生化代谢方面的变化，并逐步探明生命过程中许多复杂的内在联系。从这一角度来认识疾病与健康，做出诊断，并探讨治疗对策的模式，称为生物医学模式。这一模式在确定生物致病原因，阐明其机制与规律，以及与严重威胁人类生存的疾病做斗争中起到了重要作用，在指导、促进和保护人类健康的历史进程中做出了重大的贡献。然而，生物医学模式是将人作为生物人来研究，在处理人体健康与疾病时，仅重视生物化因素及躯体疾患，常将人体结构及功能的完好程度作为衡量健康的唯一标准，而忽视了非生物因素的重要作用。进入20世纪，特别是50年代以来，越来越多的研究表明，人的健康与疾病，不单纯受生物因素的影响。即使以生物因素为主的传染病，也日益受社会心理因素和个人生活方式的制约。原先的生物医学模式忽视这些因素的作用，从而暴露了它的局限性。美国学者恩格尔在70年代首先提出了生物医学模式应转向生物心理社会医学模式，亦称为现代医学模式。这一模式几乎概括了影响人类健康的各类因素，突出了社会、心理因素在导致疾病中的作用，使人们在对待疾病和健康的总体认识上有了根本性的改变。

在我国，生物医学模式的影响还明显存在，如医疗卫生的人力、物力投入仍以治疗为主，医疗诊断几乎均立足于测定人体的生物变量，人们仍习惯于用药品治病等。而对于心理、社会、经济、文化教育等非生物因素的影响，却缺乏足够的认识。健康教育必须将人作为一个整体来认识，强调人是生物、社会和心理的统一体，要求以生物心理社会医学模式来研究、处理健康与疾病。出现躯体、心理和社会适应这三方面的任何障碍，都属于不健康的范畴。

第二节 健康教育的概念

健康教育的核心是教育人们树立健康意识，促使人们改变不健康的行为生活方式，养成良好的行为生活方式，以降低或消除影响健康的危险因素。通过健康教育，能帮助人们了解哪些行为是影响健康的，并能自觉地选择有益于健康的行为生活方式。不过关于健康教育的概念一直没有一个明确的界定，众说纷纭。

一、健康教育的含义

目前，各国学者都认为很难为健康教育下一个获得公认的、准确的定义。鉴于各国经济水平、文化传统、卫生政策和保健要求等方面的差别，对健康教育的理解和要求也各不相同。如美国格林等所著《健康教育概论》就罗列了1943年至1980年期间美国官方以及各著名学者提出的健康教育的18个定义。在世界卫生组织历年来的正式文件中的提法前后也不尽相同。

在目前常被引用的健康教育概念有："健康教育是通过促进健康的生活方式，推动社会健康活动，改善有益于健康生活的条件，从而增进健康""健康教育是激发人们接受并利用健康信息，形成有益的习惯，避免有害的行为，从而使自己更健康""健康教育和一般教育一样，关系到人们的知识、态度和行为的改变；它致力于引导人们养成有益于健康的行为，使之达到最佳的状态""健康教育是通过影响人们的认识态度和价值观念，促进大众学习并运用医学知识技能，提高自我保健能力，从而创造健康的社会环境"等。世界卫生组织健康教育处前处长慕沃勒菲博士提出的概念是："健康教育帮助并鼓励人们有达到健康状态的愿望，知道怎样做才能达到这样的目的，使每个人都尽力做好为本身和为集体应做的一切，并知道在必要时如何寻求适当的帮助。"以上这些概念在不同的国家、地区以及国际卫生组织等范围内被广泛引用。

在 1988 年和 1991 年召开的第 13 届、14 届世界健康教育大会上，100 多个国家的健康教育专家和代表，再次探讨了健康教育的含义，着重指出：健康教育绝不是一般卫生知识的传播、宣传和动员，它的着眼点是行为问题，是人们建立与形成有益于健康的生活方式和行为。

当前，根据我国的卫生水平、社会结构、经济文化发达程度以及人民的生活基本方式等情况，健康教育的定义可这样阐述：健康教育是一种有计划、有目的、有评价的教育活动，帮助和鼓励人们树立增进健康的愿望，促使人们采取有益于健康的行动，形成健康的生活方式，以消除或降低危险因素的影响，创建健康的环境，并学会在必要时求得适当的帮助，从而达到保护和促进健康的目的。

二、健康教育与健康促进

健康促进的概念，从 20 世纪 70 年代后期开始引起各国政府及世界性卫生机构和专家们的关注，并在世界范围内得到重视。但是，关于健康促进的含义以及与健康教育的异同，却众说纷纭，理解不一。

早期较有影响的健康促进的观点是："健康促进是一门帮助人民改变生活方式，以期达到理想健康水平的艺术和科学。"1974 年加拿大政府出版的《Lalonde 报告》和 1979 年美国出版的《健康的人民》等，在健康促进方面都强调了改变个体行为和生活方式，突出了自助和对自己健康负责。尔后，华盛顿健康信息与促进办公室提出的《美国健康促进/疾病预防的目标》，却不仅包括了个体行为的改变，而且包括了机构、立法政策等方面的策略，并有清晰明了的定量指标。但这样的健康促进观也只强调个人对自己的健康负责，而不强调个体适应外界环境的能力。

20 世纪 80 年代初，世界卫生组织认为："健康促进是促进人民改善和控制自己健康的过程"，是"协调人类与其环境之间的战略，规定个人与社会各自对健康所负的责任"。这个概念范围广泛，将个体融入了社会，意义深远。1986 年加拿大政府出版了《健康促进构架》，扩充更新了《Lalonde 报告》中的许多概念，提出了加拿大实现人人健康目标的三大要点：减少人民享有卫生服务方面的不平等，增加预防和提高自我保健和应激能力；并指出减少高收入与低收入人群在享有卫生资源上的不平等，要从社会根源和社会责任方面去考虑；而且从健康促进机制到具体策略，都强调组织、机构和环境的改变。显然它提出的健康促进模式，注意到大环境的改变，强调政治、政府意志对增进人群健康的影响。这些观点在 1986 年 36 个国家通过的《渥太华宪章》中得到确认，并渐渐被很多国家和学者所引用。在 1991 年 6 月第 14 届世界健康教育大会上，世界卫生组织健康教育部主任迪龙和国际健康教育联盟主席托斯马的联合发言，重申了 1986 年渥太华健康促进大会上确定的"健康教育和健康促进互为依存"的认识。前任世界卫生组织总干事中岛宏也赞成健康教育与健康促进相结合的政策。

从上可见，由于各个国家、地区的政治、经济、道德观念、文化习俗和社会等所存在的差别，对健康教育和健康促进的理解也不尽相同。但健康教育与健康促进不能相互代替。健康教育是健康促进的重要内容和基础工作，它着重于健康知识的传播，建立健康的信念，并要求最终落实到建立健康的行为上；而健康促进已超越了"教育"的范围，不仅是对个体的要求，更强调全社会力量的参与，更为重视政治和国家行政机构所起的作用。在"实现人人享有健康"的历程中，健康促进显然具有更积极、更广泛的意义。世界各国的健康教育，无一不是从学校开始。这是因为学校可以有计划、有目的地安排教育活动。国内外健康教育专家公认，健康教育的重点人群是儿童和青少年，而儿童和青少年时期主要是在学校中度过，学校健康教育的重要性就显而易见。故许多国家通过各种途径加强从幼儿园到大学的健康教育。我国中小学的健康教育是近十几年才逐渐发展起来的，所以，本应在大学前进行的健康教育大多未能完成，致使大学生健康意识、基础卫生知识和习惯等方面与其学历及年龄颇不相称。近阶段大学健康教育的要求可归纳为：

（一）树立现代健康意识

大学生处于青春发育后期，机体代偿力强，不易觉察各种危害因素对自己所造成的损害。当前有相当一部分大学生认为无病就是健康。若关心自己的健康，也仅注意躯体症状的变化，常以无自我不适为满足。对于心理、社会环境的影响缺乏敏锐的观察和判断能力。对于未来竞争的焦点是人才竞争（而其中人才的健康水平又是最重要的条件）的这一大趋势以及“有了健康不等于有了一切，但失去健康应失去一切”这句名言没有足够的认识，缺乏增进健康的紧迫感。

所以，大学生的健康教育，必须使他们强烈意识到现代人的健康不仅是躯体无病、体格健壮，更应有良好的心理素质和社会适应能力，为此要积极吸取卫生知识，养成良好的生活方式，保持健康行为，了解现在和未来的健康需求。

增加卫生知识，提高自我保健能力及与健康有关的知识水平，是促使行为改变的最基本条件，卫生知识水平不高，就难以达到转变不良行为的目的。大学生这一高文化水平的人群，也不例外。

当今我国大学生健康知识水平并不高，早期健康教育缺失成为大学生体质的“隐形杀手”。熬夜打游戏、上网看电视，不吃早餐就上课，考试前整天上自习，考试后通宵泡 KTV……这是当代不少大学生的真实生活写照。

在广州闭幕的 2008 年奥林匹克科学大会上，一个名为《中国大学生健康与生活行为调查报告研究》的专题报告，引起了国内外体育教育专家的关注。这份调查报告显示，65.68% 的中国大学生“感到运动不足”，7.57% 的大学生不吃早餐，15.44% 的大学生不懂得饮食要荤素搭配。

体育教育专家指出，当今大学生存在种种不健康行为的部分原因，就是他们缺乏必要的健康知识，这反映出我国早期健康教育的缺失。

为此，大学生要努力改变卫生知识贫乏的现状，充分运用文化水平高、学校设备先进、信息传递快、资料丰富等良好条件，掌握卫生知识，学会观察、分析各种生物、心理、社会因素的影响以及其作用的过程和表现，识别“健康”与“不健康”，选择正确的保健方法和途径。

（二）形成健康的行为和生活方式

生活方式是指个人和社会的行为模式。它虽然受到自然环境和社会环境的影响，但又是可由个人选择及控制的行业。众所周知，心脑血管病、癌症已成为威胁人类生存健康的主要疾病。其中一个重要原因是不良行为和不健康的生活方式所致。美国疾病控制中心（CDC）调查了心脏病、癌症、中风、流感、肺炎、糖尿病、肝硬化等最常见的死因，发现不良的生活方式是导致死亡的最主要因素。

除流感、肺炎和糖尿病以外，在其他 8 个最常见的死因中，不良的生活方式所起的影响最大。从这个意义上说，健康和生命在自己手中。

在各种不良的生活方式中，最重要的前四位危险因素是吸烟、过量饮酒、膳食结构不合理和缺少运动。当今，各种不良生活方式引起的疾病已被称为“生活方式病”。

它是当前世界各国的医疗费用增长居高不下的重要原因。20 世纪 80 年代，美国曾预测：使美国成年人平均寿命增加 1 年须花费 100 亿美元。然而如果能使人们做到不吸烟、少饮酒、合理饮食和经常锻炼，几乎不多花分文就能期望使人的平均寿命增加 11 年。

我国人民的不良生活方式也与此相似。据 1985 年中央爱委会公布的全国 50 万人吸烟情况分析，大学生吸烟率为 19%，1990 年云南某大学调查学生吸烟率为 37.89%。2014 年，杭州大学生健康生活方式网络调查，男生吸烟率 26.67%，女生达 2.85%。过量饮酒在高校并非偶见，常有因酒醉不能正常上课甚至醉倒失态者，严重者曾因饮酒过量而死亡。摄食习惯不良（如嗜咸、偏食）以及缺少锻炼的现象也普遍存在。人们往往对这些不良生活方式习以为常，如明知吸烟有害也不愿忍受戒烟后的不适。

知识链接

专家建议需要改变的八个不良生活习惯

1. 久坐不动

有专家分析，长时间地坐在计算机前、伏案工作，容易造成肌肉劳损，出现颈部和肩部发僵发硬，在日本公众卫生研究所的科研人员列举的 27 项过劳症状和因素中，这一条就位居前列。

2. 不吃早饭，饮食不规律

不规律的饮食，其实是健康的隐形杀手。有专家指出，不吃早饭，不仅血糖低，容易注意力不集中，且空腹时分泌胃酸，时间久了，会导致慢性胃炎、胃溃疡等疾病。而晚饭吃得迟、吃得多，不仅会加重胃的负担，而且容易导致失眠、肥胖、记忆力减退等。

3. 蔬少肉多，饮食结构不合理

在对“过劳死”人群进行深入研究后，医学专家发现高血压也是一个潜在的危险因素。而饮食结构不合理是导致心脑血管疾病的重要因素。现代的生活方式和食品加工方式改变了人们的营养摄入。据英国的一份健康报告，和五十年前比，现在人吃的新鲜蔬菜减少了 34%，而相应的是大量高脂、高热量以及高胆固醇食物。

4. 出门打车、上下楼坐电梯，运动量少

现代社会发展迅速，给人们提供越来越多的快捷，招手停车，抬手按电梯，不用抬脚就可日行八万里。据相关统计，有的人每天行走不足 500 步。殊不知，少动多静，运动不足，会导致肌肉疲软，血液循环迟滞，脑供血不足，甚至会引起肩膀发僵、腰酸背痛或偏头痛。

5. 长期熬夜

现代人俗称“夜猫子”，越晚越精神，熬夜成了一种生活方式，拿睡眠的时间来工作、休闲，可能熬出了业绩和快乐，却熬垮了身体。长期的睡眠不足，不仅会造成身体各器官的疲劳，而且会导致心理疲乏，引发焦虑、忧郁等情绪反应。

6. 小病扛，大病拖

在近些年发生的过劳死事件中，据统计主要集中在30～50岁的中青年人群，而这部分人因为工作、生活压力，最不关心自己身体。通常是小病扛，大病拖，直到感觉身体到极限，才向医生求救，而这时往往也到了病情恶化的时候。

7. 喝咖啡、吸烟提神

对很多身在职场的人来说，工作紧张的时候，全靠吸烟、喝咖啡来振作精神。喝咖啡本身对身体影响不大，但当饮用过量的时，身体会产生依赖。而烟草已被国家确定为一级致癌物。吸烟者比不吸烟者患肺癌的概率高10到30倍，90%的总死亡率是由吸烟所导致。

8. 有事自己扛，不会自我纾解

人有心理和生理两个系统，心理压力太大，会影响到生理系统的健康；如果心里愉快，即便生活辛苦，生理系统也会照常良性运行。因此，适当地心理梳理对身心健康都是有必要的。但有些人习惯将问题藏在心里，所有压力自己扛。这样的结果便是身心俱疲，进而影响身体健康。

（三）增强维护健康的责任感，动员人人参与

为实现“2000年人人享有卫生保健”全球总目标，世界卫生组织强调必须动员全世界发扬社会正义，动员社会所有部门，参与以支持这一计划的实施。我国政府已正式承诺了这一义务。这需要个人、决策者和专业人员共同努力。世界卫生组织还特别重视大学在实现“2000年人人享有卫生保健”总目标中的作用。这是因为大学生是知识高度密集的群体，文化水平高，思维活跃，接受和运用各种信息的能力强。特别在发展中国家，受高等教育者比例较低，到大学求学是很多青少年奋斗的目标，大学生在社会上有特殊的影响，他们的言行、生活方式、道德行为及对健康所持的态度等，常是青少年模仿的榜样。故大学生的不良的生活方式和行为，除直接影响自身的健康外，还会对社会产生强烈的影响。从这一方面考虑，大学生在社会发展，探求人人享

有健康、社会正义等方面有着重大的影响；大学对国家发展的贡献已超出仅仅输送人才的作用。1983 年世界卫生组织就召开“动员各大学支持到 2000 年人人享有卫生保健”的国际大会。到会学者纷纷指出：要实现世界卫生组织的目标，必须有大学支持。会上介绍了尼日利亚大学及泰国麦哈道尔大学的经验，论证了大学在实现人人享有健康中的重要作用。大学生增进其自身的健康不仅是对自己负责，也是对社会尽责，是历史赋予大学生的使命。

第三节 健康商数（HQ）

早在 1948 年，世界卫生组织在对健康的定义中就指出，健康不仅要求没有疾病，而且要求身体、心理和社会适应能力处于完好状态。20 世纪 90 年代提出，健康是生理—心理—社会—环境四者的和谐统一。21 世纪又提出了由“健、康、智、乐、美、德”6 字组成的所谓“大健康”概念，被称为是“幸福人生的最佳境界”。了解健商，提高健商，利用健商，可以让人们了解自己的健康状况，制订一个适合自己的改善生活和健康的行动计划，并做出明智的健康决策，以提高生活质量，进一步走向健康长寿。

有关统计表明：在我国时刻关注健康、健康意识较强的人只占 17%；近 10 年来，50 岁左右的中年人死亡率上升最快；70% 的人处于亚健康状态，真正健康的人不到 10%。例如，中关村是高科技人才密集的地方，但这些高科技人才的健商却无法与他们的智商相媲美。调查结果表明：有近八成人因忙于工作而没有时间和精力去关注健康，89 9% 的人对自己的健康并不自信，42. 1% 的人不清楚自己的心理健康状况，几乎一半的人在身体不舒服时选择自己买药，咨询医生、看医生的人仅占 5. 2%。北京的调查发现，以高血压、糖尿病为代表的生活方式疾病呈逐年上升之势，有 1/3 的人不同程度地患有这些疾病，而生活方式疾病的高危人群覆盖面高达 95. 5%。天津市肿瘤医院专家在“2004 年天津市肿瘤防治宣传周”提出，约有五成的癌症与饮食因素有关，调整饮食结构可减少三成癌症的发生。世界卫生组织的官员曾指出，许多人不是死于疾病，而是死于无知。所以，了解和掌握健商是非常重要的。

一、健康商数的概念

健康商数，即健商（HQ），指人们已具有的健康意识（HC）、健康知识（HK）、健康能力（HA）与该时代应具有的健康意识、健康知识和健康能力之比值。它是继智商（IQ）、情商（EQ）的概念进入我国之后，又被大众所接受的一个新的概念，并受到国内养生保健人士的普遍好评。

健商代表着一个人的健康智慧及其对健康的态度，所以也有人称其为健康智慧或健康智商。用数学公式表示的话，即：健商 = 已具有的（HC + HK + HA）/应具有的（HC + HK + HA）。当一个人的健商等于1时，说明这个人的健康意识、知识和能力已基本符合要求，而低于1时则说明对健康自我保护不够，而高于1时说明对自身健康的自我保护做得很好。

二、健商五要素

健商由5个要素组成，即自我照顾、健康知识、生活方式、健康心理和生活技能。

（一）自我照顾

指在日常生活中自己照顾自己的健康，通过健康的生活方式、乐观的信念和对自己身体自我康复力量的认可来防治疾病，将机体调节至最佳健康水平，而不是将自己的健康交给医生或保健品。

（二）健康知识

指学习和掌握健康知识。一个人对健康知识知道得越多，就越能够针对自己的健康做出明智的选择。掌握了健康知识，也是照顾好自己的基础，是拥有高健商的前提。

（三）生活方式

指与一个人的生活、价值观以及情感友谊有关的生活习惯。健康的生活方式对自我健康的保护是十分重要的。

（四）健康心理

指要有一个健康的心理状态，以保持乐观愉快的好心情。

（五）生活技能

指通过重新评估自己和环境，包括供养系统的关系，工作和私人关系来改善自己的核心生活技术，从而掌握健康的秘诀和方法。

可见，健商是一个以现代科学和健康知识为基础，全面综合的、验证严明的、内容广博的健康概念。教育家陶行知说：“忽视健康，就等于拿自己的生命开玩笑!”但在我国经济快速发展的今天，确实有不少人在拿自己的生命开玩笑，他们在功名利禄的巨大诱惑下失去了心灵的平衡，在追逐财富的同时，也在不断地透支着健康和生命，导致老年性疾病年轻化，中青年人猝死或过劳死时有发生。

三、提高健商五法

第一，心态平和，处世乐观，衣食随缘，随遇而安，将心理状态调节至最佳。

第二，建立健康的生活方式和养成良好的生活习惯。

第三，学习和掌握正确而实用的健康知识，并能在日常生活中运用。

第四，适量运动，增强体质以预防疾病。

第五，提高自己的生活技能。

自测题

“健康商数”测试

随着健康观念的更新，“健康商数”（HQ）这一崭新的观念应运而生，健康专家提出“自己管理自己的健康”的理念。在生理、心理和对社会适应能力的健康基础上，健商代表一个人的健康智慧及其对健康的态度。通过提供全球医学的最新发展情况，人们可以在可信的数据和可靠的事实的基础上，转变对健康的看法，做出关于自我健康的决定。

你可以参照下面的步骤测量自己的健康商数 HQ，并做出关于自己健康的决定。

第 1 步：请根据你近两个月内的情况如实回答下列问题。

1. 我对自己持有肯定态度

① 不是；② 偶尔；③ 有时；④ 经常；⑤ 总是

2. 我对自己外貌很满意

① 不是；② 偶尔；③ 有时；④ 经常；⑤ 总是

3. 我对自己的思维、注意力、记忆力和做决定能力很满意

① 不是；② 偶尔；③ 有时；④ 经常；⑤ 总是

4. 我满足于自己的生活

① 不是；② 偶尔；③ 有时；④ 经常；⑤ 总是

5. 我与同学的关系很好

① 不是；② 偶尔；③ 有时；④ 经常；⑤ 总是

6. 我与家庭成员的关系很好

① 不是；② 偶尔；③ 有时；④ 经常；⑤ 总是

7. 当我有困难时，我会向家人或朋友倾诉

① 不是；② 偶尔；③ 有时；④ 经常；⑤ 总是

8. 我与朋友的关系很好

① 总是；② 经常；③ 有时；④ 偶尔；⑤ 不是

9. 我不喜欢集体生活

① 总是；② 经常；③ 有时；④ 偶尔；⑤ 不是

10. 我感到情绪沮丧或抑郁

① 总是；② 经常；③ 有时；④ 偶尔；⑤ 不是

11. 我会自我责备

① 总是；② 经常；③ 有时；④ 偶尔；⑤ 不是

12. 我会很容易被激怒

① 总是；② 经常；③ 有时；④ 偶尔；⑤ 不是

13. 你是否按时进早、中、晚餐

① 不是；② 是的

14. 你会怎样形同虚设自己的饮食习惯

① 挑食者；② 均衡饮食

15. 你是否有每天食用水果和蔬菜的习惯

① 不是；② 是的

16. 你晚上睡得好吗

① 很差；② 差；③ 一般；④ 好；⑤ 很好

17. 通常早上起床时，你的精神好吗

① 还很想睡；② 精神不足；③ 一般；④ 精神奕奕

18. 你有饮酒或服用含酒精饮料的习惯吗

① 经常；② 有时；③ 已戒；④ 无此习惯

19. 抽烟

① 经常；② 有时；③ 已戒；④ 从不吸烟

20. 血压

① 不正常；② 正常

21. 体重指数

① 超重/过轻；② 差不多体重；③ 正常

第 2 步：统计自己的 HQ 分数。

计分方法：你选择的每个问题的答案序号就是得分值。

参照标准：

测试题目各项中位数得分。

	男性	女性
第一项：自尊心（1～4 题）	12	12
第二项：人际关系（5～9 题）	18	19
第三项：精神健康（10～12 题）	11	11
第四项：饮食与睡眠（13～17 题）	11	11
第五项：酒精与吸烟（18～19 题）	5	5
第六项：医学健康指标（20～21 题）	5	5
总分	62	63

第 3 步：做出你的健康决定。

将自己在各个项目的分值和总分与上述标准对照。

当得分低于中位数时，就应该引起你的高度重视了。

你可以继续维持原来不健康的生活方式，保持较低的 HQ。

当然也可以做出自己的健康决定，承当自己的健康责任，提高自己的 HQ。

第四节　亚健康

世界卫生组织将机体无器质性病变，但是有一些功能改变的状态称为“第三状态”，如生活质量低、学习工作效率低、生活缺乏动力，躯体反应为睡眠质量不高、容易疲劳、食欲不振等，我国将其称为“亚健康状态”。

亚健康讲座（一）
来源：优酷网

一、亚健康的几种表现

（1）功能性改变，而不是器质性病变。

（2）体征改变，但现有医学技术不能发现病理改变。

（3）生命质量差，长期处于低健康水平。

（4）慢性疾病伴随的病变部位之外的不健康体征。

亚健康是否发展为严重器质性病变具有不确定性。但是，亚健康本身就是需要解决的问题。

二、亚健康包含的几个方面

（一）身体成长亚健康

学生营养过剩和营养失衡同时存在，体质较弱。

（二）心理素质亚健康

来自家庭、学校的压力，引发了青少年的逆反心理、反复心理、自卑心理、厌学心理等，抗挫折能力较差。

（三）情感亚健康

本应关心社会，对生活充满热情，但实际上对很多事情都很冷漠，使自己的“心理领空”越来越狭小。

（四）思想亚健康

思想表面化，脆弱，不坚定，容易接受外界刺激并改变自我。

（五）行为亚健康

表现为行为上的程式化，时间长了容易产生行为上的偏激。

三、判断是否处于亚健康的方法

亚健康讲座（二）
来源：优酷网

亚健康现在还没有明确的医学指标来诊断，因此易被人们忽视。一般来说，如果你没有什么明显的病症，但又长时间处于以下一种或几种状态中，那表明亚健康已向你发出警报了。处于亚健康的精神上的一些表现：整天神经紧张、精力不足、烦躁、情绪低落、郁郁寡欢、记忆力减退、注意力不集中、工作效率降低、头晕、头痛、对人生、前途失去信心……这是很多上班族都存在的情况。

处于亚健康的身体上的一些表现：头晕失眠、畏寒肢冷、舌燥口干、低烧盗汗、体虚力弱、掌腋多汗、口臭自生、舌生白苔、口舌溃疡、味觉不灵、食欲不振、消化不良、便稀便秘、腰膝酸软、心绪不宁、腹部饱胀、呼吸急促、四肢倦怠、气短汗多、月经不调、动作迟缓、体重减轻、胸痛胸闷、耳鸣耳背等。处在高度紧张工作、学习状态的人应当特别注意这些症状。

四、最容易亚健康的人群

亚健康状态又称为身体的“灰色状态”，它是介于健康与疾病之间的一种状态，身体的这三种状态是一种动态平衡的关系。

以下几种是最容易亚健康的人。

（1）精神负担过重的人。

（2）脑力劳动繁重者。

（3）体力劳动负担比较重的人。

（4）人际关系紧张，从而造成负担比较重的人。

（5）长期从事简单、机械化工作的人（缺少外界的沟通和刺激）。

（6）压力大的人。

（7）生活无规律的人。

（8）饮食不平衡、吸烟酗酒的人。

五、导致亚健康的几个主要因素

行为与疾病
来源：百度文库

（1）饮食不合理。当机体摄入热量过多或营养贫乏时，都可导致机体失调。

（2）休息不足，特别是睡眠不足。青少年起居无规律、作息不正常已成为常见现象，成人有时候也会因为娱乐（如打牌、玩麻将）、看护病人而影响到休息，从而打乱了生活规律。

（3）过度紧张，压力太大。

（4）长久的不良情绪影响。

（5）过度疲劳造成的精力、体力透支。由于竞争日趋激烈，人们用心、用脑过度，身体的主要器官长期处于入不敷出的非正常负荷状态。

（6）人体的自老化，表现为体力不支、精力不足、社会适应能力降低。

（7）现代疾病（心脑血管疾病、肿瘤等）的前期。在发病前，人体在相当长的时间内不会出现器质性病变，但在功能上已经发生了障碍，如胸痹气短、头晕目眩、失眠健忘等。

六、亚健康预防保健

亚健康是一种临界状态，处于亚健康状态的人，虽然没有明确的疾病，但却出现精神活力和适应能力的下降，如果这种状态不能得到及时纠正，易引起身心疾病，因此，需要在平时做好预防和保健。

（一）保证合理的膳食和均衡的营养

维生素和矿物质是人体所必需的营养素，微量元素锌、硒、维生素 B_1、B_2 等多种元素都与人体非特异性免疫功能有关。

（二）补充维生素 A

长时间在电脑前工作的人会出现精神不振、视力模糊等电脑综合征，这是因为身体维生素 A 消耗比较多，造成了营养失衡。因此，最好每天服用一粒维生素 A。

（三）多吃可稳定情绪的食物

钙具有安定情绪的作用，脾气暴躁者应借助于牛奶、酸奶、奶酪等乳制品以及鱼、肝、骨头汤等含钙食物来平静心态。当感到心理压力巨大时，人体所消耗的维生素 C 将明显增加。因此，精神紧张者可多吃鲜橙、猕猴桃等，以补充足够的维生素 C。

（四）每天至少喝 3 杯水

清晨，空腹喝下一杯蜂蜜水。蜂蜜有润喉、清肺、生津、暖胃、滑肠的作用。午休以后，喝一杯淡淡的清茶水。清茶有醒脑提神、润肺生津、解渴利尿的功效。晚上睡觉前，喝一杯白开水，能帮助消化，增进循环，增加解毒和排泄能力，加强免疫功能。除了以上提到的 3 杯水外，日常生活中还应多饮白开水，适当多饮水是预防疾病的基本措施。

（五）保持积极、乐观的心理状态

培养广泛的兴趣爱好，不仅可以修身养性，而且能够辅助治疗一些心理疾病。学会适度减压，以保持健康、良好的心境。

（六）及时调整生活规律，劳逸结合，保证充足睡眠

适度劳逸是健康之母，人体生物钟正常运转是健康保证，而生物钟“错点”便是亚健康的开始。

（七）增加户外体育锻炼活动，每天保证一定运动量

现代人热衷于都市生活，忙于事业，锻炼身体的时间越来越少。加强自我运动可以提高人体对疾病的抵抗能力。

总之，亚健康与人的饮食和生活习惯有很大关系，因此，在还没有导致疾病时应注意养成良好习惯。

预防亚健康的"十字"方针："平心"，即平衡心理、平静心态、平稳情绪；"减压"，即适时缓解过度紧张和压力；"顺钟"，即顺应好生物钟，调整好休息和睡眠；"增免"，通过有氧代谢运动等增强自身免疫力；"改良"，即通过改变不良生活方式和习惯，从源头上堵住亚健康状态发生。

第五节 影响健康的因素

人类的健康取决于多种因素的影响和制约。目前，人们认为影响健康的主要因素有四种，即环境因素、生物遗传因素、行为和生活方式因素及医疗卫生服务因素。其中生活方式因素和医疗卫生服务因素均属于环境因素中的社会环境因素，但由于这两种因素对人类健康具有突出的影响，所以将其置于突出的位置，并与环境因素和生物遗传因素相提并论。

一、环境因素

环境是指围绕着人类空间及直接或间接地影响人类生活的各种自然因素和社会因素之总和。因此，人类环境包括自然环境和社会环境。

（一）自然环境

自然环境包括空气、水、土壤、阳光等，是人类赖以生存的物质基础。如不加以保护，被生产、生活中产生的有害物质污染，势必显著影响健康的生活质量。例如，空气污浊会使呼吸系统疾病发病率增加；水质恶化、放射性污染会导致癌症、胎儿畸形、基因突变；高强度噪声损害听觉和令人烦躁不安，干扰休息、睡眠和影响学习工作……室内装修材料中的甲醛、苯、氨气、放射性氡等可引起慢性呼吸道疾病、过敏性疾病、癌症、不孕不育等；微波炉、电脑、手机、洗衣机、电视机、空调机、电冰箱等各种电子设备，会或多或少地释放出电磁波，对健康造成一定影响。此外，生活环境中某些化学元素过量或不足，超出人体生理调节限度时，也会损害健康，形成地方病和流行病。例如，土壤中碘缺乏可导致地方性甲状腺肿；饮水中氟含量过高会引起氟骨症，过低则引起龋齿；饮用硬水的地区冠心病的发生率过高。

自然环境破坏的危害与其他因素相比，具有效应慢、周期长、范围大、后果重的特点。如今，随着人口增长和经济的高速发展，环境污染和生态破坏日益严重，已成为影响人类健康的紧迫问题，大力改善和保护环境关爱地球，是全社会的共同责任。

（二）社会环境

社会环境指人们生存及活动范围内的社会物质、精神条件的总和，包括政治制度、经济水平、文化教育、人口状况、人际关系、风俗习惯、物质条件等形成的综合体系。安定的社会、发达的科学技术、良好的教育、和谐的人际关系、幸福的家庭、充满朝气的校园生活、顺心的工作等，这些无疑会对健康起到良好的促进作用。反之，贫富悬殊过大、社会竞争激烈、天灾人祸不断、交通事故频发、居住拥挤、婚姻破裂等，则必然会影响健康。

二、生物遗传因素

生物遗传因素是指人类在长期生物进化过程中所形成的遗传、成熟、老化及机体内部的复合因素。生物遗传因素直接影响人类健康，它对人类诸多疾病的发生、发展及分布具有决定性影响。

三、行为和生活方式因素

行为是人类在其主观因素影响下产生的外部活动，而生活方式是指人们在长期的民族习俗、规范和家庭影响下所形成的一系列生活意识及习惯。随着社会的发展、人们健康观的转变以及人类疾病谱的改变，人类行为和生活方式对健康的影响越来越引起人们的重视。合理、卫生的行为和生活方式将促进、维护人类的健康，而不良的行为和生活方式将严重威胁人类的健康。在我国，不良的行为和生活方式对人民健康的影响日益严重，吸烟、酗酒、吸毒、纵欲、赌博、滥用药物等不良行为和生活方式导致一系列身心疾病日益增多。在诸多影响个人健康因素中，个人与家庭的行为和生活方式影响个人健康的比重高达60%，由此看来，形成与保持健康科学的个人行为与生活方式对于促进个人健康的重要性。

四、医疗卫生服务因素

医疗卫生服务是指促进及维护人类健康的各类医疗、卫生活动。它既包括医疗机构所提供的诊断、治疗服务，也包括卫生保健机构提供的各种预防保健服务。一个国家医疗卫生服务资源的拥有、分布及利用将对其人民的健康状况起重要的作用。

第六节　大学生健康教育效果评价

大学生在生活和学习等方面遇到的健康问题具有显著的共性，大学生又具有较高的文化科学知识，故有可能进行深层次健康教育和健康促进活动。

如果说中小学健康教育主要是使学生了解应该怎样做才符合健康要求，那么，大学生健康教育更应使学生了解为何要这样做，懂得通过哪些途径才能有效地达到健康的目标。因此，大学生健康教育更应有一定的理论为指导。

健康教育是一项有计划、有目标、有效果评价的教育活动。健康教育的效果评价，从根本上说，应落实到态度和行为的转变上。这里仅从大学生掌握卫生知识、建立健康信念和健康行为、大学生体质健康的改善等方面来探讨健康教育的效果评价。

一、健康知识水平及应用能力测定

大学生的健康知识水平，可用问卷自测或互相测评。以参加健康教育前的水平为“基准”，观察平均分数的变动作为考评依据之一。测试内容除普通基础卫生知识外，还应包括社会、心理、环境等方面的知识。此外，更要考察所学到知识的应用能力，如遇到溺水、触电等紧急情况，能否用已学到的知识在现场进行初步救生。又如在发生躯体、心理疾病功能障碍（如高热、骨折、心身疾病）时，能采取恰当的求医行为，及时求得卫生服务，这些都是卫生知识水平应用能力的可靠表现。

二、健康信念的建立

信念是指主体对于自然和社会的某种坚定不移的思想和判断。它是个性与价值观念相联系的一种生活理想。建立健康的信念，是健康教育知—信—行转化过程中不可缺少的中间环节。比如，很多大学生都知道肠道传染病经口传染，不应生食不洁瓜果，不互用餐具，但在生活中却怕麻烦，将未经清洗的番茄直接进口。他们认为“偶然几次无碍”或“自己抵抗力强”，不会发病。这并非他们卫生知识不足，而是健康的信念弱化，需要增进健康的激励力量。大学生可从自己健康信念和对各种健康问题的认识和肯定程度的变化，来反映健康教育的效果。

三、健康行为的养成

大学生可以从改变不良行为及生活方式开始，观察评定健康行为的养成情况。如戒烟，减少饮酒次数及量，增加早操出勤率，增加参加锻炼的时间，巩固饭前、便后洗手习惯，让物质使用（如化妆品、饰物的使用）趋向于卫生要求，避免或减少不安全事件（包括交通、生活、实验方面）等等。

世界各国均公认，健康教育中诸如知识的传播、健康信念的建立与强化、卫生习惯的养成等最终必须落实到改变不良行为和生活方式上。以此考评自己行为的改变，可以直接反映健康教育的效果。

四、健康教育的参与程度

普遍认为，人们在健康教育中知识增加、信念增强、不良行为生活方式的改变与个体的主动参与程度成正比。如参加健康教育课及健康教育讲座次数，公共健康教育活动参与次数，阅读、观看健康信息资料的频度及时数，向同学及他人传播健康信息等，均能综合反映参与程度。此外大学生在健康教育的参与中，不仅是“被动”的接受，还包括对学校健康教育的规划、方法设施等提出建议，参与有关决策过程，为改善、创建学校的健康生活环境做出努力。

五、体质的变化

个体体质状况，最易直观反映及显露各人的健康水平。我国每年定点进行的大学生体质调研可反映中国大学生群体的体质状况及变化动态。

对于每个大学生来说，参与健康教育前后各项数据（如体重、肺活量、体育运动中的耐力及速度）的变化，可作为评估健康教育的指标之一。此外，大学生还可从每年就医次数、用药种类、服药总天数、因病所缺课时、病后恢复时间、感冒等常见病罹患频度等，作为综合评估体质改善与否的依据。

随着大学生健康教育的发展，建立适用于大学生自我评价健康教育效果的指标体系和客观评价体系，是高校健康教育研究的重要课题。

知识链接

大学生健康教育基本要求（试行）

教体厅〔1993〕1号

国家教育部颁布的《大学生健康教育基本要求（试行）》，对开展健康教育提出了以下五条要求：

1. 帮助大学生树立现代的健康意识，使他们真正认识健康不仅是躯体无病、体格健壮，还应有良好的心理素质和社会适应能力。

2. 使大学生掌握必要的卫生防病知识和急救知识，养成用脑卫生、用眼卫生、起居卫生、运动卫生、环境卫生、心理卫生、性卫生、营养和饮食卫生等良好的习惯，并督促他们身体力行，以增进其自我保健的能力。

3. 使大学生认识到不健康的行为和生活方式（最突出的是吸烟、酗酒、膳食结构不合理、缺少体育运动和心理应激）给自身健康带来的危害，帮助他们改变不健康行为和不良的生活方式。

4. 使大学生强烈意识到健康是当代成才的重要条件，并进一步认识到增进健康是历史赋予大学生的使命，而这不仅是对自己负责，也是对社会负责，从而增强他们维护健康的责任感和自觉性。

5. 针对大学生健康方面存在的问题进行教育，并从大学生卫生知识的掌握、良好卫生习惯和生活方式的形成以及体质健康状况的改善等方面来检验健康教育的效果。不断充实教育内容，改进教育方法，提高教育效果，总结和交流教育经验，探索具有中国特色的大学生健康教育模式和体系。

思考与练习

1. 健康的标准是什么？
2. 影响健康的因素有哪些？
3. 提高健康商数的方法有哪些？
4. 如何预防亚健康？

第二章 人体基础知识

没有解剖学就没有医学。

——恩格斯

世界上没有比结实的肌肉和新鲜的皮肤更美丽的衣裳。

——马雅可夫斯基

人体解剖学是研究和阐述正常人体形态结构和发展规律的科学。解剖学是医学知识的基础，每一个大学生都应了解一定的解剖知识。人体的发生是由精子和卵细胞结合，形成一个受精卵开始的，受精卵在母体子宫内发育，经过266天，形成一个新个体而离开母体。

人体是不可分割的有机整体，其结构和功能的基本单位是细胞。细胞之间存在一些不具细胞形态的物质，称为细胞间质。许多形态和功能相似的细胞与细胞间质共同构成组织。人体组织分为上皮组织、结缔组织、肌肉组织和神经组织。它们是构成人体各器官和系统的基础，故称为基本组织。由几种组织互相结合，成为具有一定形态和功能的结构，称为器官，如心、肝、脾、肺、肾等。在结构和功能上密切相关的一系列器官联合起来，共同执行某种生理活动，便构成一个系统。人体可分为运动、消化、呼吸、泌尿、生殖、循环、内分泌、感觉及神经九个系统。各系统在神经系统的支配和调节下，既分工又合作，实现各种复杂的生命活动，使人体成为一个完整统一的有机体。

第一节 人体的基本结构

人体的基本结构主要由细胞构成，相同作用的细胞构成组织，构成人体的系统有九大系统，神经、泌尿、呼吸、消化、运动、感觉、生殖、内分泌、循环等系统。人体是一个非常完善的体系，它有自身的保护、繁衍、修复功能。

一、人体的化学成分

人体由无机物和有机物构成。无机物主要为钠、钾、磷和水等；有机物主要为糖类、脂类、蛋白质与核酸等。

二、细胞

人体结构的基本单位是细胞。细胞之间存在着非细胞结构的物质，称为细胞间质。

细胞可分为三部分：细胞膜、细胞质和细胞核（图 2-1）。细胞膜主要由蛋白质、脂类和糖类构成，有保护细胞、维持细胞内部的稳定性、控制细胞内外的物质交换的作用。细胞质是细胞新陈代谢的中心，主要由水、蛋白质、核糖核酸、酶、电解质等组成。细胞质中还悬浮有各种细胞器。主要的细胞器有线粒体、内质网、溶酶体、中心体等。细胞核由核膜围成，其内有核仁和染色质。染色质含有核酸和蛋白质。核酸是控制生物遗传的物质。

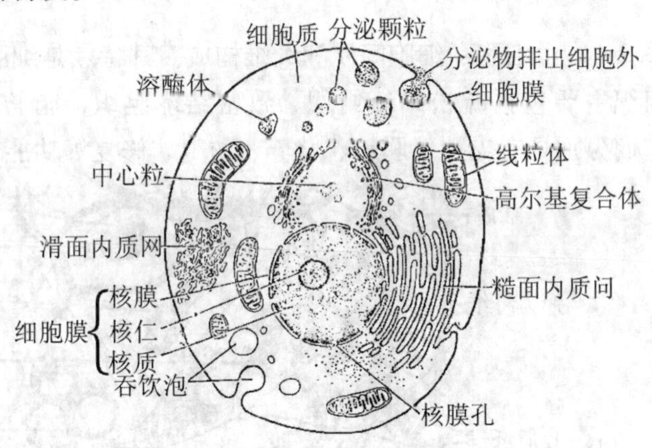

图 2-1 细胞的结构

三、组织

结构、功能、起源基本相同的细胞与细胞间质构成组织。人体内有神经组织、肌组织、结缔组织和上皮组织等四种组织。

神经组织由神经元（图 2-2）和神经胶质细胞构成，具有高度的感应性和传导性。神经元由细胞体、树突和轴突构成。树突较短，像树枝一样分支，其功能是将冲动传向细胞体；轴突较长，其末端为神经末梢，其功能是将冲动由胞体向外传出。

图 2-2　神经元

肌组织（图 2-3）由肌细胞构成。肌细胞有收缩的功能。肌组织按形态和功能可分为骨骼肌、平滑肌和心肌三类。

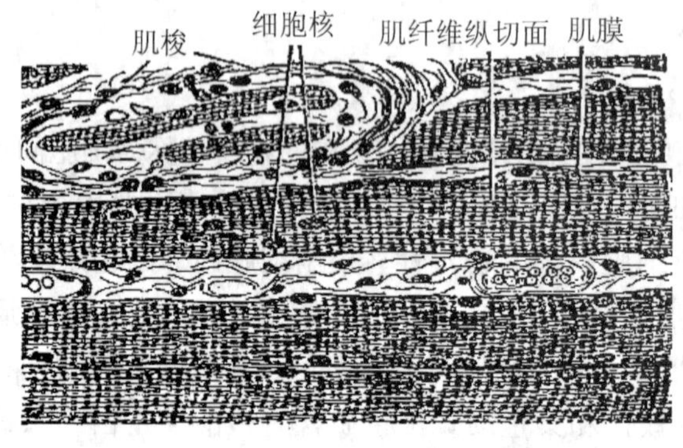

图 2-3　肌组织

结缔组织（图 2-4）由细胞、细胞间质和纤维构成。其特点是细胞分布松散，细胞间质较多。结缔组织主要包括疏松结缔组织、致密结缔组织，脂肪组织、软骨、骨、血液和淋巴等。它们分别具有支持、联结、营养、防卫、修复等功能 。

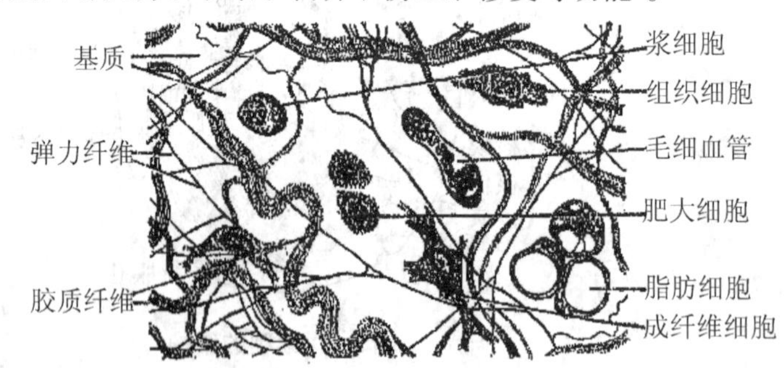

图 2-4　结缔组织

上皮组织（图2-5）是由许多密集上皮细胞和少量的细胞间质构成。其特点是细胞排列紧密，间质很少。细胞的形状有扁平的、柱状的、立方的等等。细胞有单层排列，也有复层排列。上皮组织覆盖在身体的表面或体内中空的管、腔、囊的内面，分别具有保护、吸收、分泌、排泄和感觉等功能。

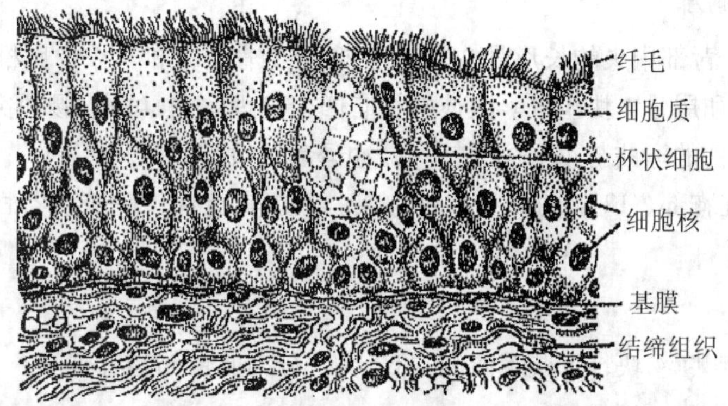

图2-5 上皮组织

四、器官与系统

身体九大器官最易积毒——看清理方案
来源：360文库

由几种组织构成具有一定形态和功能的结构，称为器官。由共同完成某一方面功能的一些器官构成系统。人体有九个主要系统，即神经系统、循环系统、内分泌系统、感觉器官、消化系统、呼吸系统、生殖系统、泌尿系统、运动系统。

第二节 人体的九大系统

人体系统
来源：百度文库

人体有九大系统，分别是运动系统、消化系统、呼吸系统、泌尿系统、生殖系统、内分泌系统、循环系统、神经系统、感觉系统。

一、运动系统

运动系统由骨、骨联结和肌肉（骨骼肌）组成。它们起着保护、支持和运动的作用。

（一）骨骼

人体共有骨 206 块：躯干骨（脊柱、肋骨、胸骨）51 块，四肢骨 126 块（上肢 64 块、下肢 62 块），头颅骨 29 块。成人骨的重量约占体重的 1/5。

1. 脊柱和胸廓

脊柱是躯干背部中央的长形骨柱。它由 24 个椎骨（颈椎 7 个、胸椎 12 个、腰椎 5 个）、骶骨 1 块和尾骨 1 块组成。人体脊柱有四个生理弯曲（颈、腰曲突向前，胸、骶曲突向后），脊柱的弯曲与重心的维持和缓冲运动时对脑的振荡有关。

胸廓由脊柱胸部、12 对肋骨和胸骨构成。胸廓具有保护胸腔内器官及参与呼吸运动的功能。

2. 四肢骨

上肢骨两侧共 64 块，下肢骨两侧共 62 块。分为肢带部和游离部。

上肢骨

上肢带骨：肩胛骨和锁骨

上肢骨的游离部——
- 肱骨（上臂）
- 桡骨和尺骨（前臂）
- 腕骨（8块）
- 掌骨（5块）
- 指骨（14块）

腕骨、掌骨、指骨——（手）

下肢骨

下肢带骨：髋骨

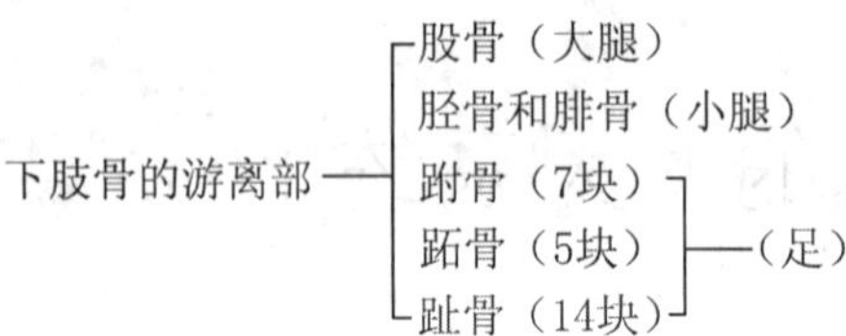

3. 颅骨

有 23 块，可分为脑颅和面颅两部分。脑颅骨 8 块，由额骨、枕骨、蝶骨、筛骨（各 1 块）和顶骨、颞骨（各 2 块）围成颅腔，容纳和保护脑及其被膜。面颅骨 15 块，它们构成面部的轮廓，并参与咀嚼、发音等活动。

（二）肌肉（骨骼肌）

全身骨骼肌共 600 余块，它是人体运动的动力器官。按部位分躯干肌、头肌、上肢肌和下肢肌。

躯干肌可分为背肌、颈肌、膈肌、腹肌及会阴肌。

头肌可分为面肌和咀嚼肌。

上肢肌可分为肩肌、臂肌、前臂肌和手肌。

下肢肌可分为髋肌、大腿肌、小腿肌和足肌。

肌肉的活动对消化、呼吸、循环和神经系统都有促进作用。因此，经常地参加生产劳动或体育锻炼，可以增强体质。

（三）骨联结

由结缔组织或软骨按一定方式连接起来，称骨联结。关节是骨联结的一种，关节可做屈、伸、收、展、旋转和环转等运动。

二、消化系统

消化系统由消化管和消化腺两部分组成。消化管包括口腔、咽、食管、胃、小肠、大肠和直肠。消化腺包括口腔大唾液腺和肝、胰、消化管壁内的小腺体（如胃腺、肠腺等），它们均借排出管道将分泌物排入消化管腔内，对食物进行化学性消化。（图 2-6）

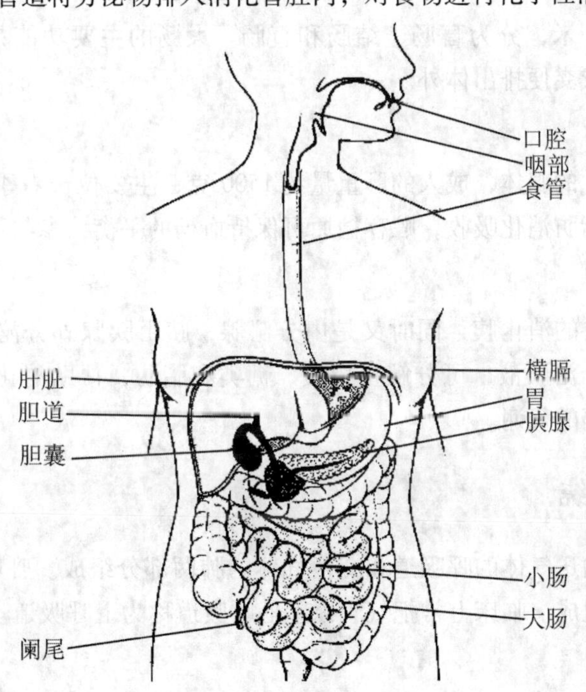

图 2-6　人体消化系统

（一）口腔

口腔是消化道的起始部，内有舌、牙和腭扁桃体等，并有腮腺、颌下腺和舌下腺的开口。有恒牙 32 个，通常至 25 岁萌齐。

（二）食管

食管是一个肌性管，位于气管后面，全长约 25 厘米。

（三）胃

胃位于腹上部和左季肋部，胃的左侧有脾，右侧有肝。胃可分为四部：贲门部、胃底、胃体和幽门部。胃的分泌物对食物起消化作用。

（四）小肠

小肠长约 5 ~7 米，盘曲于腹腔的中下部，可分为十二指肠、空肠和回肠三部分。消化和吸收过程主要在小肠进行，食物在小肠既受到胰液、胆汁和小肠液的化学作用，又受到小肠运动的机械作用。

（五）大肠

大肠长约 1.5 米，分为盲肠、结肠和直肠。大肠的主要功能是吸收水分和盐类，并将食物残渣形成粪便排出体外。

（六）肝

肝是人体最大的腺体，成人的肝重量约 1500 克，主要位于右季肋区和腹上部。肝分泌胆汁能帮助脂肪消化吸收，贮存糖原可保持血糖的平衡，参与物质代谢和解毒。

（七）胰

胰是一个重要的消化腺，同时又是内分泌腺，胰由胰腺外分泌部和内分泌部混合组成。外分泌部分泌胰液，可分解蛋白质、糖类和脂肪，帮助消化；内分泌部分泌胰岛素，可调节血糖的代谢。

三、呼吸系统

呼吸系统由输送气体的呼吸道和交换气体的肺两部分组成。呼吸道由鼻、咽、喉、气管和支气管所组成。临床上常把气管以上的呼吸道称为上呼吸道。

（一）鼻

鼻是呼吸道的起端，分外鼻、鼻腔和鼻旁窦三部分。鼻腔最上方的黏膜内有嗅觉感受器。

（二）喉

喉以软骨为支架，借肌肉、韧带和关节联结而成。喉软骨中，甲状软骨最大，它向前突出称为喉结，成年男子高而显著。环状软骨对支持喉腔起重要作用，喉腔中部有一对声带，空气振动声带而发出声音。

（三）气管与支气管

气管与支气管均由半环状软骨借结缔组织联结构成，是气体通过的管道。

（四）肺

肺位于胸腔内，纵隔的两侧，呈圆锥状，分为左肺和右肺。内侧面中央有肺门，是支气管、肺动脉、肺静脉等出入之处。成人肺泡约有3亿~4亿个。肺泡壁很薄，毛细血管丰富，有利于气体交换。

肺的表面覆盖有胸膜脏层，胸壁内面衬有胸膜壁层，脏、壁两层之间为胸膜腔。胸膜腔内的压力低于外界的大气压，故为负压。

四、泌尿系统

泌尿系统由肾、输尿管、膀胱和尿道四部分组成。其基本功能为排出机体中某些代谢产物。肾不断产生尿液，经输尿管流入膀胱，暂时储存，经尿道排出。

（一）肾

肾位于腹后壁脊柱两旁，约在第11胸椎与第3腰椎之间。肾内侧缘有肾门，肾动脉、肾静脉、肾盂等由此出入，这些结构总称肾蒂。肾实质可分为皮质和髓质两部分。肾皮质主要由肾小球和肾小管构成，前者有过滤作用，后者对原尿进行重吸收。肾髓质含有肾小管以下的各级排尿管道。肾主要功能为泌尿，以维持人体内水与电解质的平衡，保证人体内环境的相对平衡。

（二）输尿管

输尿管是细长的肌性管，起自肾盂，向下斜穿膀胱壁开口膀胱底，长达25~30厘米。输尿管有三个生理狭窄，尿路结石常被阻塞于这些狭窄部位，可引起剧烈绞痛及尿路梗阻等病症。

（三）膀胱

膀胱是囊状的储尿器官，位于盆腔内。

（四）尿道

男、女性的尿道在功能和形态上都不相同。女性尿道短而宽，长约5厘米，专门排尿。男性尿道长约20厘米，除排尿外，还有排精的作用。

五、生殖系统

生殖系统的基本功能是产生生殖细胞，繁殖后代，分泌性激素以维持性的特征。男、女生殖器官均可分为内生殖器和外生殖器。

（一）男性

男性内生殖器包括睾丸、附睾、输精管、射精管、精索、精囊腺、前列腺和尿道球腺；外生殖器包括阴茎和阴囊。

睾丸是男性的生殖腺，能产生精子和分泌雄性激素。睾丸呈卵圆形，左右各一，借精索悬在阴囊内。附睾储存精子。输精管、射精管及男性尿道输送精子。在输送精子的管道上，有分泌少量液体的前列腺、精囊腺和尿道球腺。

（二）女性

女性内生殖器包括卵巢、输卵管、子宫及阴道。习惯上，把输卵管和卵巢称为子宫附件。女性外生殖器包括阴阜、大阴唇、小阴唇、阴蒂、前庭大腺和阴道前庭等。

卵巢是女性生殖腺，能产生卵子和分泌雌性激素。卵巢有两个，为扁椭圆形，位于盆腔侧壁，成人卵巢内含有各个发育阶段的卵泡及黄体，并有周期性变化，通常每隔28天左右，只一个卵巢内有一个卵泡成熟并排卵。

输卵管分间质部、峡部、壶腹部和漏斗部，一端通腹腔，另一端通子宫腔。

子宫借许多韧带固定于盆腔中央，是一个有腔的器官，形如倒置的梨。子宫壁主要由平滑肌构成，内面衬以黏膜，子宫内膜随卵巢的周期性变化而发生变化，叫月经周期。

阴道口有一层膜称处女膜。

女性乳房是授乳器官，与女性生殖机能密切相关。人的乳房为成对的器官，男性不发达，女性在青春期开始发育生长。女性乳腺由15～20个乳腺叶组成，各腺叶的输乳管向乳头集中，分别开口于乳头上。妊娠和哺乳期的乳房有分泌活动。

六、内分泌系统

内分泌系统是指一群特殊化的细胞组成的内分泌腺。内分泌腺是没有导管的腺，散在人体各部。有的单独存在，如甲状腺、甲状旁腺、肾上腺、脑垂体、胸腺；有的存在于其他器官内，如胰岛、睾丸间质细胞、卵巢内的卵泡和黄体等。内分泌腺所分泌的物质叫激素。激素直接进入血液而分布到全身，对机体的代谢、生长、发育和繁殖等具有重要的调节作用，是机体内实现神经体液调节的重要组成部分。

（一）甲状腺

甲状腺位于颈前部，喉和气管的两侧。主要作用是促进全身的新陈代谢及身体的生长发育。

（二）甲状旁腺

甲状旁腺位于甲状腺侧叶的后缘或埋藏在附近的腺实质内，其分泌甲状旁腺素能调节机体的钙和磷的代谢。

（三）肾上腺

肾上腺位于肾的上方，左右各一，分为皮质和髓质两部分。皮质分泌皮质激素，能调节水、盐代谢和糖、蛋白质代谢。髓质分泌肾上腺素和去甲肾上腺素，两者的作用主要是促进肝糖原分解和提高血压，并能使呼吸道及胃肠道的平滑肌松弛。

（四）脑垂体

脑垂体是不成对的腺体，它位于颅中窝的垂体窝内。成人脑垂体重约 0.6 克。垂体前叶分泌多种激素，其主要作用为促进机体的生长发育和影响其他内分泌腺的活动。后叶贮存抗利尿素和催产素，机体需要时释放入血液循环内。以后逐渐退化和萎缩，被脂肪所代替。胸腺是淋巴器官，兼有内分泌功能。胸腺分泌胸腺素，参与细胞免疫功能。

七、循环系统

循环系统包括心血管系统和淋巴系统两部分。

心血管系统是由心脏和血管所构成的一个封闭的管道系统。血液在心脏和血管中不停地流动，循环往复，形成血液循环，以保证机体物质代谢和生理功能的正常进行。

（一）心脏

心脏是血液循环的动力器官，位于胸腔内，偏左侧。心脏内有四个腔，即左、右心房和左、右心室。心脏可分左、右两半。右半侧房室内的血是静脉血，左半侧房室内的血是动脉血。右心房与上下腔静脉相连，左心房与肺静脉相连，右心室与肺动脉相连，左心室与主动脉相连。每侧心房和心室借房室口相通，右房室口上附着有三尖瓣，左房室口上附着有二尖瓣。心室收缩时瓣膜关闭，防止血液逆流入心房，从而保证了血液的定向流动。心脏有节律地跳动依赖于神经系统的控制和心脏传导系统的作用。

（二）血管系

血管系是个封闭的运送血液的管道系统，包括动脉、静脉和毛细血管（图 2-7）。它们不仅有管道的作用，还对物质交换、调节血压、改变血管容积等起重要作用。例如靠近心脏的大血管富于弹性，因而对血压具有缓冲作用；小动脉管壁富有平滑肌，可以收缩和松弛，能改变血管的口径，对调节血压和血流量有很大影响；毛细血管壁很薄，有利于物质交换。

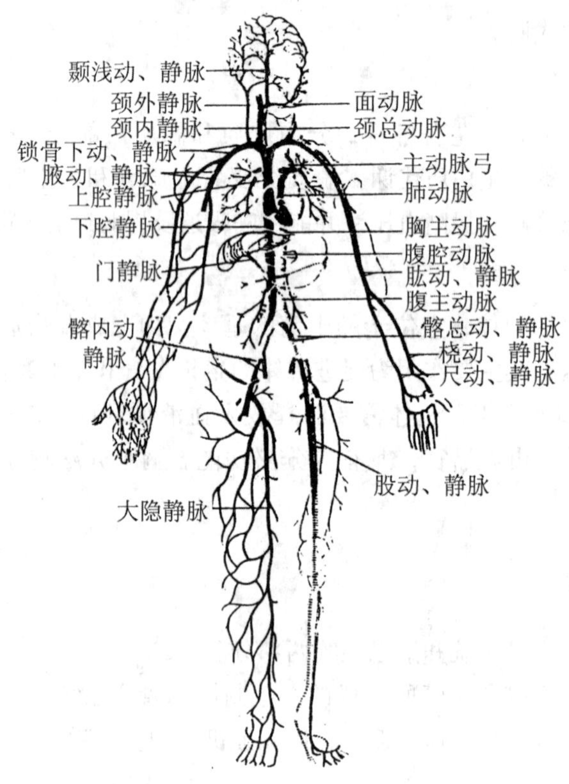

图 2-7　全身血管分布模式图

动脉是把血液从心脏输送到毛细血管的管道。静脉是输送血液返回心脏的管道。毛细血管使血液中的 O_2 和营养物质能通过管壁进入组织，组织中的 CO_2 和代谢产物也能通过管壁进入血液，从而完成血液与组织间的气体交换和物质交换。

根据血液在心血管系统中的循环途径和功能不同，可将血液循环分为体循环（大循环）与肺循环（小循环）两部分。（图 2-8）

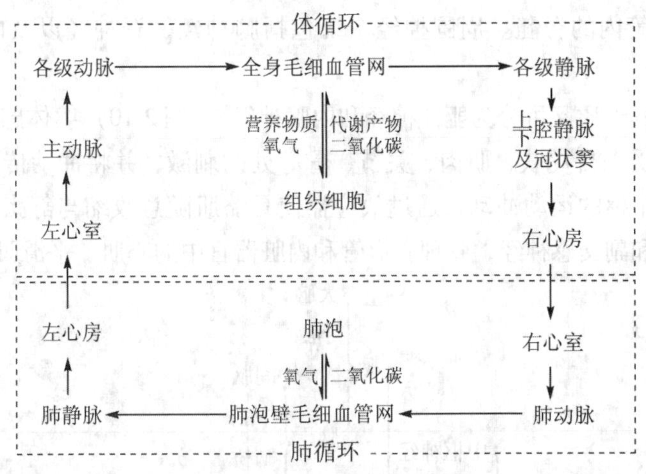

图 2-8 体循环和肺循环示意图

（三）淋巴系统

淋巴系统是循环系统的一个组成部分，由输送淋巴液的淋巴管和产生淋巴细胞和生成抗体的淋巴器官（包括淋巴结、扁桃体、脾、胸腺和消化管内的各种淋巴组织等）所组成，是血液循环的支流，协助静脉运回体液入循环系统。

淋巴循环系统主要功能包括回收蛋白质及运输营养物质；具有防御、参与免疫反应的作用。

八、神经系统

人体九大系统之五
——神经系统
来源：360文库

神经系统具有管理和调节其他系统生理活动的功能，以保证体内各器官系统之间的协调统一以及与外界环境之间的相对平衡。人类在进化过程中，由于自然环境的压力，促使其大脑皮质高度发达，具有抽象思维的能力。

（一）神经系统的区分

神经系统（图 2-9）按其形态和所在部位可分为中枢神经系统和周围神经系统。中枢神经系统包括位于颅腔

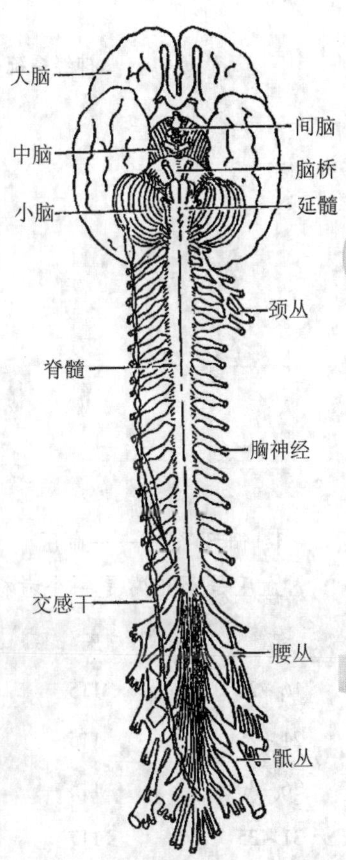

图 2-9 神经系统

内的脑和位于椎管内的脊髓。周围神经系统包括脑神经、脊神经以及内脏神经的周围部分。

神经系统按其性质又可分为躯体神经和内脏神经。(图 2-10)躯体感觉神经通过其末梢的感受器，接受来自皮肤、肌肉、关节、骨等处的刺激，并将冲动传入中枢；躯体运动神经传导发自中枢的运动冲动，通过效应器使骨骼肌随意收缩与舒张。内脏运动神经又分为交感神经和副交感神经，管理心血管和内脏器官中的心肌、平滑肌和腺体。

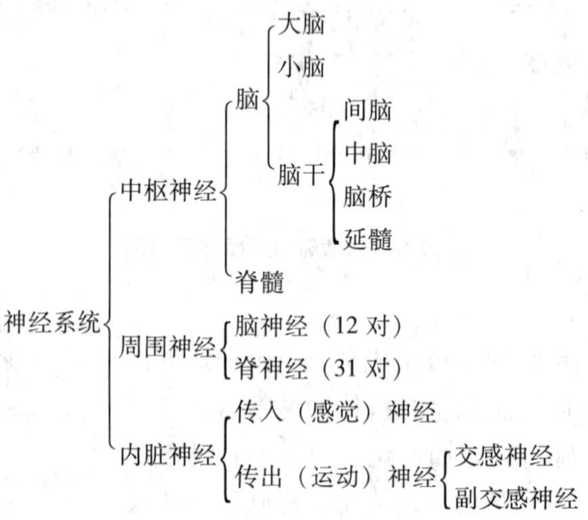

图 2-10　神经系统结构图

小贴士

自测健康状态

1. 循环系统——血压

血压是否正常是一个考核标准。(收缩压为高压，舒张压为低压)

年龄	收缩压（男）	舒张压（男）	收缩压（女）	舒张压（女）
16～20	115	73	110	70
21～25	115	73	110	71
26～30	115	75	112	73
31～35	117	76	114	74

36～40	120	80	116	77
41～45	124	81	122	78
46～50	128	82	128	79
51～55	134	84	134	80
56～60	137	84	139	82
61～65	148	86	145	83

2. 呼吸系统——感冒

平时是否经常感冒是一个考核标准。(感冒间隔时间大于60天)

3. 消化系统——便秘

宿便为万病之源，平时是否经常便秘是一个考核标准。(每天早上一次)

4. 神经系统——失眠

平时是否经常失眠是一个考核标准。(入睡时间小于30分钟)

如果自测后，四个指标基本正常，不管你是否有器质性病变，均可视为是健康状态。

(二) 神经系统的基本活动方式

神经系统活动的基本方式是反射，反射的物质基础是反射弧（图2-11）。

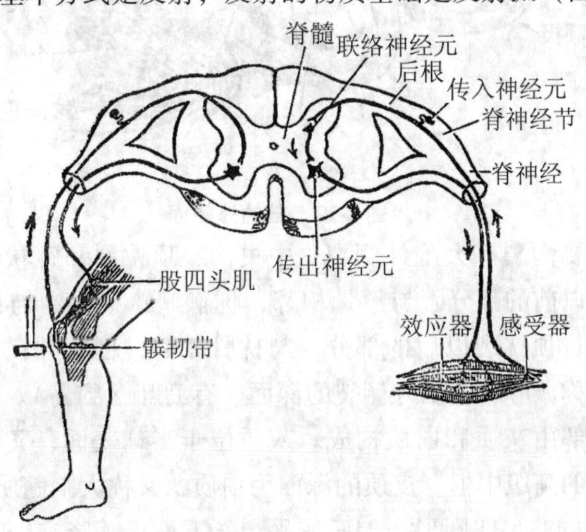

图2-11　反射弧

反射弧一般由五个部分构成：感受器、传入神经、中枢、传出神经、效应器。感受器接受刺激，产生兴奋，传入神经将冲动传至中枢，在中枢交换神经元后，兴奋沿传出神经传至效应器，使其产生运动。例如，在体检时，医生轻敲受检者的髌韧带会导致股四头肌收缩，使小腿向前踢。

（三）脑和脑神经

1. 脑

脑位于颅腔内，是中枢神经系统的高级部分。脑可分为大脑、小脑、间脑、中脑、脑桥和延髓。医学上一般常将间脑、中脑、脑桥和延髓称为脑干。

（1）大脑：大脑是中枢神经系统的高级部位，由左右大脑半球构成（图 2-12）。

大脑半球的表面布满深浅不等的缝隙，其中较浅者称为沟，较深者称为裂。在沟（裂）之间的隆起称为脑回。

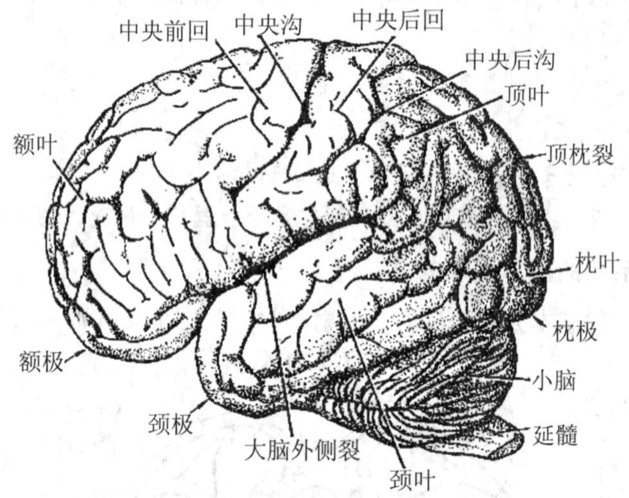

图 2-12　脑的外侧面

大脑半球的主要沟裂有大脑外侧裂、中央沟、顶枕裂和距状裂。沟裂将大脑表面分为五叶：中央沟以前的部分，与额骨相邻，称额叶；中央沟与顶枕裂之间与顶骨相邻的部分，称顶叶；顶枕裂以后的部分，与枕骨相邻，称枕叶；大脑外侧裂以下的部分，与颞骨相邻，称颞叶；大脑外侧裂的深面，有岛叶（脑岛）。

大脑半球的内部由灰质和白质构成。灰质位于半球表面，又称为大脑皮质。大脑皮质是语言和思维的高级中枢。皮质的深面为白质，又称大脑髓质。

（2）小脑：小脑略呈卵圆形，上面较平坦，下面显著隆突，可分为正中的蚓部和两侧的小脑半球。小脑蚓部的主要功能是调节肌张力，协调随意运动；小脑半球的主要功能是维持身体的平衡。

（3）脑干：脑干包括间脑、中脑、脑桥和延髓。脑干是维持基本生命活动的高级中枢。

2. 脑神经

脑神经是与脑相连的周围神经，共有12对。

（四）脊髓和脊神经

1. 脊髓

脊髓是中枢神经系统的低级部分，位于椎管内，呈扁圆柱形。

2. 脊神经

脊神经是与脊髓相连的周围神经，共31对。

（五）内脏神经

内脏神经是神经系统的一部分。它主要分布于心血管及内脏，管理心肌、平滑肌和腺体的活动；同时向大脑皮质传导心血管及内脏的感觉冲动。内脏神经对人体的新陈代谢等生命活动起着重要的调节作用。内脏神经又称为植物性神经。内脏神经分为中枢部和周围部。按其功能性质又可分为内脏运动神经和内脏感觉神经。其中内脏运动神经又可分为交感神经和副交感神经。

九、感觉系统

感觉系统是由外部（皮肤、眼、耳、鼻等）、身体、内脏感觉器组成。感觉器官是由感受器和一些辅助结构所组成的专门接受刺激的器官。皮肤、眼睛和耳朵都是重要的感觉器官。

（一）皮肤

皮肤被覆全身表面，具有保护体内组织，感受温、痛、触、压等刺激，调节体温和排泄废物等多种重要机能。皮肤由表皮、真皮和皮下组织构成。此外，皮肤还衍化出许多附属结构，即皮脂腺、汗腺、毛发、指（趾）甲。

（二）眼睛

眼睛位于眼眶内，是视觉器官，包括眼球及其辅助器官。眼球由眼球壁和屈光系统组成。

眼球壁分外膜、中膜和内膜三层。外膜（纤维膜）的前部叫角膜，其透明，无血管，感觉敏锐。后部叫巩膜，由胶原纤维和弹性纤维构成，有保护眼内容物及维持眼球形状的作用。中膜（血管膜）分为脉络膜、睫状体和虹膜三部分。睫状体的作用，一是产生房水，营养眼内组织；二是借睫状肌的舒缩调整晶状体的曲度，使视物清晰。

虹膜中央有一圆形的瞳孔，为光线和物象进入眼球的通路，瞳孔可以舒缩。内膜为视网膜，是光的感受器。在视网膜中心有一卵圆形黄色小点，称为黄斑，黄斑中央有一凹陷，是视力（辨色力、分辨力）最敏锐的点。黄斑内侧约 4 毫米处有视神经乳头（神经盘），此处无感光细胞，故称盲点。

屈光系统包括角膜、房水、晶状体和玻璃体。

眼球的辅助器有眼睑、结合膜、泪器和眼外肌，是保护和运动眼球的装置。

（三）耳

耳是听觉器官，分为外耳、中耳和内耳。外耳包括耳郭、外耳道、鼓膜三部分。中耳包括鼓室、咽鼓管和乳突小房，鼓室内有听小骨（三块）、韧带。内耳包括耳蜗、前庭和半规管。外耳和中耳属于声音的传导部分，内耳与声音感受和位置感受有关。

第三节　大学生的生理特征

大学生生理特征
来源：百度文库

人类生长发育的一般规律如同事物的发展，都是由量变到质变的过程。生长是指身体及器官在形态上的增大或组织细胞在数量上的增多，主要表现为体形增大和体重增加的量变过程。发育是指组织器官在结构和功能上的分化和逐渐成熟，是质变的过程。人体生长发育过程一般分为胎儿期、婴儿期、童年期、青春期、青年期（青春后期）、成年期和老年期。在人的生长过程中，有两个生长发育高峰期。胎儿期是第一个高峰期，是人体成形的重要时期。青春期是第二个高峰期，是人体成熟、定型的阶段。

我国大学生一般都处在 18 ~ 23 岁这个年龄段，正值人体发育的青春后期，身体的生长发育速度变缓，且渐趋成熟。体格、机能、素质和适应能力达到较高水平，生理和心理活动日益完善，具有青年的特征。有三大主要变化：一是外形变化，二是机能健全，三是性器官发育。

一、形态发育特点

（一）身高

身高是人体骨骼发育状态的标志。身高的增长，在青春期主要靠下半身，青年期主要靠上半身。进入青春期后身体迅速增高，其速度男性一般每年可增长 7 ~ 9 厘米，多的可达 10 ~ 12 厘米，女性每年可增长 5 ~ 7 厘米，多的可达 9 ~ 10 厘米，这主要是由于下肢骨的迅速增长造成的。而到青年期，也就是大学生所处的年龄段，其身高的增长则全靠脊柱的增长，因脊椎骨的增长慢而持久，所以长势趋于平稳。从性别差异来看，女性身高的迅速增长较男性早 1 ~2 年。女性在 19 ~23 岁，男性在 23 ~26 岁后停止生长。

人的身高主要是由遗传因素决定的。性成熟的早晚和速率，对身高也有明显影响，如果性成熟快，持续时间短，其最终身高就可能矮些；相反则高些。此外，地理环境、营养水平和体育锻炼等因素对身高的增长也有一定的影响。

（二）体重

体重的增加是青春期显著变化之一。进入青春期后，体重迅速增加，一般每年增重6 ~7千克。大学生的体重增加逐趋平稳，波动不大。体重增加的速率也存在性别差异，男性最初增加较慢，但以后较快，到 14 岁左右就超过女性。

体重的增加主要反映了内脏、肌肉、脂肪以及骨骼生长发育情况。脂肪发育占体重的比例，男性约为 18%，女性约为 20%。发育成熟的女性，脂肪增厚，皮肤光泽，体型丰满，属脂肪型。在雌激素的影响下，女性出现月经后体重增加，以脂肪为主。肌肉发育占体重的比例，16 岁的男性约为 40%，在雄激素的影响下，以后不断增长，持续到 30 岁左右才达到高峰；而 16 岁的女性约为 30%，肌肉发育已达高峰。因此，男性的体重与肌肉发育的关系比女性更密切，男性体重增加以肌肉为主，形体也显粗壮结实，属肌肉型。男女性在体型上的差异主要是骨骼、肌肉和脂肪三者的质和量以及分布上的差异。女性肌肉重量约为男性的 60%，骨骼重量只及男性的 80%，且女性肌肉含水分和脂肪较多，肌肉纤维含糖量较少，骨骼骨密度较低，四肢较短，故女性体重较男性为低。

（三）第二性征

随着性器官的发育成熟，由于睾丸和卵巢所分泌的激素不同而表现出男女各自的第二性征的变化。女性体内的雌激素，主要是雌二醇要比男性多，而男性体内的雄激素，主要是睾酮要比女性多。正是由于这些激素的作用，男性胡须、阴毛、腋毛相继长出，喉结突出，嗓音变粗、低沉，肩部增宽，肌肉发达，身体变得魁梧；女性声音尖细，乳房隆起，皮下脂肪丰满，臀部和骨盆增宽，阴毛和腋毛长全，出现女性特有的气韵。在大学期间，第二性征的发育更趋成熟，因此，男女大学生表现出的差异愈来愈明显。

二、机能发育特征

（一）神经系统

人是万物之灵，有高度的智能、复杂的思维、丰富的情感、美妙的语言，这决定于脑及神经系统的功能。大学生的脑及神经系统已基本发育成熟。10 岁儿童的脑容量已达到成人的 95%，青春期的脑发育已接近成人，约重 1500 克左右。男性在 20 ~ 25 岁最重，女性在 20 岁左右最重。但大脑内部结构和机能却不断完善和分明，迅速发展，趋向成熟。大脑皮层的兴奋与抑制已具有较好的平衡，特别是第二信号系统迅速增强，大脑皮层的发育呈现“飞跃”的状态，为思维活动创造良好的物质基础。因此，在此期间大学生思维敏捷，记忆力强，最易接受新鲜事物，是接受教育的黄金时期。值得注意的是，此期神经系统功能迅速发展，但不够稳定，情绪易激动，可塑性最强，因此要积极培养大学生多方面的兴趣，使脑和神经功能得到更健全地发展。

（二）心血管系统

心脏的生长发育也有两次高峰：一次是出生后两周，心脏迅速发育，重量可增加到出生时的 3 倍；另一次是到青春期，心脏再次猛长，重量可达出生时的 10 倍。青春期的心脏发育，无论在质或量方面发育都比较快，已接近成人水平。正常情况下，脉率是 60 ~ 100 次/分，收缩压 12. 03 ~ 18. 72 千帕（90 ~ 140 毫米汞柱），舒张压 8. 00 ~ 12. 03 千帕（60 ~ 90 毫米汞柱），脉压为 4. 00 ~ 6. 67 千帕（30 ~ 50 毫米汞柱）。左心室壁厚于右心室壁，心肌纤维增厚，富有弹性，心脏收缩力、调节能力和血管壁的厚度及弹性等均得到增强。男性易出现一时性收缩压偏高，女性易出现窦性心动过速现象。

（三）呼吸系统

随着青春期发育，肺脏、支气管、胸腔及呼吸肌的发育和功能均增强，表现为肺活量增大，呼吸深度增大而呼吸频率相对减少。安静状态下，青春期初期呼吸频率减为 20 次/分，成人为 16 次/分左右，而女性比男性多 1 ~ 2 次/分。肺活量 10 岁时为 1400 毫升；14 ~ 15 岁为 2000 ~ 2500 毫升；男大学生约为 3500 ~ 4000 毫升，女大学生较低，约为2500 ~ 3000毫升。肺活量可以反映人体呼吸运动的能力，缺乏运动的人肺活量较低，而训练有素者可增至 5000 毫升。肺通气量是呼吸频率与呼吸深度的乘积，发育成熟后男生最大通气量比女生高出 25% ~ 50%，由此可见男生呼吸功能较强。

（四）生殖系统

大学生的性器官发育和性机能的发育已基本成熟。男性首次遗精一般在 13 岁左右，也可因地区或个体差异而或早或晚，但一般相差仅 1 ~2 年。进入青春期后，大约 80% 的男性出现遗精现象，多者 1 ~2 周一次，少者 3 ~5 月一次，遗精只要不是持续频繁发生，即属正常生理现象。女子月经初期约在 11 岁左右，16 ~17 岁月经基本规律，并有了排卵。如果女子 18 岁仍未来月经，男子 18 岁以后还没有出现遗精，则需要做进一步检查。据研究报道，随着人类社会的发展和体质的提高，性发育有提前趋向。

处于青春后期的大学生，其身体各系统的生理机能发育更趋完善和稳定。男性机能发育始终比同龄女性占优势，存在一定的性别差异，因此在运动强度、负荷量等安排上，都要考虑这些生理上的特点及差异。青年的能量代谢十分旺盛，大学生的脑力活动及运动使能量消耗要提高 3% ~10% 左右，因此在大学期间应增强体质，注意营养，加强锻炼及采取相应的卫生保健措施，确保大学生身心健康发展。

思考与练习

1. 人体的基本形态是怎样的？它们分别是什么？
2. 运动时都有哪些关节在运动？
3. 阐述人体九大系统的作用。

第三章 大学生心理卫生

一种美好的心情，比十服良药更能解除生理上的疲惫和痛楚。

——马克思

这世界除了心理上的失败，实际上并不存在什么失败，只要不是一败涂地，你一定会取得胜利的。

——亨·奥斯汀

在人生发展过程中，大学生正处于人生发展曲线中的四人高峰时期：生理变化高峰，是身体发育、成熟和定型阶段；智力发育高峰，是一生中平均智力最高峰时期；社会需求高峰，包括衣食住行、爱情、事业、理想等；创造高峰，具有最开放、最易接受新生事物、最富有创造性特点。他们正处于蓬勃发展的人生阶段，心理上具有积极的一面，也有消极的一面。他们是一群正在严肃思考人生的青年，面临着多种思潮、多种价值观、各种人生观的冲击和选择。他们富于幻想和希望，又充满着矛盾和危机，学习竞争加剧，专业的适应，人际矛盾，恋爱烦恼，择业的困扰……因此，加强教育，开展心理咨询，及时疏导、缓解大学生的心理冲突，做好大学生的心理卫生工作是十分重要的。

第一节 心理健康的标准和心理评价

随着心理健康与身体健康一样重要的理念逐渐被世人所接受。心理健康这一理念也成为无论是专业领域还是大众之间的流行术语。但究竟何为心理健康的标准，心理健康的评价指标是什么，目前在学术上尚无统一的说法。怎样衡量心理健康及其水平是健康心理学的一项重要的也是复杂的课题。

一、心理健康的标准

心理是人脑对客观现实的主观反映。健康的心理是通过健全的脑机能来实现的。心理健康的人能保持平静的情绪、敏锐的智能、适应社会环境的行为、愉悦的身心。

判断心理健康的标准有以下几方面：

（一）能够有效地进行工作、学习和生活

心理健康的人有完整的人格和人生追求的目标，热爱生活，在工作中能把本身的智慧和能力发挥出来，乐于工作，能克服各种困难和自身消极情绪，以获得成功。

大学生心理卫生
来源：百度文库

（二）良好的人际关系

心理健康的人是有朋友的，他乐于与人交往，常能和他人建立良好的关系；能“自我接纳”，又能“接纳别人”；在与人相处时，正面的态度（如尊敬、信任、喜悦等）常多于反面的态度（如仇恨、嫉妒、怀疑、畏惧、憎恶等）。

（三）认识自我

心理健康的人对于自己本身有适当的了解，并进而能有悦纳自己的态度。他愿意努力发展其身心的潜能，对于无法补救的缺陷，也能安然接受。

（四）适应环境的能力

心理健康的人能和现实环境保持良好的接触，对环境能做正确的、客观的观察，并能健全的、有效地适应。能正确地处理个人与环境之间的关系，特别是主动地、自觉地、模范地适应社会环境。对生活中各项问题，能以切实的方法处理，而不企图逃避。

知识链接

适应社会是每个年轻人的人生必修之课

著名的美国学者阿尔温·托夫勒在他的著作中写道："日趋缩小的海洋将千百万种无可奈何的水生物抛掷到新生成的海滩上，失去了熟悉的环境，尽管对生的渴望使它们奋力把握住每一生存的时刻，结果还是一一死亡了。只有极少数能适应两栖生活的幸运儿才能在变化的冲击中生存下来。"

"今天，我们正经历一个和人类祖先从海洋生物进化到陆地生物时一样的充满着灾难和创伤的时期……能适应环境者将生存下去。不能适应者或者在较低级的发展水平上以某种形式生存下去，或者在被冲刷到岸上后死去。"

青年人如何适应当今变化多端的社会？值得每个大学生深思。

（五）情绪的自控能力

对自己的情绪、情感、思维等心理活动有自我控制和调节的能力。有健全的情绪、乐观的态度，常会看到生活光明的一面，对前途存有希望、信心；即使遇到困难或挫折，也会保持平静的心境、积极的情绪。

二、心理健康的评价指标

一个人的身体是否健康，医学上已经有了客观的标准，但一个人的心理健康与否，并不像躯体健康那样已经具有比较客观的指标，并可通过各种检测予以客观评价，而且处于不同的社会制度和民族文化背景下的人们，对心理健康也会有不同的要求。因此，心理健康迄今尚无公认的客观指标用以进行考核。尽管如此，心理学家仍从自己的实践中总结出心理健康的标准。当前对健康心态的评价主要存在以下几种说法：

（1）健康的心态即没有症状的心态。

（2）健康的心态即平均状态。

（3）健康的心态即合乎某一水准的社会行为。

（4）健康的心态即适应良好。

（5）健康的心态即机能发挥出正常作用。

以上评价标准各有侧重，但都存在一定的弊端，还不够完善。有些心理学者认为，心理健康是指个体心理在本身及环境条件许可的范围内所能达到的最佳功能状态。心理卫生则包括一切旨在改进及保持上述状态的措施，诸如精神疾病的康复，精神病的预防，减轻充满冲突的世界带来的精神压力，以及人处于能按其身心潜能进行活动的健康水平等。因此，从人格与心理卫生角度去判断心理健康与否，需要注意以下几点：

第一，心理健康者，必须能充分发挥自己的能力。

第二，能适当处理人际关系。

第三，能正确评价自我及外在现实环境，并且具有较强适应能力。

第四，心理健康的评定要有动态的观念，因为心理健康者不是每时每刻心理的每一方面都合乎常态，评价时要考察较长时间内的心理状态及其变化。

第五，评定时要有整体观念，任何心理活动及行为都必须置于具体的外在现实环境和内在心理环境中进行评价。

第二节　影响心理健康的因素

人的心理活动是一个极为复杂的动态过程，因此，影响心理健康、造成心理障碍的因素也是复杂多样的，其中包括生物、社会、心理等因素。

一、生物因素

（一）遗传因素

人的心理主要是在后天环境影响下形成和发展起来的，然而，人的心理发展与遗传因素有着密切的关系。根据统计调查及临床观察，许多精神疾病的发病原因确实与遗传有关。同时，遗传上的易感性在一些人身上也是存在的，以遗传素质为基础的神经类型及各个年龄阶段所表现的身体特征也影响着人的心理活动。

（二）病毒感染与躯体疾病

由病菌、病毒（例如脑梅毒、斑疹伤寒、流行性脑炎）等引起的中枢神经系统的传染病会损害人的神经组织结构，导致器质性心理障碍或精神失常。这一点对儿童影响尤为严重，是造成智力迟滞或痴呆的重要原因。

（三）脑外伤及其他因素

脑外伤或化学中毒，以及某些严重的躯体疾病、机能障碍等，也是造成心理障碍与精神失常的原因。

二、社会因素

（一）生活环境因素

生活中的物质条件恶劣，生活习惯不当，如摄取烟、酒、食物过量等，都会影响和损害身心健康。其次，不良的工作环境、劳动时间过长、工作不胜任、工作单调以及居住条件差、经济收入低等，都会使人产生焦虑、烦躁、愤怒、失望等紧张的心理状态，从而影响人的心理健康。此外，生活环境的巨大变迁也会使个体产生心理应激，由此带来心理的不适。

（二）重大生活事件与突变因素

生活中遇到的各种各样的变化尤其是一些突然变化的事件，常常是导致心理失常或精神疾病的原因，比如家人死亡、失恋、离婚、天灾、疾病等。由于个体每经历一次生活事件，都会给其带来压力，都要付出精力去调整、适应，因此，如果在一段时间内发生的不幸事件太多或事件较严重、突然，个体的身心健康便很容易受到影响。

（三）文化教育因素

教育因素包含家庭教育和学校教育。对个人心理发展而言，早期教育和家庭环境是影响心理健康的重要因素之一。研究表明，个体早期环境如果单调、贫乏，其心理发展将会受到阻碍，并会抑制其潜能的发展，而受到良好照顾，接受丰富刺激的个体则可能在成年后成为佼佼者。

另外，儿童与父母的关系，父母的教养态度、方式，家庭的类型等也会对个体以后的心理健康产生影响。早期与父母建立和保持良好关系，得到父母充分的爱，受到支持、鼓励的儿童，容易获得安全感和信任感，并对成年后的人格发展、人际交往、社会适应等方面有着积极的促进作用。

三、心理因素

（一）情感因素

人的心理活动总是通过人的情感变化而影响内脏器官的活动。积极、愉快的情感对人的生活起着良好的作用，有助于发挥机体的潜能，提高工作效率，增进人体健康。近代医学科学实验研究已肯定消极情感对身心疾病的发生、发展过程起着不良作用。例如，无所依靠和失望的情绪会降低一个人的免疫力。情绪在心理变态中起核心作用，情绪异常往往是心理疾病和精神病的先兆。因此，良好的情绪是心理健康的重要保证。

（二）个性特征

每个人都有自己独特的个性特征，它对人的心理健康有着非常明显的影响。这是因为人们总是根据自己的个性特点对致病原因及已形成的疾病做出反应。因此，个体的个性特征往往比引起疾病的病原性质更能决定疾病的表现。研究表明，各种精神疾病特别是神经官能症，往往都有相应的特殊人格特征为其发病的基础。美国学者弗里曼研究发现，多数心脏病人都具有“A 型性格”。有人还发现癌症患者具有所谓的“亚稳定个性”，即以抑制倾向为特征的个性特点。因此，培养和完善健全的人格是预防和减少心理障碍或精神疾病的一项重要措施。

（三）心理冲突

心理冲突是人们面对难以抉择的处境而产生的心理矛盾状态。由于心理冲突带来的是一种心理压力，这种压力往往会增大个体适应环境的困难。因而，在多数情况下都会对个体的身心健康和工作产生不良的影响。尤其是当冲突长期得不到缓解时，便会产生紧张和焦虑的情绪，严重的还可能导致心理疾病。虽然心理冲突并不一定全是坏事，但剧烈而持久的冲突无疑会有损身心健康，应尽量避免。

第三节　大学生常见的心理障碍

随着生活节奏的加快，大学生从升学到就业是一个十分复杂的心理变化过程，如今就业形势严峻，竞争激烈，失败与挫折不可避免，如果没有良好的心理素质，很容易牛发心理问题，产生心理障碍。

一、心理障碍的概念

心理障碍是指由一般心理问题累积、迁延、演变的表现和结果，是心理病理学范畴，是心理状态的变异和心理能量的衰退或丧失以及心理能力下降的表现。如感觉异常、幻觉、思维奔逸、思维散漫、近事遗忘、错构、情感倒错、偷窃癖、强迫动作、自伤、自杀、失眠、梦游等。

心理障碍具有三个特征：

（1）与特定情景无必然联系：即心理异常并非由特定情景直接诱发，常常找不到原因。

（2）持久性与特异性：发生后经久不消，很难自行消灭，表现也明显、突出、异样、特殊。

（3）有心理状态的病理性变化。

二、心理障碍的分类

（一）精神病性障碍

精神病性障碍属于严重的心理障碍，包括精神分裂症、情感性精神障碍、偏执性精神病等。

（二）心境障碍

心境障碍包括在情绪与行为障碍中的心境障碍，主要指抑郁症，其中自杀问题也是值得我们关注的一个重要问题。

（三）神经症性障碍和癔症

此类障碍没有精神病性障碍，主要表现为烦恼、紧张、焦虑、恐惧、强迫、疑病、神经衰弱等症状。

癔症又称歇斯底里症，是一种分离障碍，通常患者会将自己扮演成另一个想象中的角色，完全忘记自己原来的身份。

（四）反应性精神障碍

反应性精神障碍又称应激相关障碍，主要由突发生活事件、剧烈精神创伤或者持续困难处境引起，表现为巨大刺激后的心理失常。

（五）人格障碍

人格障碍指明显偏离正常人格并与他人和社会相悖的一种持久、牢固的适应不良的情绪和行为反应方式。人格障碍患者形成了特有的行为模式，对环境适应不良，常影响其社会功能，甚至与社会发生冲突，给自己或社会造成恶果。人格障碍常开始于幼年，青年期定型，持续至成年期或者终生。大学生中常见的人格障碍有偏执型人格、强迫型人格、边缘型人格、依赖型人格等。

（六）心理生理障碍

心理生理障碍又称心理因素相关的生理障碍，指由某些心理原因导致的生理问题。

三、大学生常见心理障碍的类型及表现

（一）神经症

主要表现为持久的心理冲突，感受到痛苦；起病与心理社会因素有关；病前多有一定的素质和人格基础；症状多为功能性的，没有器质性病变；对疾病有相当的自知力；社会功能完好；病程大多持续迁延。

大学生心理特征
来源：百度文库

1. 焦虑症

广泛性焦虑症：持续存在的焦虑，过分担心、紧张、害怕，伴有自主神经症状。惊恐障碍：突然的惊恐体验，伴有濒死感或失控感，严重的自主神经功能紊乱。

2. 强迫症

特点是有意识的自我强迫与自我反强迫同时存在。主要表现为强迫观念，强迫意向，强迫行为。

3. 恐惧症

对于某种特定的客体或环境或与人交往产生强烈的恐惧，并主动采取回避的方式来解除这种焦虑不安。常见的类型：社交恐惧症、单一恐惧症、场所恐惧症。

4. 躯体形式障碍

又称疑病症。患者对自己的健康状况或身体的某一部分功能过分关注，怀疑患了某种躯体或精神疾患，但是与其实际健康状况不符合。医生对其病的解释或客观检查常不足以消除患者固有的成见。

5. 神经衰弱

主要特征是精神易兴奋和脑力易疲乏；常伴有情绪烦恼、易激惹、睡眠障碍、头痛、多种躯体不适等症状；病程迁延，症状时轻时重；病情波动常与心理社会因素有关。

6. 癔症

癔症又称歇斯底里症，是在各科临床上较为常见的一类神经症，但近年来发病率有所下降。在综合医院的心理咨询门诊中，本病也较少见，仅占全部咨询病例的0.3%。本病的病人在病前常有情感丰富、富于幻想、善于模仿、易受暗示、自我中心

等人格特点。这类人常在某些心理或社会因素的刺激或暗示下，突然出现短暂性精神异常或运动、感觉、自主神经、内脏方面的紊乱。这些症状可由暗示而产生，亦可通过暗示而使之消失。

测试题：测试你的忧郁感程度
来源：壹心理

（二）抑郁症

1. 情感低落

患者经常面带愁容，表情痛苦悲伤。自诉精力不足、失眠（或睡眠过多）。患者变得喜欢安静独处，原因是患者由于思维迟缓对社会交往变得顾虑重重。愉快感缺失，原有的业余爱好和个人兴趣不复存在。自我感觉比实际情况要差，自我评价过低。自信心不足，流于自谦，可有自罪妄想。有时表现为长吁短叹，可有自杀企图和行为。

2. 思维迟缓

抑制性的思维联想障碍，思维活动显著缓慢，联想困难，思考问题吃力，反应迟缓为主要临床表现。话语少，语速慢，语声低沉，反应迟缓。患者自诉："脑子不灵了""脑子迟钝了"。

3. 意志减退

指患者的意志活动减少，但受情感低落的影响，总感到自己做不了事；或是由于愉快感缺失，对周围的一切兴趣索然，觉得干什么都没有意思，以至意志消沉，使患者的学习、工作等受到明显的影响。抑郁状态患者对自身的这些变化，一般说来还是能够意识到的，自知力可能部分存在。

（三）精神分裂症

原因未明的一组精神障碍，如感知、思维、情感、行为的障碍。患者意识清晰、智能完好，以精神活动的不协调或脱离现实为特征。多起病于青壮年，发病高峰年龄为15～25岁，近年有提早趋势。常缓慢起病，病程迁延，有慢性化倾向和衰退的可能，但部分病人可痊愈。

1. 感知觉障碍

很重要的精神病性症状，特点为无对象性的知觉，感知到的形象不是由客观事物引起。根据感受器官不同，幻觉分为幻听、幻视、幻嗅、幻味、幻触、内脏性幻觉。临床上最为常见的是幻听，幻视次之。

2. 思维及思维联想障碍

（1）思维松弛或思维散漫：指思维的目的性、连贯性和逻辑性的障碍。患者的思维活动表现为联想松弛，内容散漫。交谈中患者对问题的叙述不够中肯，也不很切题，给人感觉患者的回答是“答非所问”，与其交谈有一种十分困难的感觉。严重时表现为破裂性思维。

(2) 逻辑倒错性思维：以思维联想过程中逻辑性的明显障碍为主要特征。患者的推理过程十分荒谬，既无前提，又缺乏逻辑根据，患者却坚持己见，不可说服。如一拒食患者，医生询问时，患者答：“我是大学生物系毕业的。生物进化是从单细胞到多细胞，从植物到动物。植物和动物是我们的祖先。父母从小就教育我要尊敬祖先。我吃饭、吃菜就是对祖先的不孝了。”

① 妄想。

一种脱离现实的病理性思维。它的特点是：

第一，以毫无根据的设想为前提进行推理，违背思维逻辑，得出不符合实际的结论。

第二，对荒唐的结论坚信不疑，不能通过摆事实讲道理进行知识教育以及自己的亲身经历来纠正这种荒唐结论。

第三，患者认为其内心的想法或者患者本人及其与家人之间的隐私，未经患者语言文字的表达，别人就知道了。很多患者不清楚别人是通过什么方式、方法了解到他内心想法的。

②被动体验。

感到自己的躯体运动、思维活动、情感活动、冲动都受人控制，有一种被强加的被动体验，常常描述思考和行动身不由己。如患者自诉受到某种射线影响或身上被安装了先进仪器。

③思维联想障碍。

思路失去连贯性，观念之间失去内在联系。虽然个别句子有一定意义，但整个语句既无中心，也无任何意义。例如一个精神分裂症病人回答关于他去上海南京路干什么时，说：“南京路上好八连，英国领事馆门口有两个警察，我是第五条好汉，蓝墨水点点在面孔上，上就是下，下就是下。”这种现象被称为思维破裂。

④思维贫乏。

患者话语少，缺乏主动言语，在回答问题时异常简短，多为“是”“否”，很少加以发挥。在每次回答问题时总要延迟很长时间。

3. 情感障碍

情感淡漠，患者对一些能引起正常人情感波动的事情以及与自己切身利益有密切关系的事情，缺乏相应的情感反应。患者对周围的事情漠不关心，表情呆板，内心体验缺乏。

4. 意志与行为障碍

① 意志缺乏。表现为患者缺乏应有的主动性和积极性，行为被动，生活极端懒散，个人及居室卫生极差。严重时患者甚至连自卫、摄食及性的本能都丧失。

② 意志减退。患者忽视自己的仪表，不知打理个人卫生。一位青年男性患者连续3年从来没有换过衣服。

③ 紧张综合征。包括紧张性木僵和紧张性兴奋两种状态，两者可交替出现，是精神分裂症紧张型的典型表现。木僵时以缄默、随意运动减少或缺失以及精神运动无反应为特征。严重时病人保持一个固定姿势，不语不动，不进饮食，不自动排便，对任何刺激均无反应。

（四）人格障碍和性心理障碍

1. 人格障碍

人格障碍指明显偏离正常人格并与他人和社会相悖的一种持久、牢固的适应不良的情绪和行为反应方式。人格障碍常开始于幼年，青年期定型，持续至成年期或者终生。

（1）偏执性人格障碍。它是以多疑敏感为主要表现的人格障碍。其特点：①多疑敏感，不信任别人，易把别人的好意当作恶意、敌意；②妒忌心强，对别人的成就、荣誉等感到紧张不安或挑衅、指责和抱怨；③易感到委屈、挫折感，常常产生攻击、报复之心；④骄傲自大，自命不凡，自尊心强，要求别人重视自己，追求权势；⑤主观固执，好诡辩，经常抗议、反对他人的意见，不易被说服，即使面对事实证据也是如此；⑥对别人缺乏同情心和热情，从不开玩笑，警惕性很高，常怕被人欺骗、暗算，处处提防他人，等等。

（2）分裂性人格障碍。以观念、行为、外貌装饰的奇特、情感冷漠、人际关系明显缺陷为特点。主要表现为退缩，孤僻，胆怯，沉默和怪癖，不爱社交。

（3）反社会人格障碍。以行为不符合社会规范，经常违法乱纪，对人冷酷无情为特点。

（4）冲动性人格障碍。攻击性人格障碍以阵发性情感爆发，伴有明显冲动性行为为特征。

（5）表演性（癔症性）人格障碍。以过分感情用事或夸张言行以吸引他人注意为特点。

（6）强迫性人格障碍。它是指因刻意追求完美而过分自我关注、带有不完善感的人格障碍。表现为：①做事犹豫不决、优柔寡断、忧虑重重、谨小慎微、拘泥于烦琐细节之中；②做事要求十全十美，追求完美无缺，反复检查、修改，直到自己完全满意，否则会感到焦虑、紧张；③过于严格认真，具有强烈的自制心理和自控行为，对自己过于克制与关注，责任感过强，怕犯错误，思想得不到放松，按自己的想法要求别人，妨碍他人自由；④循规蹈矩，按部就班，墨守成规，不思变通，遇到新情况不能灵活处理，显得束手无策，呆板，缺乏兴趣爱好和幽默感，没有创新精神；⑤心里总是笼罩着一种不安全感，常处于莫名其妙的紧张和焦虑状态，平时焦虑、悔恨的情绪多，愉快、满意的情绪少。总之，这类患者的个性常常表现为刻板、固执、拘谨、单调、惰性、犹豫、克制，易发展为强迫型神经症。

(7) 焦虑性人格障碍。以一贯感到紧张、提心吊胆、不安全及自卑为特征，总是需要被人喜欢和接纳，对拒绝和批评过分敏感，因习惯性夸大日常处境中的潜在危险而有回避某些活动的倾向。

2. 性心理障碍

上理苗朋朋老师心理微课堂演讲
来源：优酷网

性心理障碍也称性行为变态，与生殖活动没有直接关系，患者在寻求性满足的对象和方式上与常人不同，且违反社会习俗。

(1) 性身份障碍。

性身份障碍主要是指异性症，患者对自身性别的认定与解剖生理上的性别特征呈持续厌恶的态度，并有改变本身性别的解剖生理特征以达到转换性别的强烈愿望，其性爱倾向为纯粹同性恋，其中又以男生多见。

(2) 性偏好障碍。

① 恋物症：是指对性爱对象的一种象征意义上的迷恋。恋物癖患者通过抚弄、嗅、咬或玩弄某物来获取性快感。所恋对象可以是与性有关的，如头发、内裤、乳罩等，也可能是与性较少关联的雨衣、球鞋、牛仔衣等。

② 异装症：是指通过穿着异性服装而得到性兴奋的一种性变态形式。这种性变态患者以男性见多。

③ 露阴症：是指在不适当的环境下在异性面前公开暴露自己的生殖器，引起异性紧张性情绪反应，从而获得性快感的一种性偏离现象。这是一种比较常见的性变态行为，以男性患者居多，女性极少见。

④ 窥阴症：是一种反复多次地窥视他人性活动或亲昵行为或异性裸体作为自己性兴奋的偏爱方式，有的在窥视当中手淫，或在事后通过回忆与手淫，达到性的满足。

⑤ 摩擦症：是习惯性和癖好性通过触摸或摩擦异性身体而获得性快感的一种性变

态。此种性变态患者主要为男性，他们通常在拥挤场合进行，故也称挤恋。

⑥ 性施虐症与性受虐症：性施虐又叫性摧残癖，是指对异性对象施以精神或肉体上的摧残而从中得到性的如愿和变态心理的如愿；受虐癖又叫被虐狂，它与摧残癖相反，是指在遭受性对象的摧残时，精神或肉体虽感触贫困，而在意理上却达成一种特殊的性欲如愿。

（3）性指向障碍。

性指向障碍常见形式是同性恋。

（五）网络性心理障碍

网络性心理障碍的典型表现为在日常生活中情绪低落，无愉快感或兴趣丧失，睡眠障碍，生物钟紊乱，食欲下降，体重减轻，容易激动，自我评价降低，严重者社会活动减少，有自杀意念。

四、大学生心理障碍的预防和应对

大学生是国家未来发展的栋梁之材，他们的心理是否健康，不仅影响本人的学习和成长，而且直接关系到国家和民族的兴衰。因此，心理障碍的预防措施是非常有必要的，即使产生了心理障碍，也不要惊慌失措，要找对方法，坦然应对。

（一）心理障碍的预防方法

（1）正视自我、勇于接受现实。

（2）确立符合自己实际的抱负水平。

（3）注意建立良好的人际关系。

（4）培养积极向上、健康乐观的情绪。

（5）养成良好的学习生活习惯。

（二）心理障碍的应对

随着心理健康教育的普及，人们对心理健康的认识已逐渐加深，但大学生们在对待他人的心理障碍的态度上比对待自己的更为理性，一旦涉及自己则表现得优柔寡断，觉得难以启齿，常常不知所措。面对心理障碍，建议：

1. 坦然面对

心理健康也跟身体健康一样，在人的一生中难免会出现这样那样的问题，出现心理障碍要及时治疗，坦然面对，不要大惊小怪、怨天尤人。

2. 不要急于“诊断”

心理障碍成因往往比较复杂，切忌盲目从一些书籍上断章取义，或者道听途说，急于“对号入座”，认定自己患了什么病。弄清问题当然是必要的，但大学生的问题还是发展性的居多，很多都是“成长中的烦恼”，实在不必自己吓自己。

3. 懂得宣泄

要懂得宣泄，宣泄是人的一种正常的心理和生理需要，当你感到悲伤忧郁时不妨找知心朋友倾诉一下，也可以进行一项你所喜爱的运动，或在空旷的原野上大声喊叫，这样做既能呼吸新鲜的空气，又能将内心的积郁宣泄出来。

4. 调整生活规律

很多时候，只要将自己习惯了的生活规律稍加调整，就会给自己整个的精神面貌带来焕然一新的感受。所谓的心理问题也随之轻松化解了。

5. 不要拒心理咨询

对于严重的、难以排解的心理障碍，也可寻求专家咨询及心理卫生机构的帮助。

第四节　心理咨询和心理治疗

心理咨询与治疗是一种解决人们心理问题的有效方法，其种类繁多，方法也不尽相同，但是每一种方法都建立在一定的心理学理论基础上，并有一定的适应证和注意事项。

大学生心理卫生与咨询
来源：百度文库

一、心理咨询

（一）心理咨询的含义

心理咨询是指咨询者运用心理学的知识、理论和技术，通过与来访者的交谈，提供可行性建议，针对正常人及轻度心理障碍者的各种问题进行探讨和研究，从而提高来访者的适应能力，解决心理上的困难，帮助他们在社会中积极有效地发展，从而达到自强自立、增进健康水平和提高生活质量的目的。

心理咨询可使来访者的心理健康朝着好的方向转化。首先可以帮助来访者提高处理自身人际关系方面问题的心理能力；其次通过咨询可以促进人格的重建和发展；再次，对于青年人在自身发展中遇到的问题（如解决适应与发展问题，提高个人决策能力，胜任职业和婚姻角色等），咨询者也可使来访者得到指导而获益。故心理咨询对于维护和保持心理健康具有重要作用。

（二）心理咨询的目的

心理咨询的目的是使当事人实现自我认识、自我适应和自我实现，一般包括以下四个方面：

（1）宣泄、疏导来访者的情感，以缓解情绪压力，鼓励来访者自行说出内心的困苦，帮助其解决心理上的压力。

（2）协助来访者改善认知结构，以正常经验取代旧的、不正常的经验，树立对人、对己、对事物的正确观念和态度。

（3）为来访者在日常生活中重新建立与人相处的和谐关系，培养其良好的社会适应能力和行为习惯。

（4）指导来访者实行心理卫生的自我监护和自我调节，包括解除紧张、焦虑、挫折等一系列问题。

（三）心理咨询的种类

大学生心理咨询典型案例分析
来源：百度文库

心理咨询一般可分为小组咨询和个体咨询。

1. 小组咨询

小组咨询是指由一个或一个以上咨询者同时对多个来访者进行咨询。在小组咨询中，来访者彼此交流各自的认识，而达到互相帮助的目的，因此往往比个体咨询更加有利于来访者。小组咨询为来访者提供一个直接尝试建立人际关系的机会，也为来访者提供与别人建立亲密关系的极好方式，促进与周围其他人的沟通，了解别人对自己的看法，并能通过了解别人也存在的类似问题而得到一点安慰，同时也为解决自己的问题提供了信心。通过小组活动，可学会如何有效地从别人处得到帮助，并能建立起来访者小组，从中得到相互支持，减少对咨询者的依赖，增进自尊、自信等良好的心理品质。

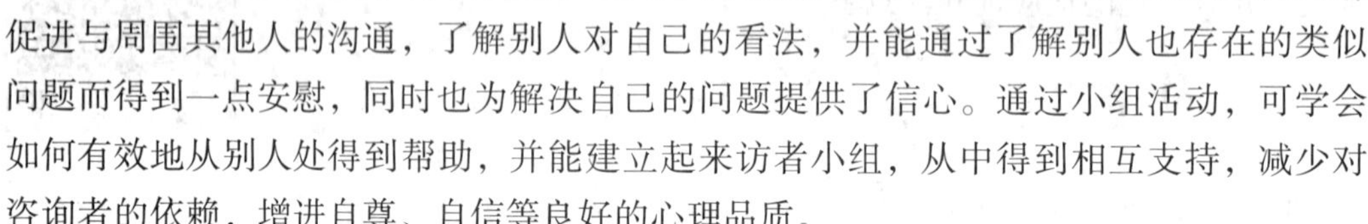

2. 个体咨询

个体咨询是最常用的一种形式，是在咨询者与来访者间建立基本信任关系基础上的一对一的咨询方式。在个体咨询中，咨询者的作用是让来访者能够明确自己的问题，增进来访者自己分析问题和解决问题的经验，并提供适当指导。在这种方式中，来访者能减少防御反应，有一种安全感，可以比较自由地谈论自己的问题，并且完全参与进去。

大学生在学习生活中遇到挫折而难以应付时，出现各种心理矛盾和困扰时，以及学习、人际交往或躯体出现异常时，应主动地寻求心理咨询，及早获得宣泄、疏导和解脱，以减少心理承受的压力。要使咨询取得满意的成效，咨询者和来访者之间的关系融洽和密切配合是决定因素。咨询者自应遵循咨询道德。而来访者的充分而自由的陈述是取得咨询效果的关键因素。剧烈心理冲突造成的心理障碍会有反复，故当事人应争取社会各方面（如老师、同学、家庭）的支持帮助，并主动接受咨询人员的随访。

二、心理治疗

心理治疗又叫精神治疗，是应用心理学的原则和方法，治疗病人的心理、情绪、认识与行为有关的问题。治疗的目的在于解决病人所面对的心理困难，减少焦虑、忧郁、恐慌等精神症状，改善病人的非适应行为，包括对人对事的看法、人际关系、并促进人格成熟，能以较有效且适当的方式来处理心理问题和适应生活。

大学生心理障碍防治的基本方法有以下两种：

（1）积极参加心理健康讲座等宣传教育活动，选修有关心理健康教育方面的课程。树立科学的健康观，掌握一些心理问题的鉴别方法和常用的心理调适方法。积极参加心理健康方面的社团等实践活动，增进人际关系，提高挫折承受力和社会适应力。

（2）积极参加心理普查，发现有心理困扰时，主动、积极、及时地到学校心理咨询室进行心理咨询或心理治疗。

三、常用心理治疗方法

（一）心理分析治疗法

心理分析治疗法又叫精神分析疗法、分析性心理治疗，是心理治疗中最主要的一种治疗方法。

1. 经典心理分析疗法

经典的心理分析疗法为弗洛伊德所创立。应用此疗法使病人从无拘束的会谈中领悟到心理障碍的症结所在，通过内省的方法，以自由联想、梦的解析、移情、阐释的技术方法把病人的痛苦体验挖掘出来，加以疏导，并逐步改变其行为模式，从而达到治疗的目的。

案例

张某，大四女生。因担心考不上研究生而连续三个月熬夜看书，临考前出现心动过速、头痛、记忆力下降，医生经系统检查后排除心脏病、脑肿瘤，诊断为焦虑症，建议看心理门诊。但张某认为自己心脏肯定有病，顾虑重重，平时不敢随意活动，失眠与焦虑日益加重。

心理治疗过程：心理治疗师在对张某的病情表示理解和关心的基础上，进一步引导她分析考试焦虑的原因，解释心脏疾病诊断的必备条件，提醒她对心脏的担心和焦虑缺乏依据，说明目前症状加重与焦虑有关，使其明白很多心理疾病都可引起躯体症状，提出治疗建议：①睡前不做令自己兴奋的刺激性活动；②酌情采用睡前热水泡脚、按摩脚掌心、听轻松愉快的音乐、用意念引导全身放松、自我催眠暗示等方法改善睡眠，必要时短期小量服用安定。通过保证睡眠来改善情绪；③在症状好转后适当增加活动，锻炼心脏储备能力。制订适宜的锻炼计划和生活、学习时间计划，等等。

2. 认知领悟心理疗法

这一疗法是钟友彬根据心理动力学理论结合中国的具体情况和多年实践于20世纪70年代末提出的，又称“中国式的心理分析法”。认知领悟疗法的适应证是强迫症、恐惧症和某些性变态，如露阴癖、窥阴癖、挨擦癖和异装癖等。

（二）行为疗法

行为疗法又称行为治疗，是基于现代行为科学的一种非常通用的新型心理治疗方法。行为疗法运用心理学派根据实验得出的学习原理，是一种治疗心理疾患和障碍的技术，行为疗法把治疗的着眼点放在可观察的外在行为或可以具体描述的心理状态上。因此，行为疗法的代表人物沃尔普将其定义为使用通过实验而确立的有关学习的原理和方法，克服不适应的行为习惯的过程。

1. 系统脱敏疗法

系统脱敏疗法又称“交互抑制法”，利用这种方法主要是诱导求治者缓慢地暴露出导致神经症焦虑的情境，并通过心理的放松状态来对抗这种焦虑情绪，从而达到消除神经症焦虑习惯的目的。

2. 满灌疗法

满灌疗法又称“暴露疗法”、“冲击疗法”和“快速脱敏疗法”。它是鼓励求治者直接接触引致恐怖焦虑的情景，坚持到紧张感觉消失的一种快速行为治疗法。

3. 厌恶疗法

厌恶疗法又叫“对抗性条件反射疗法”，它是应用惩罚的厌恶性刺激，即通过直接或间接想象，以消除或减少某种适应不良行为的方法。厌恶疗法的特点是治疗期较短，效果较好。

4. 生物反馈疗法

生物反馈疗法又称“生物回授疗法”或称“自主神经学习法”，是在行为疗法的基础上发展起来的一种新型心理治疗技术/方法。生物反馈疗法利用现代生理科学仪器，通过人体内生理或病理信息的自身反馈，使患者经过特殊训练后，进行有意识的“意念”控制和心理训练，通过学习达到随意调节自身躯体机能，从而消除病理过程、恢复身心健康的目的。

（三）来访者中心疗法

来访者中心疗法是人本主义心理疗法中的主要代表。人本主义心理疗法是20世纪60年代兴起的一种新型心理疗法，其指导思想是第二次世界大战后在美国出现的人本主义心理学。这个疗法不是由某个学派的杰出领袖所创立的，而是由一些具有相同观点的人实践得来的，包括患者中心疗法、存在主义疗法、完形疗法等。

（四）认知疗法

认知疗法于20世纪60～70年代在美国产生，是根据人的认知过程、影响其情绪和行为的理论假设，通过认知和行为技术来改变求治者的不良认知，从而矫正并适应不良行为的心理治疗方法。认知疗法是新近发展起来的一种心理治疗方法，它的主要着眼点放在患者非功能性的认知问题上，意图通过改变患者对己、对人或对事的看法与态度来改变并改善所呈现的心理问题。

（五）音乐疗法

音乐能养生、治病已被中外许多学者公认，尤其是中国古典音乐，曲调温柔，音色平和，旋律优美动听，能使人忘却烦恼，从而开阔胸襟，促进身心健康。北宋文学家欧阳修患抑郁症，经多方医治，不见疗效，后来他向朋友学抚琴，久而乐之，抑郁症也就自然好了。高血压病人听抒情的小提琴乐曲，可使血压降低10～20毫米汞柱。让临产妇女听优美悦耳的音乐，可以分散她们在分娩时对疼痛的关注，减轻痛苦。

此外，其他常用的心理治疗方法还有支持疗法、暗示疗法、娱乐疗法、气功疗法等。

自测题

大学生心理健康测试题

对以下40道题，如果感到“经常是”，画√号；“偶尔”是，画△号；“完全没有”，画×号。

测试题：

1. 平时不知为什么总觉得心慌意乱，坐立不安。(　　)
2. 上床后，怎么也睡不着，即使睡着也容易惊醒。(　　)
3. 经常做噩梦，惊恐不安，早晨醒来就感到倦怠无力、焦虑烦躁。(　　)
4. 经常醒1~2小时，醒后很难再入睡。(　　)
5. 学习常使自己感到非常烦躁，讨厌学习。(　　)
6. 读书看报甚至在课堂上也不能专心一致，往往自己也搞不清在想什么。(　　)
7. 遇到不称心的事情便较长时间地沉默少言。(　　)
8. 感到很多事情不称心，无端发火。(　　)
9. 哪怕是一件小事情，也总是很放不开，整日思索。(　　)
10. 感到现实生活中没有什么事情能引起自己的乐趣，郁郁寡欢。(　　)
11. 老师讲课，常常听不懂，有时懂得快忘得也快。(　　)
12. 遇到问题常常举棋不定，迟疑再三。(　　)
13. 经常与人争吵发火，过后又后悔不已。(　　)
14. 经常追悔自己做过的事，有负疚感。(　　)
15. 一遇到考试，即使有准备也紧张焦虑。(　　)
16. 一遇挫折，便心灰意冷，丧失信心。(　　)
17. 非常害怕失败，行动前总是提心吊胆，畏首畏尾。(　　)
18. 感情脆弱，稍不顺心，就暗自流泪。(　　)
19. 自己瞧不起自己，觉得别人总在嘲笑自己。(　　)
20. 喜欢跟自己年幼或能力不如自己的人一起玩或比赛。(　　)
21. 感到没有人理解自己，烦闷时别人很难使自己高兴。(　　)
22. 发现别人在窃窃私语，便怀疑是在背后议论自己。(　　)
23. 对别人取得的成绩和荣誉常常表示怀疑，甚至嫉妒。(　　)
24. 缺乏安全感，总觉得别人要加害自己。(　　)
25. 参加春游等集体活动时，总有孤独感。(　　)

26. 害怕见陌生人，人多时说话就脸红。(　　)

27. 在黑夜行走或独自在家有恐惧感。(　　)

28. 一旦离开父母，心里就不踏实。(　　)

29. 经常怀疑自己接触的东西不干净，反复洗手或换衣服，对清洁极端注意。(　　)

30. 担心是否锁门和东西忘记拿，反复检查，经常躺在床上又起来确认，或刚一出门又返回检查。(　　)

31. 站在沟边、楼顶、阳台上，有摇摇晃晃要掉下去的感觉。(　　)

32. 对他人的疾病非常敏感，经常打听，生怕自己也身患相同的病。(　　)

33. 对特定的事物、交通工具（如公共汽车）、尖状物及白色墙壁等稍微奇怪的东西有恐怖倾向。(　　)

34. 经常怀疑自己发育不良。(　　)

35. 一旦与异性交往就脸红心慌或想入非非。(　　)

36. 对某个异性伙伴的每一个细微行为都很注意。(　　)

37. 怀疑自己患了严重不治之症，反复看医书或去医院检查。(　　)

38. 有依赖止痛或镇静药的习惯。(　　)

39. 经常有离家出走或脱离集体的想法。(　　)

40. 感到内心痛苦无法解脱，只能自伤或自杀。(　　)

测评方法：

√得 2 分，△得 1 分，×得 0 分。

评价参考：

（1）0 ~ 8 分。心理非常健康，请你放心。

（2）9 ~ 16 分。大致还属于健康的范围，但应有所注意，可以找老师或同学聊聊，心情应保持愉快、乐观。

（3）17 ~ 30 分。你在心理方面有了一些障碍，应采取适当的方法进行调适，或找心理辅导老师帮助你。

（4）31 ~ 40 分。黄牌警告，有可能患了某些心理疾病，应找专门的心理医生进行检查治疗。

（5）41 分以上。有较严重的心理障碍，应及时找专门的心理医生治疗。

思考与练习

1. 怎样理解心理健康及其标准?
2. 如何调整心态去学习自己不喜欢的专业?
3. 请结合实际谈谈心理健康对个人健康发展有何意义?
4. 分析自身人格特点并说明形成过程?

第四章 学习卫生与起居卫生

生活的全部意义在于无穷地探索尚未知道的东西，在于不断地增加更多的知识。

——左拉

生而知之者上也；学而知之者次也；困而学之又其次也；困而不学，民斯为下矣。

——《论语》

当代社会文明越来越发达，当今的科学技术发展越来越快，知识的陈旧周期越来越短。现代社会对每个人都提出学习的任务，学习更是在校学生的主要任务。我们的学习，要面向世界，面向未来，面向社会主义现代化，任务十分艰巨。国际著名学术团体罗马俱乐部1979年发表的研究报告《学无止境》中指出："学习既是获得知识又是生活的一种方法"，"对一个普通人来说，即使在他过着贫困卑贱的生活时，他仍有一种天生的脑力，因而也就有一种学习的能力，这种能力目前尚处在相对中庸的水平，它可以被激发和提高到现有水平所望尘莫及的程度。"

青年时期是各种能力发展达到高峰的时期，因而是学习的最佳时期。青年人应抓住时机，奋发学习，为一生的事业奠定坚实的基础。

第一节 充分发挥大脑的潜能

据科学家估计，大脑皮质共有500亿个神经元，每个神经元有几百到数千个突触，通过这些突触，每个神经元可和其他6万至30万个神经元发生联系，估计大脑皮质的突触总数多达50000亿个。在任意给定的瞬间，大脑就有10万至100万个化学反应发生。若将全世界的电话网络同大脑相比，前者不过相当于豌豆粒那么大小的大脑组织的功能。

大脑以大脑纵裂为界分成左右两个半球，两个半球的功能是不一样的，即左半球主要负责语言、书写、计算、逻辑、分析等方面的活动；右半球主要负责形象、幻想、音乐、色觉等方面的活动。但两半球的活动并非互不相干或互相对抗的，两半球之间有2亿条联络纤维沟通，每条纤维平均每秒传导20个冲动，即每秒有40亿个神经冲动在两半球之间往来，沟通信息，协调功能。一个经常用右手操作的人，较多地利用左半球进行思维，左半球比较发达，而右半球未能得到充分利用。有人设想，若能充分发挥两个半球的作用，使之相互补充、相互协作，其效果将是1+1>2。

大学生用脑卫生
来源：百度文库

以上事实说明大脑具有相当大的潜能。美国麻省理工学院的一个报告估计，一个人如终生好学不倦，一生中储藏的各种知识总量相当于5亿本书的知识。我们要科学地开发大脑的潜能，努力提高学习的效率和效能。

怎样充分发挥大脑的潜能呢？

首先，要有强烈的事业心和积极的进取精神。一个力图有所作为、力求在事业上有所建树的人，行为的目的性明确，具有高度的自觉性，因而做事则用心专一，学习则注意力集中，“泰山崩于前而色不变，麋鹿兴于左而目不瞬”。注意力集中，在大脑皮质中容易形成优势兴奋灶，使兴奋性集中，有利于提高学习效率。

其次，要充分利用大脑皮质的活动规律，要发挥大脑两半球的功能。要科学地安排不同学科的学习时间，使之交错进行，防止某一区域的大脑皮质因持久的兴奋导致疲劳，转入“保护性抑制”状态，从而降低学习效率。学习要形成有规律的程序，要有系统性、节奏性，按照循序渐进的原则进行；同时，学习环境要保持安静和适度的照明以及合适的温度，减少外来的干扰，促进“动力定型”的形成，可减少无关的动作，使反应迅速、准确。安排好节假日的活动，在节假日临近结束或准备开始学习以前，要避免参加过分激烈或紧张的活动，以克服起始时的惰性，迅速进入良好的运行状态，即缩短“始动调节”时间。此外，培养学习的兴趣，提高学习的自觉性，学习时注意力集中，容易在大脑皮质形成“优势兴奋灶”——即兴奋性集中，这时具有最佳的反应能力，有助于提高学习效率。

要培养广泛的兴趣和拓宽知识面，利用多种“通道”来激发大脑的活动机能。如习惯用右手的人，偏重于利用大脑左半球的语言和逻辑分析功能，若能同时培养对音乐、艺术等方面的兴趣，多参加文娱活动，发挥想象能力，则可以调动大脑右半球的作用，使两半球的活动互补，从而使思维更为活跃。再如学习外语，如果不单是看，而是看、念、写并行，则效果更佳，因后者不单利用视觉，而且利用听觉和动作多个通道接收信息，这些信息分别到达大脑的视区、听区和运动区，在各区留下“痕迹”，这些“痕迹”之间可形成联系，为以后的回忆创造了有利的条件。

最后，为了发挥大脑的潜能，还必须注意保护大脑。大脑的重量只占体重的2%，但它的耗氧量却占全身耗氧总量的20%。脑组织的氧储备很少，对缺氧又很敏感，断绝脑循环10～15秒后，脑毛细血管中的氧就全部耗尽，5分钟以上，大脑就会产生不可逆转的损伤。因此，为了使大脑维持活跃的功能，就必须保证有充足的氧供应，在学习过程中，应当注意学习场所的通风换气，保持空气新鲜；课间休息，要走出教室或临窗呼吸新鲜空气；一日之中，参加户外活动时间不应少于1小时；睡觉不要用被子蒙头；吸烟会降低血中氧浓度，会引起脑血管痉挛，影响脑的血液供应，有损大脑的功能。

合理的营养，对于保证大脑的正常功能十分重要。必须指出，大脑所需的能量85%～95%来自葡萄糖的有氧代谢，而且同氧一样，脑内糖的储备也很少，完全断绝脑循环2分钟，脑内的葡萄糖就消耗殆尽。有的学生不吃早餐或早餐吃得很少，而上午学习课程又最多，这样，到了上午第三或第四节课，由于血糖过低，大脑皮质功能受抑制，就会出现注意力涣散、倦怠、头昏、瞌睡等症状，影响学习效果。另外，蛋白质、脂类、维生素、无机盐等各种营养成分同维持大脑的正常功能也有着密切关系，同样不可忽视。

充足的睡眠对于保证大脑的正常功能十分重要。经常或持续缺乏睡眠，就难以保证有清醒的头脑，常有思维迟钝、记忆力减退的现象。

除吸烟外，过量饮酒也会损害大脑的功能。酒对大脑有抑制作用，使其失去正常的调控作用，于是出现思维飘逸、语无伦次的“释放”症状。长期大量饮酒还会影响对维生素及其他营养的吸收利用，其结果，可损害大脑的功能，降低学习能力。因此，饮酒要适量，切忌长期过量饮酒。

茶和咖啡都含有咖啡因，对大脑有兴奋作用，适量饮用可以提神醒脑、清除疲劳。但睡前则不宜饮用浓茶或咖啡，以免妨碍睡眠。

有些药物也会影响大脑的功能，有的是兴奋剂，如苯丙胺（非那明）；有的是镇静剂，如安定、利眠宁（氯氮）。这些药物应在医生指导下使用，切忌长期滥用，以免形成药物依赖性。

总之，为了保护大脑，要记住呼吸新鲜空气，提供足够营养，保持充足睡眠，喝茶饮酒要适度，吸烟有害无益，不要滥用药物。

第二节　如何提高记忆力

学习是获取知识和掌握技能的过程，记忆则是获得的经验在大脑中的保持和再现。“记忆是才智之母”，记忆是学习的基础。如何加强记忆是人们关心的问题，因为失去记忆能力，不但无法进行学习，连日常生活都会有困难。

一、影响记忆的因素

（一）主观因素主要同学习动机有关

学习动机是促进学习的内部驱动力，可表现为对学习的需要，对学习的态度和兴趣。对某个学习科目，如果学生能充分了解它在未来的工作和生活中的作用和意义，就会产生强烈的学习需要，迫切要求掌握有关的知识和技能，由此也会采取积极的学习态度，形成主动、认真、顽强的学习精神，同时产生学习的兴趣。有些科目虽然相对枯燥乏味，但通过顽强的努力，却可使之转为生动活泼，如单调抽象的数理公式，在演算过程中可以体验到变化多端，彼此联系，从而激发起学习的兴趣。积极的动机可以通过以上的中介机制唤起大脑的兴奋，有利于增强记忆。

学习时的情绪对记忆也有影响。情绪不稳定，心绪不宁或身体处于极度疲劳状态，这时注意力难以集中，记忆效果必定欠佳。

（二）客观因素主要同学习材料和学习环境有关

学习材料如果单调乏味，或学习材料是片断、孤立而缺乏联系的，记忆就常会发生困难。但是，这些都可以通过主观努力使之转化，如设法将孤立的材料同其他事物联系或发挥想象力使之形象化，就会有利于记忆。

学习环境过分嘈杂，室温过高或过低，灯光过强或过弱，空气污浊，这些都会形成不良刺激，分散注意力或造成疲劳，减弱记忆效果。

学习固然需要顽强的毅力和坚韧不拔的精神，但还要讲究方法，才能提高学习效率，达到事半功倍的目的。有人估计，即使每秒给大脑输入 10 个信息，离“填满”大脑还差得很远。事实证明，经过适当训练，掌握记忆的“诀窍”，记忆力是可以大大提高的。

二、加强记忆的方法

关于加强记忆的方法，归纳起来有以下几种：

（一）靠前、靠近的事物容易记住

背诵一篇课文，常常是最前面的部分和最后的段落词句最容易记住，中间偏后部分最难记住，这就是记忆的系列位置效应。根据这个原理，在学习较长的材料或较长时间学习时，可以适当将材料或时间分解为较短的段落，或是在学完全部材料后，再集中力量练习中间部分，这样便可提高记忆效果。

（二）突出的事物容易记住

一篇课文中，用黑体字标出的部分，即形象突出的部分容易被记住，这叫作隔离效应或莱斯托夫效应。据此原理，对一系列学习内容的重点部分，可以采用各种方法，如用色笔画上记号或作图解，使这部分内容显得突出，更易引起注意，因而取得更佳的记忆效果。

知识链接

莱斯托夫效应

莱斯托夫效应，指学习材料中最为特殊的事件，容易记忆。莱斯托夫效应的最明显例子是在一场人数众多的宴会上，主人循列经介绍与来宾一一握手时，只能对身形、相貌、年龄、地位等特征中最为突出者，即时记下他们的姓名。例如：在行列中有一位身高两米以上的长人，他会给人以突出印象，故而他的名字也容易记忆。正因如此，有些人为了增加别人对他的印象，不是在服装上力求表现新颖，就是在言行上刻意表现突出；方式不同，目的则一。

所谓莱斯托夫效应，就是指在一系列类似或具有同质性的学习项目中，最具有独特性的项目最易获得保持和被记忆。对于广告主来说，要使广告内容被消费者记住，并长期保持，广告主题、情境、图像等应当具有独特性或显著性，否则，广告内容可能很快被遗忘。广告中经常运用对比、新异性、新奇性、色彩变化、特殊规模等表现手法，目的就是为了突出宣传材料的显著性。

（三）运用联想有助记忆

世上的事物常常不是孤立存在，而是彼此联系的。有的在时间上有联系，有的在空间上有联系；有的是外部特征的联系，有的是内在意义的联系；有的彼此类似，有的截然相反。这些关系反映到人脑中便构成各种联想。运用联想常常可以由此及彼，增强记忆。

（四）理解了的事物更容易记住

理解就是对事物本质的认识。有些事物要了解其因果关系，有些则要了解事物的内部结构及相互关系，有些应了解其逻辑推导过程，等等。为了加强理解，可以将新知识同已有的知识相联系，可以通过整理归纳使所学知识系统条理化，可以将抽象的概念形象化。对学习的内容不理解而强行记忆属机械记忆，在理解的基础上记忆属意义记忆，成年人的机械记忆能力不如儿童，而意义记忆能力优于儿童，意义记忆一般不易遗忘，即使有时回忆不起来，但由于有理解的基础，稍作提示便可再现。

（五）及时复习才能记得牢

记忆与遗忘是一对彼此对立、互相消长的过程。遗忘的速度是先快后慢，通常在3～7天内遗忘最快，一周以后遗忘速度就变得平稳了。为了巩固记忆的材料，要掌握好复习的时机，就是要在大部分遗忘以前进行复习。如学习外语，一般间隔1天左右进行复习效果较好。但也不是间隔时间越短越好，有人做过这样的实验，复习时间的间隔为半小时需复习11次，间隔2小时需7.5次，间隔10小时只需5次。由此可见，掌握适当复习时机可以提高效率。

（六）学习时要有足够的重复

如背诵一篇课文，只读5遍就能全部正确背出来，若到此为止，不再读了，则不久就可能遗忘大部。如果在已有的5遍基础上再读几遍，这就叫过度学习（或继续学习），就是说在达到能完全正确回忆后再继续学习，会有利于增强记忆。

（七）要科学地分配学习时间

在学习时间的分配上，如果是在一段时间内连续不间断地反复学习同一内容，称集中学习；若将学习时间分布在不同的时日，即间断地学习同一内容，称分散学习。一般说来，如果学习作业量较多，而且难度较大，则采用分散学习效果较好，因在这种情况下集中学习，容易引起大脑的保护性抑制，影响记忆效果。

（八）要科学地分配学习材料

将全部学习材料作为一个单元，反复学习，直到记住为止，称整体学习；将全部学习材料分解成若干段落，逐段学习，直到最后全部记住为止，称部分学习；若将上述二者结合起来，即先将材料整体学几遍，了解其中心内容或大意，然后分段学习，最后再合起来学几遍，即整体—部分—整体，这叫作综合学习。究竟采用哪种方法，要根据学生本人的情况和学习材料的性质，灵活运用。一般说来，学生智力较好，知识丰富，学习材料较短且逻辑性较强，以整体学习为好；若学习材料较长且难度较大则宜用综合学习。

（九）相互讨论，有利于增强记忆

在学习过程中，如果在自学的基础上，能和其他人一起讨论，常常可以获得较好的效果。这是因为讨论可以激发学习的兴趣，形成相互激励的氛围；讨论中可以互相启迪，思维更加活跃；讨论中，各人可以获得一些信息反馈，发现原来的弱点，纠正原来的错误，加深印象，增强记忆效果。为使小组讨论更有成效，参加讨论的成员不宜过多。人数过多，会影响个人参与程度。各成员必须事先有所准备，即先自学，后讨论，而且具有共同学习的愿望。讨论要有一定范围，防止漫无边际地议论或将讨论变成闲聊。一般说来，一些需要机械记忆的材料适宜个人单独学习，需要意义记忆的材料则适宜讨论学习。

第三节　休息与睡眠

睡眠卫生
来源：百度文库

人类在漫长的进化过程中，逐渐形成有节律的生理活动，如每分钟脉搏跳动约 75 次，呼吸约 15 次。在生理节律中，最引人注目的是人类各种生理活动的白昼和黑夜的波动，如体温在凌晨最低，下午升高；血压和心率白天较高、较快，而夜晚较低、较慢；肾上腺皮质激素分泌的高峰在早晨，而生长激素在睡眠时分泌最多；大脑皮质白天兴奋表现为觉醒，夜晚抑制则进入睡眠等。1959 年黑尔贝格根据以上现象创立了“昼夜节律”的概念，次年这一概念得到“国际时间生物学会议”的认可。昼夜节律是生物长期进化过程中形成的遗传特性，同人类的各种活动关系密切。扰乱昼夜节律可影响人的精神、情绪以至身体健康，也会影响学习能力。

一、合理安排作息时间

“日出而作，日入而息”，这是人类古老的作息制度，这种作息制度是同人类的生产活动密切联系的，而且也符合人体的生理昼夜节律。合理的作息制度就是根据人体的生理活动规律，科学地安排各项活动，减轻疲劳，维护健康，提高学习和工作效率。

大学生合理的作息归纳起来有以下几方面：

（1）各项活动要保持有规则的节奏感。如按时进餐，按时睡眠和起床，学习中间要有适当休息（课间休息）等。

（2）每天学习时间不要超过 10 小时，连续学习时间不宜太长。

（3）每天保证 8 小时左右的睡眠。

（4）每天至少要有 1 小时的户外活动，适当参加丰富多彩的课余活动。

必须指出的是学习能力在一天之中是有所起伏而非恒定的。1967 年，布莱克（Blake）曾观察 30 名试验对象在一日五个时点中的数字记忆广度。结果表明记忆广度的高峰在上午 10 时 30 分左右，而且上午优于下午。由此可见，学校将主要课程安排在上午是有科学道理的，但是技术性工作的最佳时间则在下午偏后一段时间。当然，各人情况不尽相同，在遵守学校规定的统一作息时间下，个人可适当作些“微调”，使之更适合个体的情况。

二、疲劳与休息

电脑与健康
来源：百度文库

（一）疲劳

持续学习、工作或劳动一段时间以后，效率下降，并且有疲倦的感觉，这就是疲劳。引起疲劳的因素是多种多样的，如学习材料难度太大，学习持续时间过长，节奏太紧张或学习内容单调，都可引起疲劳；身体健康状况欠佳，情绪低落也容易产生疲劳；学习环境不良，如通风、照明、温度、湿度不良，噪声干扰，课桌椅高度不合适等也易导致疲劳。

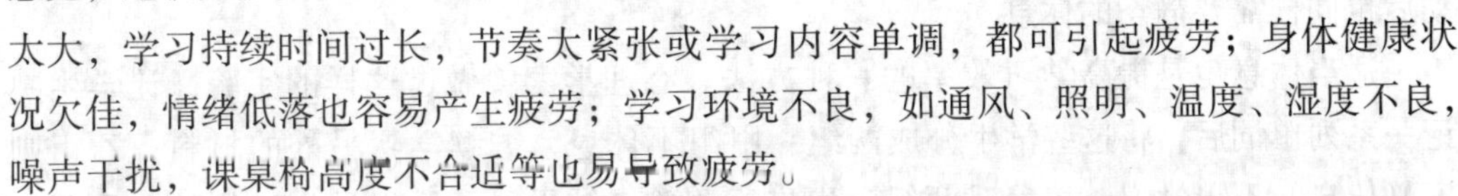

有的疲劳是由于体力活动强度太大而引起肌肉疲劳的缘故。如剧烈运动或强体力劳动的持续时间太长，这时会出现肌肉酸痛、乏力等现象，这是生理疲劳，又称体力疲劳。有的疲劳是由于学习内容难度太大，特别是在长时间从事单调乏味的学习时，容易产生厌倦情绪，出现疲劳现象，这叫心理疲劳。

产生疲劳常有一个过程：开始学习时，效率不太高，这是学习的始动阶段；随着大脑皮质优势兴奋灶的形成，注意力逐渐集中，效率逐渐提高，以至达到最大工作能力，这是第二阶段；最大工作能力持续一段时间后，大脑皮质兴奋性减弱，开始出现保护性抑制，效率便逐步下降，出现疲劳症状，这是第三阶段；这时若不中断学习，适当休息调整，继续“熬”下去，效率就会急剧下降，疲劳加剧，进入过度疲劳状态的第四阶段。无论学习或工作，出现适度的疲劳是难以避免的，这种轻度疲劳经适当休息或调整，即可消除，恢复原来的工作能力，但要尽量避免陷入过度疲劳状态。因为一旦造成过度疲劳，常常需要较长时间的休息才能消除疲劳，而且过度疲劳会引起人体生理功能紊乱，降低人体免疫力，诱发疾病。

疲劳的症状可有轻重不同的表现。最早出现的是注意力涣散，思维迟钝，反应速度减慢，动作不协调，记忆力下降；进而可出现头昏、头痛、身疲乏力、食欲下降、睡眠异常（嗜睡或失眠）、有畏难情绪；若再加剧则头昏头痛反复发作或持续不缓解，情绪反常（急躁易怒或抑郁寡欢），腰背酸痛持久不愈，甚或腹痛腹泻，心悸胸闷，并且由于免疫力下降易患感冒等呼吸道感染疾患。

预防疲劳最重要的是要制定并遵守合理的作息制度，保持有规律的生活，补充足够的营养，而在学习过程中科学地安排适当的休息有助于及时消除疲劳。

（二）休息

休息有不同的方式。一种是处于相对安静状态，减少身体的能量消耗，使体力、精神逐渐恢复，如闭目养神、静坐放松或睡眠，这属于静态休息，是狭义的休息。另一种休息是变换活动内容或活动方式，即由原来从事的作业转向另一种作业，如由演算数理习题转为阅读文艺作品，由课堂学习转向室外运动，这属于动态休息，是广义的休息。这两种休息对于消除疲劳都有作用，一般说来，在高强度体力活动、体力大量消耗以后，应有足够的静态休息，这更有利于体力的尽快恢复；如果是由于连续学习时间过长所致的心理疲劳，则可采用动态休息；当然，在长时间过度紧张的脑力活动后也同样需要静态的休息。

适当休息也是提高学习效率的一种方法。心理学家曾做过这样的实验，让学生熟记一系列单词后，将这些学生分成两组：甲组不休息，继续学习另外的材料；乙组则安静休息，不再学习。接着对两组学生进行测验，结果显示甲组学生记住的单词明显少于乙组。说明适当休息有助于记忆，而那种“连轴转”式的学习，不注意适当休息，常常事与愿违，效果不佳。

休息时间要适当，并不是休息时间越长越好。一般说来，两节课之间休息 5 ~ 10 分钟，或连续学习 1 ~ 2 小时做短暂的休息是必要的；如果学习时间延长，则休息时间也要相应延长。休息时间过短，前后两次学习的内容可能产生干扰；休息时间太长则可能如发动机熄火以后再发动一样，不利于保持有效率的学习。

三、睡眠与梦

（一）睡眠

睡眠就是大脑处于广泛抑制状态。觉醒和睡眠是交替出现的两种状态。觉醒时，大脑接受各种刺激，处于兴奋状态，消耗能量较大。持续兴奋之后，必然转入抑制过程，抑制过程在大脑中扩散并占优势，大脑便进入睡眠状态。睡眠时大脑反应比较迟钝，一般刺激不再引起兴奋，体内各种生理活动节奏减慢，如体温下降，心跳呼吸减慢，血压下降，肌肉松弛，消耗能量减少，合成代谢大于分解代谢，有利于消耗物质的补充。所以，睡眠是一种生理上的保护性抑制。

人的一生有1/3的时间是在睡眠中度过的，睡眠状况对健康有很大影响，睡眠对处于生长发育阶段的青少年尤其重要，因为促进生长发育的激素生长素在睡眠中分泌最多。睡眠的需要量同年龄密切相关，儿童一天需12~14小时，成人约7~9小时，老人只需5~7小时。但各人不尽相同，成人每夜睡眠超过9小时者属长睡型，少于6小时的属短睡型。前者多性格内向，兴趣广泛，善于思考，有独立见解；后者则性格外向，精力充沛，充满信心，喜爱交际，比较乐观。据说大科学家爱因斯坦属长睡型，大发明家爱迪生则属短睡型。睡眠模式也因人而异，有的属“百灵鸟式”，早睡早起；有的属“猫头鹰式”，即喜欢夜间工作而早上休息。这同各人的个性、生活习惯、工作性质和环境条件有关。但无论哪种模式，都必须保证充足的睡眠，才有利于健康。睡眠是否充足，主要依据是醒后的自我感觉，如果睡醒后感到头脑清醒，精力充沛，周身舒适，则可认为睡够了；反之，如果醒来感到头昏脑涨，萎靡乏力，周身不适，则可能还没睡够。

20世纪50年代初期，阿瑟林斯基和德门特发现整个睡眠并非同质的过程，其中包含两种类型的睡眠。正相睡眠或称非快速眼动睡眠，可分思睡、浅睡、中睡和深睡四个阶段，在这个时期，全身肌肉松弛，呼吸、心率减慢，眼球静止不动或慢慢转动，体内生长素分泌增加，促进合成代谢；继正相睡眠之后，进入异相睡眠或称快速眼动睡眠，这时突然出现眼球快速转动，伴有心率、呼吸加快，血压升高，脑血流量和摄氧量增加，脑内蛋白质合成增加，胃肠活动也增加，而全身肌肉却更松弛。在整个睡眠过程中先进入正相睡眠，再转入异相睡眠，两者交替进行，每一周期平均约90分钟，一个晚上约经5~6个周期。异相睡眠所占时间在各周期是不一样的，一般在上半夜较短，只有5~10分钟，以后逐渐延长，到临醒来的最后一个周期，可长达40分钟。

（二）梦

睡眠和梦常常相伴。在正相睡眠的中睡和深睡阶段以及在异相睡眠期都会出现梦境，但大多数梦境出现在异相睡眠期。从异相睡眠中被唤醒的人 70% ~90% 报告在做梦，而在正相睡眠中醒来的人只有 10% ~15% 报告有梦。此外，两者梦境的内容也有差异。正相睡眠的梦，概念性较强，不太生动，属思维型，容易遗忘；异相睡眠出现的梦则内容多较生动，稀奇古怪，富于幻想色彩，容易记住。人人都会做梦，每夜做梦的时间相加起来约 90 ~120 分钟，相当于放映一部故事片的时间。美国人加菲尔德曾用特殊装置有意识地记录他自己每天夜里的梦，1971 年有 362 个夜晚做梦（另外三个晚上未睡觉），共做了 900 多个梦，平均每晚 3 ~12 个梦。有人说一夜没有梦，那只不过是醒来时记不得自己的梦罢了。有人说整夜都在做梦，其实是他正好在睡眠最后一个周期的异相睡眠期醒来，这时的异相睡眠时间最长，梦境又特别生动，容易记住，所以使人误以为整夜都在做梦。有人以为做梦就是没有睡着，脑子得不到休息，其实恰恰相反，做梦正表明已睡着了，大脑处于休息状态，大脑没有休息是不会有梦的。因此，大可不必为做梦担心。

为什么会做梦？梦的内容千差万别，丰富多彩，究其原因，一种可能是日间思虑的延续，所谓“昼有所思，夜梦其事”；一种可能是体内外的刺激诱发出来的，如膀胱膨胀时梦见找厕所，肩背受凉时梦见遭雨淋；还有的可能是童年或以往体验的重现，或平时受压抑的内心欲望的发泄，最典型的如性梦，正如柏拉图说的：“君子之不端止于做梦，小人之不端付诸行动”。当然，由于梦是在大脑普遍抑制的背景下产生的，犹如失去指挥控制的交通车辆一样，常常杂乱无章，荒诞不经，但正如古人所说，“未尝梦乘车入鼠穴，捣齑啖铁杵，皆因无想无因故也”。梦的出现是有一定原因的，只不过梦境常不是现实生活的原版再现，而是曲折的反映，因而有时令人费解罢了。

（三）睡眠和梦对学习的影响

一般人常有这样的体会，睡眠不足时会感到头昏脑涨，精神不振。实验证明，长时间剥夺睡眠（即不许睡觉），受试者不仅疲乏无力，记忆和思维能力下降，而且会出现情绪反常，动作不协调，进而表现为情感淡漠，反应迟钝，嗜睡失神，所以长时期睡眠不足显然对学习不利。另一方面，睡眠有利于记忆也得到实验的证明，詹金斯等曾做过这样的实验，甲组受试者在临睡前学习一些语文材料，睡 8 小时后再测验他们的记忆；乙组则在早上学习同样的材料，但未睡觉，同样 8 小时后进行测验，结果甲组的成绩优于乙组。因此，牺牲睡觉时间来开夜车，对学习肯定得不偿失。另外，做梦不仅不妨碍记忆，反而有利于记忆，这也有实验证明。卡特赖特让两组受试者阅读同样的卡片，然后令其上床睡觉，所不同的是甲组在睡眠中当出现异相睡眠时（可用脑电图测知）立即唤醒，乙组则在异相睡眠结束后才唤醒。两组唤醒的次数相同，不同的是甲组剥夺了异相睡眠，乙组则保留了异相睡眠。次日早晨对两组进行测验，结果显示甲组的成绩不如乙组。如前所述，异相睡眠期大多数有梦，由此可见做梦对学习是有利的。不仅如此，有人发现，智商越高的人梦越多；智力低下的儿童异相睡眠显著少于同龄的正常儿童，其梦境也贫乏单调。患老年性痴呆者异相睡眠也显著少于同龄正常老人。这说明做梦对正常人来说，非但是不可避免的，简直就是不可缺少的。

（四）失眠

失眠有几种类型？失眠一般指睡眠不足，有的是时间不足，有的是睡眠深度不够而未能产生满足感。但是不包括那些因学习、工作或生活负担过重、事务繁多，没有时间睡觉的情况。这种情况虽然也存在睡眠不足，但并非失眠。失眠大致可分以下几类：一是难入睡性失眠，这种人上床后辗转反侧，思绪万千，难以入睡，也有的虽然什么也不想，脑子似乎一片空白，可就是睡不着。第二种是浅睡性失眠，这种人闭目以后，似睡非睡，朦朦胧胧，周围稍有响动便立即惊醒，表面上似乎入睡，但睡眠深度不够。第三种是早醒性失眠，这种人入睡并不困难，但到半夜或凌晨就醒，醒后难以再入睡，多见于老年人。必须提出，判断是否失眠不能机械地单就时间而论。虽然一般人夜里要睡 7 ~ 9 小时，但有的人尽管只睡 6 小时却依然精力充沛，全身舒畅，这就不能说是失眠。反之，有的人尽管睡了 8 小时，却依然精神不振，困倦乏力，自感还未睡够，则仍可能有失眠。此外，还要区分失眠与失眠症。在日常生活中，由于某些事件的干扰，偶尔睡眠欠佳，这种情况是暂时的，可以自行恢复，这种失眠几乎许多人都会遇到，不必担心。失眠症是指长期睡眠不满意，并伴有精神萎靡、情绪不稳、注意力涣散、心悸乏力等症状，需要采取适当的措施纠正。

失眠的原因可分为心理因素、躯体因素、个体行为因素和环境因素等。心理因素主要是思虑过度，过度紧张，处于焦虑状态；或情绪消沉，忧心忡忡，处于抑郁状态；或过度高兴，激动不已，处于兴奋状态；这就是所谓“大惊不寐，大忧不寐，大喜不寐”。躯体因素是指躯体疾病干扰了睡眠，如十二指肠溃疡病、胆石症、哮喘常于夜间发作，皮肤瘙痒症夜间症状更显著。总之，一切身体的疼痛不适都可能扰乱正常的睡眠。个体行为因素如烟酒过量，或饮用酽茶、咖啡，生活节律改变等都会影响睡眠。环境因素如噪声干扰、陌生环境、居室过冷或过热、强光刺激、卧具不舒适，以至臭虫、蚊子的叮咬，都会使人难以安睡。

怎样保持良好的睡眠？

第一，要尊重身体的自然规律，要按时作息，养成有规律的生活习惯，形成条件反射，这样自然容易入睡。

第二，平时要参加体育锻炼，特别是对于经常处于静坐状态的脑力劳动者更为必要，使大脑的兴奋与抑制平衡；但临睡前不要从事过分紧张或兴奋的活动，就寝时要保持心绪宁静，古人有“先睡心，后睡眼”之说，是有道理的。

第三，要有安宁的环境和舒适的卧具。

第四，睡前不要吃得过饱或过多饮水，尤忌饮用酽茶、咖啡。

第五，对那些长期失眠的人，最重要的是查明并消除导致失眠的因素，树立战胜失眠的信心。

另外，临睡前用热水浸足，上床后全身放松，有助于入睡。

第四节　用眼卫生

用眼卫生
来源：百度文库

综观各地报告，大学生的视力状况并不理想。入学时视力不良者即占40%～60%。进校以后，学生视力仍有继续下降的趋势，至毕业时，视力不良者可达60%～80%。

大学生视力不良的表现有以下几个特点：

（1）来自农村的学生视力普遍优于城市学生，但进校后则农村学生的视力下降速度显著高于城市学生。

（2）理、工、医、文科学生的视力普遍不如体育、艺术类的学生。

（3）学生进校后随学习年限的增加，视力不良者也相应增多，但以进校后的第一学年增长最显著；原来视力处于不稳定状态的，进校后视力下降的比较多。

（4）大学生视力不良以近视最多，在近视中又以一般近视为主，高度近视（600度以上，即矫正镜片大于600度）只占5%左右。

根据以上特点，可见大学生的视力不良主要同环境因素、用眼程度和生长发育期有关。由此也说明大学生仍要注意保护视力。重点是预防近视，防止视力进一步下降。

近视的主要后果是造成视觉疲劳，出现眼睛酸痛、头昏头痛、注意力不易集中、情绪不稳定、疲倦乏力等症状；高度近视还可诱发玻璃体混浊、视网膜剥离，使视力进一步恶化，影响学习和健康。

一、近视的形成

（一）眼的屈光系统

屈光系统由透明的角膜、房水、晶状体和玻璃体组成，其中任何部分发生异常都会影响视力。但在屈光系统中最主要的可调节部分是晶状体，晶状体为双凸状的弹性透明体，位于虹膜和玻璃体之间。晶状体外包晶状体囊，它借睫状小带与睫状体连接，睫状体中有睫状肌，可调节睫状小带的紧张与松弛，从而影响晶状体表面凸度的变化。

（二）眼的屈光调节

正常眼睛（正视眼）看 5 米外的物体时，物点发出的平行光束经屈光系统聚焦，恰好成像于视网膜上，形成清晰之物像；当看 5 米内近处的物体时，物点发出的光束是散射的，如不经调节，则成像将落在视网膜后，这时在视网膜上呈现模糊的物像。因此，看近物时，睫状肌将收缩，睫状体向晶状体移近，睫状小带松弛，晶状体依靠自身的弹性增加表面的凸度，使焦点前移，物像落到视网膜上，从而形成清晰的物像；反之，看远处，睫状肌松弛回缩，睫状小带拉紧晶状体包膜，使晶状体凸度变小。

二、近视的类型

近视的形成主要同晶状体的凸度和眼轴的长度变化有关，前面已做介绍，视近时，睫状肌须收缩以增加晶状体的凸度，方能在视网膜上形成清晰的物像。长期从事视近作业，可使睫状肌痉挛，当看远物时，晶状体不能恢复原来的形状，于是视物不清。这就是调节性近视。这种近视是可逆的，若能注意用眼卫生，减少视近作业时间，使睫状肌得到充分休息，或用按摩、药物缓解睫状肌痉挛，视力仍可恢复正常。但若不加注意，睫状肌便会出痉挛而僵硬，失去对晶状体的调节作用，凸度增大的晶状体不能恢复正常，这时便形成屈光性近视。这是不可逆的，只能佩戴凹透镜来矫正。还有一种近视是由于眼轴变长，这也同视近作业有关，由于视近时，眼外肌处于紧张调节状态，压迫眼球，久而久之可使眼轴变长，屈光系统的聚焦成像同样落在视网膜前面，不能形成清晰物像，这就是轴性近视，同样是不可逆的。

三、近视的原因

高度近视多数同遗传有关，但这只占近视总人数的5%左右，其余95%的近视则为后天形成的。后天因素中又可分个体因素与环境因素。个体因素中最重要的是用眼习惯不良，如经常持续视近作业、躺着看书或在颠簸的车、船上看书，在过强或过弱的光线下看书等。此外缺少体育锻炼（特别是缺少户外活动），营养不良，体质羸弱，发育不良都易促进近视的形成。环境因素则主要同学习、作业场所的采光照明有关。再如课桌椅的高度同使用者的高度是否匹配也会影响读写的姿势，因而也会影响视力。在现代社会中，电视、电脑、电子游戏机比较普及，若不注意节制，也可导致视力下降。有人观察不同人员每分钟的眨眼次数：在电脑终端阅读者 7 次，在桌子上看书者 10 次，而对照的放松者则达 22 次；此外，电脑终端工作者眨眼次数减少而眼球暴露面积增大，加上近距离作业，这样容易导致眼疲劳，也可能会影响视力。至于电视和电子游戏机作为娱乐设备，往往令人乐此不疲，沉溺其中，但这又是需要视力高度集中的娱乐，若不注意节制，是会损害视力的。

四、近视的预防

视力保护
来源：百度文库

动物实验和广泛的调查研究都说明近视同长期视近作业有关，并且在生长发育期更容易形成近视，或使近视程度加深。所以除中、小学生外，大学一二年级学生也应特别重视预防近视。预防近视包括以下诸项措施。

建立良好的用眼卫生习惯。读书、写字要保持端正的姿势，使眼和书的距离保持在30～35 厘米左右，不要躺在床上看书，也不要在摇晃不定的车船上看书，看电视时间不要太长，眼与电视荧屏的距离应为屏面对角线的 5～7 倍。

要合理安排课程作业和活动。不要连续读写时间太长，提倡“课间离教室、两眼向远望”，连续视近作业 1 小时要略为休息片刻。每天要有充分的休息，并积极参加户外活动。

注意作业环境的采光照明条件。光线过强、过弱的场所均不适宜看书、写作，也不要在闪烁不定的灯光下读写。

坚持推行眼保健操或其他行之有效的眼睛按摩法。实验证明，眼保健操可促进眼球的血液循环，缓解疲劳，调节眼内压力平衡，有利于保护视力。做眼保健操，关键是态度自觉，操作正确，持之以恒，方能奏效。

要注意营养，保持平衡膳食。足够的营养有利于生长发育，有利于增强体质，也会有利于保护视力。切忌偏食、挑食。据报告，过多吃甜食或饮食中缺钙，都可能影响眼球的生长发育，有可能同近视的形成有关。

总之，预防近视要“综合治理，突出重点”。各人应根据自己的行为习惯特点，抓住主要环节，克服弱点，才能有效地防止近视。

知识链接

叶黄素

原来近视的发生与一种名为"叶黄素"的营养物质摄入过少大有关系。

叶黄素属于"类胡萝卜素"，它在新鲜绿色蔬菜和柑橘类水果中含量较高。据科学家研究，叶黄素对视网膜中的"黄斑"有重要保护作用，如缺乏叶黄素则容易引起黄斑退化与视力模糊。

农村孩子由于每天吃从地里直接采来的绿色蔬菜，故叶黄素摄入量十分充分。而城市孩子通常吃高蛋白、高营养食物，很少吃新鲜绿色蔬菜，故叶黄素摄入量相应要比农村孩子少得多。这就是造成城乡儿童视力巨大差异的主要原因。

有鉴于此，营养学家建议：每天应多吃柑橘类水果，防止视力退化。

五、近视的矫治

目前矫治近视眼的首选方法是佩戴适当的凹透镜。配镜前先要进行科学的验光。要防止过度矫正，一般使远视力达到对数视力表的4.9~5.0（国际标准视力表0.8~1.0）即可。其次要选择质量良好的镜片，即质地纯净、无气泡或杂质的镜片。还要根据自己的脸型和审美要求选择合适的镜架。切莫贪图方便或廉价，随便在一般眼镜店（摊）购买现成的眼镜，因为现成的眼镜不仅屈光度未必与自己的眼睛相匹配，而且两眼的瞳距也不能符合实际需要，戴用这种不符合要求的眼镜，不仅于事无补，还可能损害视力，切不要掉以轻心。

近年来，配接触镜（无形眼镜）者有日益增多的趋势，按触镜是·种贴附于角膜表面的镜片，适用于双眼屈光参差过大，有不规则散光或高度近视的眼睛。但是，配接触镜对镜片的质量要求较高，而且使用过程中要严格消毒，否则很容易导致感染，损伤角膜。初期戴用接触镜后可有眼睛怕光、流泪等角膜刺激症状，但不太严重，经一周左右即可适应；但若持续有这些症状，而且眼睛明显发红、不适，或在戴镜过程中出现上述症状就应立即停用，并请医生检查，以免造成不良后果。

另外，近年来还有应用角膜手术矫正近视，即通过手术改变角膜的曲率以矫正屈光异常，这是一种创伤性矫治方法，远期效果如何，还有待观察。

其他还有针灸、按摩、滴眼药水等方法，这些对矫治调节性近视有些效果，但多近期有效，若不辅之以行为矫正，则远期效果多不满意。

无论用哪种疗法矫治近视，都必须重视用眼卫生，否则视力仍将继续下降，这是千万要留意的。

第五节　口腔卫生

大学生口腔健康知识讲座
来源：百度文库

口腔卫生与口腔疾病的关系很密切。不注意口腔卫生，很易发生龋齿和牙周病。人的一生只有一套恒齿，掉一个就少一个。牙齿的完好无损，对保持人体健康和预防各种疾病，具有十分重要的作用。不少人由于牙齿不好而不能充分咀嚼，因而患了胃病，影响消化机能和全身健康。牙齿不好还可能引起颈部淋巴结炎、咽炎、扁桃腺炎，甚至肾炎和风湿病。牙齿不好而经常疼痛不适，会影响食欲，难以品尝食物的美味，甚至茶饭无心，大大减少生活的情趣。牙齿不好会影响美观，还可引起口臭，不利于人际交往（包括与异性之间的感情交往），甚至可能在心理上造成不良影响。正因如此，近半个世纪以来，口腔卫生学和口腔医学的发展异常迅速。人们愈来愈重视自己的牙齿，认识到大自然赐给人类的恒齿只有一副，掉一枚便不能再生，而且其功能不可能由假牙来完全替代；认识到牙病是治不胜治的，唯一的出路是立足于防。

一、口腔卫生的重点要求

口腔卫生，重点在于清除软垢、菌斑、食物碎屑、牙面色素和牙石。软垢是停留在牙面和齿缝的软而白的污物，主要成分是有机物，是口腔细菌滋生的聚集处。食物碎屑是软垢和嵌塞于齿缝中的食物残渣或食物纤维。牙面色素来源于食物、香烟、药物、茶和饮料、产色细菌以及唾液中有色分泌物等。牙石是牙龈上下的坚硬的石灰样沉淀物，主要成分是无机物。比较复杂的是菌斑。

菌斑是沉积在牙面（主要是不易清洁的部位）的斑块，含有口腔细菌、无机盐、上皮细胞和食物残渣，而以细菌为主，包括乳酸杆菌、变形链球菌、放线菌、梭形杆菌、弧菌和螺旋菌等。菌斑在一日之内无时无刻不在沉积，但在不进食时比进食时沉积得更快，故在夜间形成的菌斑较多，如果睡前不刷牙，夜间沉积的菌斑就相当致密而黏厚。吃糖后形成的菌斑也与此相似，都不易去除。这种稠厚的菌斑，有时连自己都能觉察，用舌舔一舔平时十分光滑的牙面，可能感到牙面已变得粗糙，刷一次牙常难以刷净。这种菌斑是龋齿和牙周病（牙龈炎和牙周炎）的始动因素。

除了牙石只能由口腔科医务人员来洁治以外，软垢、菌斑、食物碎屑和牙面色素都可通过方法正确的刷牙来清除。几乎所有的大学生都知道刷牙的必要性，并养成了每日刷牙的习惯，但多数大学生还没有掌握正确的刷牙方法。这样，不仅软垢和菌斑等不能很好地清除，还可给牙齿和牙龈带来危害。

二、牙刷和牙膏的选择

大学生刷牙应选择保健牙刷。按照国家规定，成年人的保健牙刷有三排毛束，每排有6~8束，每束毛以中间的毛稍长，周围的略短；总的刷毛高度为10~12毫米；牙毛（尼龙丝）直径不超过0.3毫米；牙刷的形状以平刷和直柄为宜。

保健牙刷的优点是：

（1）刷头短而窄，使用灵便。

（2）刷毛长短、粗细和弹性适宜，容易把牙刷净。

（3）适合于正确的刷牙方法——竖刷牙。

（4）毛束之间的距离合适，用后容易洁净，不藏食物残渣。

每次刷完牙后，应将牙刷头放在漱口杯里的清水中反复搅动，然后甩掉牙刷上的水，将牙刷头朝上放在漱口杯里。最好每星期将牙刷头蘸上肥皂和水，用手指搓洗几下。牙刷一般使用2个月左右。刷毛弯曲或分开，即可丢弃，改换一把新的。

为防止乙型肝炎等传染病的侵袭和蔓延，牙刷、剃须刀等是不能借的，更不能公用。

牙膏有摩擦剂、洗涤剂和药品等多种成分，有助于刷牙时的机械性去污，使刷牙者感到爽口，可消除口臭，并具有一些杀菌或抗病作用。低档牙膏固然价钱便宜，但颗粒较粗，容易损坏牙齿，所以最好不用。用牙粉或精盐刷牙也不相宜。大学生牙齿的沟窝较深，一般又爱吃甜食，很易发生龋齿，所以最好选用含氟的防龋牙膏。但长期使用某一些牌子的牙膏，不利于预防口腔疾病。应该交替使用含氟和含杀菌药物的牙膏，或交替使用含药物和不含药物的牙膏。

三、正确的刷牙方法

保护牙齿最有效的方法是刷牙。但若方法不对，比如用大头的硬毛刷来横刷牙齿，那么，用力愈大，刷得愈久，对牙齿和牙龈的磨损和创伤就愈严重。最常见的后果是牙颈部楔状缺损和牙龈萎缩。

牙颈部缺损一般发生在牙的唇面和颊面，而少见于贴近舌头的牙面。多由于长期的横刷所造成。自己用指甲在上牙的牙面与牙龈交界处轻轻地上下刮搔，可以探测这种缺损是否存在。严重的缺损会引起牙髓炎和横向断折。牙龈萎缩，多数也是由于横刷牙的方法所引起，揽镜一照，可发现牙齿比以前变长了。牙缝也逐渐增大，吃东西时就易塞牙，由此还会引起其他牙病。

那么，正确的刷牙方法是怎样的呢?

（一）刷牙应该竖刷（或称顺刷），不可横刷

但还要加一条：只能朝着齿尖（牙冠）的方向刷，而不可朝着齿根的方向，否则会损害柔软的牙龈。具体地说，将牙刷平放在牙齿的唇颊面，刷毛指向牙龈，刷毛的尖端轻压龈缘，用旋转的动作，由牙龈向牙的咬合面拂刷。这样，牙龈得到了按摩，牙面和牙缝得到了刷洗。刷牙齿的舌侧比较容易，可将牙刷横着，也可将其竖起，做提上或拉下的动作。刷牙齿的咬合面就更简单，可将刷毛紧压在咬合面上，前后拉动。最好使每个牙齿都受到 15 次清刷，所以每次刷牙的时间至少要有 3 分钟。

（二）每天早晨和晚上睡觉前都要刷牙一次

睡前的刷牙更为重要，而且刷牙后不要再吃东西。据调查，大学生按上述方法刷牙的并不多，不超过学生总数的 40%。许多同学还沿用错误的刷牙方法不改。还有不少同学每天刷牙都是草草了事，或是只注意前面的门牙而忽略后面的臼齿，或是只注意牙齿的唇颊面而忽视舌侧面。这样都起不了保护牙齿的作用。

刷牙有三个重要的环节，即刷牙的方法、刷牙的时间、牙刷和牙膏的好坏。如果这三个环节都能掌握好，刷牙就肯定会给人带来极大的益处。

前面讲到早晚都要刷牙，那么，每次吃饭后是否也要刷牙呢？不必，刷牙过多反而会有害处。我们主张饭后漱口，它能除去牙缝里的食物残屑和部分软垢，能在短时间内减少口腔微生物的数量。另外，在吃糖果或甜食后一定要漱口，以防龋齿发生。漱口时，每次含进嘴的水量必须中等，过多或过少都不利于水的流动和冲力。含漱时，唇舌和颊部的肌肉都要运动，使水来回地通过各个牙缝，速度和力度都要大一些。最方便的是用清水或茶水。若用含氟或含化学杀菌剂的含漱剂当然更好，但一般都不必。用清水或茶水含漱后最好把水吐出，但若当时无处可吐，咽下也无大碍。但若使用含漱剂，就必须吐出，不可下咽。

如果有食物纤维嵌入牙缝，最好通过刷牙将其清除。若不能刷出而牙缝较宽，可以用牙签，以与牙龈呈 45°角（牙签的方向指向咬合面）进入齿缝而不可垂直插入，然后轻轻地将塞牙的东西剔出。

清除塞牙的食物纤维，最好是使用牙线。实际上，有人已把它当作每晚清洁牙齿的必要步骤和习惯。这是因为龋齿和牙龈炎最初发生在牙齿的邻接面，主要由于牙缝太小而牙刷无法刷到，致使该处污垢积聚而发病。牙线一般由尼龙丝、丝线或涤纶线制成，其使用方法在包装上多有说明，它对保护牙齿的效用是肯定的。

许多不良的习惯不利于口腔卫生和牙齿保护，比如长期用单侧牙咀嚼、用口呼吸、咬笔杆、睡前吃糖果、用牙咬碎杏核和榛子等坚硬的果实、用牙去开启啤酒瓶盖，等等。为了保护牙齿，必须纠正这些不良习惯。

小贴士

你的牙齿健康吗

俗话说，病从口入。如果口腔这道防线被攻陷了，全身都可能受到影响。护好牙齿才是健康的第一步。

口腔科常见疾病与保健
来源：百度文库

第一步，对着镜子，闭上嘴唇，牙齿不能外露；下巴、下唇不能比上唇凸；脸部左右两边应该对称。

第二步，咧开嘴发“一”（yi）音，上下牙齿的中缝应该对齐；上下牙咬合应前后错开，留有一点空隙；牙齿不能长歪或叠压在另一颗上面。

第三步，拿一支笔或一根筷子，竖着贴放在鼻头、嘴唇和下巴上，三者都应接触到笔或筷子，并且不受到压迫。

以上三步自测后，若发现不符合要求，应及时看牙医。同时还要注意，放松时不要张着嘴，尤其是睡觉的时候，张嘴容易造成牙齿外凸、变形等；平时舌尖要抵住上腭。

第四步，对照下列情况并打分，查看自己是否有牙周疾病危险：

1. 早起后嘴里发黏（1 分）。
2. 被人说有口臭（1 分）。
3. 牙缝常有食物残渣（2 分）。
4. 易牙龈出血（3 分）。
5. 易牙龈肿胀（4 分）。
6. 牙齿松动（5 分）。
7. 很少刷牙（1 分）。

8. 经常吸烟（1 分）。
9. 牙痛难忍才去看病（1 分）。
10. 经常感觉疲劳（1 分）。
11. 有糖尿病（1 分）。
12. 骨密度偏低（1 分）。

测试结果

若得分为 0，代表“绿灯”，说明现在没有牙周病，但也不能大意，仍要坚持刷牙，定期做牙科检查来维持现状。

若得分为 1～4 分，代表“绿灯转黄灯”，说明即将得牙周病，或已具备得牙周病的条件。务必每天认真刷牙，如果出现口臭、牙龈不适应及时到牙科检查。

若得分为 5～9 分，代表“黄灯”，说明很可能已经罹患牙周病，需要去医院确诊。

若得分 10 分以上，代表“红灯”警告，说明牙周患病程度不轻，必须马上诊治，饭后要认真刷牙。

上述检查项目中，7～12 项是牙周病的重要诱因，而 4～6 项是牙周病加重的标志，若符合其中任意一项，都要尽快去做牙科检查。

牙周病的早期阶段就是牙龈发炎，表现为齿龈变色。健康的牙龈呈粉红色，一旦发炎，就会变得红中带紫，并且肿胀。尤其要注意两颗相邻牙齿之间的“三角形牙龈部分”，用手指按压，如果触感松软，就是危险讯号之一，说明血液集中于牙龈和牙齿的缝隙间抵抗病菌的入侵。如果“三角形牙龈部分”角度消失，呈现出一定弧度，也说明已经得牙周病了。一旦发现上述症状，最好早检查早治疗，避免病情恶化。

思考与练习

1. 如何充分发挥大脑的潜能？
2. 试述梦对健康的利弊影响。
3. 影响睡眠质量的相关因素有哪些？
4. 根据自身情况，为自己量身打造一份健康生活作息表。

第五章 性心理与性卫生

性和美是一回事，就像火焰与火一样。如果你憎恨性，你就是憎恨美。性和美是不可分割的，就像生命和意识一样。我们文明的最大灾难就是对性的病态的憎恨。

——劳伦斯

要是在我们的生命之中，理智和情欲不能保持平衡，血肉的邪心就会引导我们到一个荒唐的结局；可是我们有的是理智，可以冲淡汹涌的热情、肉体的刺激和奔放的淫欲。

——莎士比亚

性作为一种生理、心理、社会现象，始终伴随着每一个人，深刻地影响着一个人的健康、幸福和人格完善。它能给人以欢乐，也能给人以痛苦；它可以引人走向崇高的境界，也可以诱人误入深潭。

大学生处于性生理发育成熟、性心理逐渐趋向成熟的时期。性生理成熟与性心理尚未完全成熟之间的矛盾，以及性的生理需要与性的社会规范之间的冲突，成了大学生心理卫生的主要问题之一。

第一节 性心理

所谓性心理，主要指与性征、性欲、性行为有关的心理状况和心理活动，也包括与异性有关的如男女交往、婚恋等心理问题。性心理可具体为性感知、性思维、性情感及性意志等。它们相互联系，相互制约，共同体现在与性有关的言行之中。

一、性意识的觉醒

性的成熟引起了心理上的重大变化。随着性意识的出现，引起了与性意识有关的多种多样的内心情感体验，并给青少年心理发展带来了重要的影响。男青年的幼稚全消失了，女青年则像一朵含苞待放的鲜花。这时他们逐渐开始产生一种追求异性的需要，而这种需要又随着环境、家庭、文化水平和教育的影响，逐渐地由一种模模糊糊、捉摸不定、短暂的“感觉”和“激情”，乃至“幻想”进入到恋爱阶段。在心理学上，这一时期被称为“激越新情感”的时期，亦即思春期，即性意识出现的时期。在性意识的发展中有三个特点：

大学生性心理卫生
来源：百度文库

第一，异性吸引开始产生。青春期来临后，内心深处对异性的关注、探索的兴趣浓厚，接近异性的欲望强烈。

第二，女性往往比同年龄男性在性意识成熟上更早一些。一些少女喜欢打扮自己，以引起异性的关注为快。

第三，男性获得某些性感的体验在年龄上要比女性早。青春期，在睡眠中出现刺激性欲的梦境，男女往往都会达到性欲亢进的状态。

二、大学生性心理的特征

随着性心理的发展，大学生会表现出一系列的性心理行为，其主要特征表现如下：

（一）性心理的本能性和朦胧性

大学生的性心理尤其是低年级大学生的性心理，缺乏深刻的社会内容，基本上还是一种生理急剧变化带来的本能作用，好像鬼使神差对异性发生兴趣、好感、爱慕，但这种萌动披着一层朦胧的轻纱。不少学生不了解性，性对于他们有较浓厚的神秘感，所以那种对异性的兴趣、好感和爱慕主要还是异性的吸引。然而，正是在此基础上，在朦胧纷乱的心理变化中，性意识逐渐强烈和成熟起来。

（二）性意识的强烈性和表现上的文饰性

青年期很显著的特征是闭锁性和强烈的求理解性，这就导致了其心理外显方式的文饰性。在对待性问题上也是如此。他们十分重视自己在异性心目中的印象、评价，但又表现得拘谨、羞涩、冷漠；心里对某一异性很感兴趣，表面上却有意无意表现得无动于衷、不屑一顾，或做出回避的样子。

（三）性心理的动荡性和压抑性

青年期是人一生中性能量最旺盛的时期，但由于不少大学生的心理还不成熟，尚未形成稳固的、正确的性道德观和恋爱观，自控能力较弱，因而，他们的性心理易受外界不良的影响而动荡不安。与此相反，另一些人由于性的能量得不到合理的疏导、升华而导致过分的压抑，少数人还可能以扭曲的方式和不良甚至变态的行为表现出来，如“厕所文学”、“课桌文化”、窥视、恋物等。

知识链接

厕所文学和课桌文化

厕所文学，泛指民众如厕时在厕所四壁进行的文字创作，当然如果有欣赏价值才称之为厕所文学，否则就是破坏卫生的涂鸦行为。一般在学校的公厕都可以看到！

例子（对联方面）：

横批：讲究卫生

上：小坐片刻，便会放松意念，

下：清闲一会，即成造化神仙。

横批：清静世界

上：最适低吟浅唱，

下：不宜滥炸狂轰。

课桌文化就是学生在课桌上涂写的内容所映射的文化现象，从60后的“毛主席语录”到90后的“城管”，每个阶段的课桌文化都代表了一个时代特征。课桌文化也是学生发表个人情感和不满的平台。

课桌文化反映了大多数80后、90后、甚至是00后对于情感宣泄的一种方式，课桌文化记录下了他们纯真的往事。课桌上的每一个文字，每一张图画，都有一个故事，或甜蜜，或喜悦，或踌躇，或哀伤，而每一个故事，都将伴着他们成长，伴着他们走过多彩的校园时光，直至深埋在记忆的深处，也会有无限的回忆。

例子："考考考，老师的法宝；分分分，学生的命根。"这句话，成了当时不少学生的顺口溜，有人会把它刻在课桌上，表达自己厌考的心理。

（四）男女性心理的差异性

大学生的性心理因性别不同而有差异。比如，在对异性感情的流露上，男生表现得较为外显和热烈，女生往往表现得含蓄和深沉；在内心体验上，男生更多的是新奇、喜悦和神秘，而女生则常常是惊慌、羞涩和不知所措；在表达方式上，一般是男生较主动，女生往往采取暗示的方式；此外，男生的性冲动易被性视觉刺激唤起，而女生则易在听觉、触觉刺激下引起兴奋。

第二节　大学生常见的性困惑

在我国教育制度和保守意识等各种意识的影响下，学生根本没有接触过正规的性教育，因此大学生对于"性"的认知上存在着许多的问题和障碍。有学者指出：中国学生上小学时——什么都不懂；上中学时学业繁重——什么也不该懂；上大学自由了——认为什么都应该懂，很容易接受"泛化的性教育"，这对大学生是十分危险的。专家认为，过去家长、教师等忌讳性话题，对孩子的性教育欠缺，应该迫切共同反思由此造成的社会影响，填补空白。

一、性生理的困惑

（一）性体象的困扰

进入青春期后，男生和女生的体象发生了很大变化。男生希望自己身材高大，体魄强壮，音调浑厚，拥有男性磁力，以吸引女性；女生则希望自己容貌美丽，体型苗条，乳房丰满，音调柔美，从而显示女性魅力，以吸引男性。然而，当他们的体征不如己意时，就常产生烦恼和焦虑。在心理咨询中常常见到一些男生因自己个子矮而烦恼，一些女生因体态胖而自卑；也有人因为对自己的阴茎或乳房等生理发育不满意而感到焦虑。

（二）遗精恐惧与月经困扰

遗精是指男性在无性交状态下的射精现象，是青春期男子常见的正常生理现象，是性成熟的标志。过去传统观念往往把遗精看得很严重，认为这种行为会伤元气。青少年常因此而焦虑不安，惊恐失措。实际上精液由精子和黏液组成，一次排放的数毫升精液中99%是水分，其余是蛋白质、糖等，其营养物质对人体来说微乎其微。认为遗精就是“泄阳”的想法是不科学的，这种想法会引起紧张焦虑的情绪，对身心健康产生不利影响。

女性的月经期及来月经的前几天是女性生理曲线的低潮期，身体的耐受性、灵活力下降，易疲劳。这些都是正常的生理反应，但确实会给女性带来一些不适的感受，这的确是一个需要加倍体贴的“特殊时期”。有些女生过于担心经期的不舒服，这些消极暗示会加重自身情绪的低落和躯体的不适感，甚至造成恶性循环。

二、性心理的困扰

（一）性别认同困扰

据有关调查显示：在大学生中，男生不喜欢自己性别的占2.6%，女生不喜欢自己性别的占15.6%，正好是男生的6倍。近年另一项关于大学生性心理的调查显示，90%以上的男生对于自己的性别满意度较高，而有超过1/4的女生表示在可能的情况下愿意改变自己的性别。这一结果显然是由“重男轻女”的封建传统观念所致。这种性别自贱的心理都是不正常的，如果这种心理发展到严重的程度，就会对大学生的成才发展带来不利的影响。

（二）性交往的不适

与异性交往的心理从刚进入青春期时就开始萌发，对异性的兴趣——和异性交往的渴求——恋爱——结婚，这是一个人必然经历的生理、心理和社会行为的发展变化过程。“少男钟情，少女怀春”，这是青春期性心理的正常表现。大学生们渴望与异性交往的愿望非常强烈，但是由于“男女授受不亲”传统性观念的影响，以及缺乏与异性交往的方法，许多人羞于与异性交往，常常拒异性于千里之外，在异性面前表现得非常紧张。

（三）性的白日梦与性梦

当大学生们对与异性交往强烈的渴求不能径直实现时，性的白日梦就有可能发生。性的白日梦又叫性幻想。性幻想是指在某种特定因素诱导下，自编、自导、自演与性交往的内容有关的心理活动过程。它可以幻想出在日常生活中不能满足的与异性一起约会、接吻、拥抱、性交等活动。这种白日梦可以导致生理上的性兴奋，偶尔也会出现性高潮。这在一定程度上可以缓解人们的性需求。白日梦是一种普遍的心理现象，但是，性幻想不能过头，如果成天沉溺其中，甚至把幻想当成现实，那就会成为病态，就会有碍于身体的健康成长。

性的白日梦是人为的幻想，而性梦则是真正的梦。性梦是指包含发生性行为内容的睡梦。人们通过梦的方式部分达到自己白天被社会规范限制的性冲动的满足，从而缓解性紧张。性梦也是青少年性心理较为普通的一种表现。一些大学生由于缺乏对性梦知识的了解，常为自己有过性梦的经历而焦虑和自责。

（四）手淫引起的心理困惑

手淫是指用手或工具刺激生殖器而获得性快感的一种自我刺激，它是一种青少年获得性补偿和性宣泄的行为。传统的性观念认为手淫是邪恶的，是有罪的，是不道德的。在这种传统的“手淫有害论”的影响下，一些青少年常常为自己有过手淫行为而自责，甚至产生心理障碍。一般认为手淫是一种自然的、正常的性行为，手淫是对性冲动的缓解。但是，过分沉溺于手淫，只靠频繁的手淫来缓解性紧张是不健康的表现。

（五）性骚扰的恐惧

常见的性骚扰有故意擦撞异性身体的某个部位，故意贴近别人，故意谈性的问题，用色情语言进行挑逗，用暧昧目光打量别人或强行要求发生性行为等。由于缺乏自卫心理，一些同学在面对性骚扰时惊慌失措，恐惧万分，甚至长时间地自责，认为自己不“干净”，心理困扰长时间不能解脱。

三、性心理障碍

由于个人的经历及家庭社会的影响，大学生中有少数人存在着较严重的性心理障碍。最为常见的性心理障碍有性指向障碍、性偏好障碍和性身份障碍。

（一）性指向障碍

性指向障碍指起源于各种性发育和性定向的障碍，从性爱本身来说不一定异常，但某些人的性发育和性定向可伴发心理障碍。

（二）性偏好障碍

性偏好障碍指的是性心理和性行为都带有儿童性活动的特点，即以幼年的方式求得性满足，如易装癖（以穿着异性服装和戴异性饰物来激起性兴奋获得性满足），露阴癖（在不适当的场合裸露自己的生殖器），窥阴癖（窥视异性的裸体和他人的性活动）。

（三）性身份障碍

性身份障碍指的是从心理上否认自己的生理性别和服饰，强烈希望转换成异性，即异性癖。

如果出现了上述任何一种症状，将会严重影响到大学生的生活和学习，影响今后的发展，所以应当及时向有关人员进行咨询，予以治疗。

第三节　大学生性健康的维护

大学生性健康与性教育
来源：百度文库

大学生是社会中一个比较特殊的群体，性健康教育工作目前在我国的大学里还没有真正系统有效地开展起来，而大学生不论从生理上还是心理上都处于对性的需求最旺盛、性渴望最强烈、性活动最活跃的时期，需求和行为的失控会导致更加明显的性健康问题。要想维护大学生的性健康，必须有效地进行性道德、性法制教育，灌输性心理和性生理的科学知识。

一、大学生性心理发展的特点

大学生是人群中独特的一个群体，从生理上说他们已经发育完全，然而，他们还未走向社会，在心理上并未成熟。他们在性心理发展上具有以下几个特点：

（一）对性生理发展的关注

青少年进入青春期之后，在生理上发生了一系列的变化，这些变化将男性和女性区分开来，但是它们还不仅仅是区分不同性别的标志，它们还是显示生殖系统开始运转的信号和两性相互吸引的重要根源。因此，青少年到了这个阶段就会格外关注发生在自己身上的各种变化。对于性生理体征性的变化，青少年往往关注自己在第二性征上与异性的不同。在青少年进入大学之后，性生理功能和性体征的发展基本都已完成，许多人都会不同程度地出现自我欣赏，常常在镜中端详自己的外貌，甚至会悄悄与他人进行比较。每个人都希望自己能对异性产生极大的吸引力，可是如果自己的性生理发展并不如己意，就会出现各种各样的烦恼与焦虑。

（二）对性知识的渴求

在第二性征发育之后，首次遗精与初潮现象的出现使个体对自身性角色的认识发生了质的变化。个体的性角色基本定位并产生两性分化。伴随着性生理的变化，青少年普遍产生了对性知识的强烈渴求。他们非常关心自己和周围同伴的发育变化，对性知识既好奇又敏感。他们心目中有很多疑惑等待找到答案，他们想知道发生在自己身上的变化是否正常。所以他们常常会有意识地通过一些途径来寻求性知识，如翻阅医学书刊，收听专栏节目，暗中与他人比较等。他们想获取更多的性知识。

（三）对异性的爱慕

进入大学以后，青年们逐渐进入了性爱恋期。此时，他们已经不再满足于那种朦胧的好感，会明显地流露出想和异性相处的意愿，在行为上也会表现出一些去主动接近异性的举动，在共同活动中相互结识，相互接近，建立好感，最后形成单独接触。这种心理和行为都是很正常的，这是以后建立美满婚姻生活的基础。

（四）性需求与性压抑

在青春期，由于性生理的成熟，常伴有强弱不同的性冲动，受到性需求的驱使。然而，由于我国“谈性色变”的保守观念依然影响着当代青少年，认为谈论性的事是下流、肮脏、难以启齿的。有些青少年强迫自己否认，回避性需求，因此，在长期处于紧张、焦虑等状态下，会形成严重的性压抑。一方面，性压抑表现为对身体的正常性反应感到困惑和厌恶，内心不安、焦虑、矛盾冲突剧烈。另一方面，性压抑还会表现为性恐惧和性敏感。应当说，适当的抑制是符合社会需要的，是成熟的反映。但严重的性压抑则会有害健康，导致性欲畸变，性能量退化、执着或隐伏，引发性扭曲。

二、大学生性健康的标准

（一）性教养的标准

达拉斯·罗杰斯认为一个在性方面有教养的人，应当符合以下几点标准：

（1）具有良好的性知识。

（2）对于性没有由于恐惧和无知所造成的不当态度。

（3）性行为符合人道。

（4）在性方面能做到“自我实现”。

（5）能负责地做出有关性方面的决定。

（6）能较好地获得有关性方面的信息交流。

此外，还包括社会道德和法律的制约。

（二）大学生性健康的标准

对于大学生而言，其标准应当有以下几条：

(1) 有正常的性需要和性欲望。

(2) 有科学的性知识。

(3) 有良好的性道德。

(4) 有正当的性行为。

正常的性需要和性欲望是心理健康的物质基础，科学的性认识是性心理健康的自我调节机制，正当的性行为是符合校纪、道德、法律规则的行为。只有在以上几方面做到协调、通顺，才可以说具备健康的性心理。

知识链接

安全期避孕法

月经周期规则的女性，排卵日一般在两次月经的中间，即下次月经来潮前的14天左右。因此，避免在排卵日的前5天至后4天内性交，常可达避孕目的。这10天称为易受孕期（又称危险期），除去易受孕期和月经期的其余时间即为安全期。安全期避孕就是利用卵子排出后只能存活1~2天，而精子在女性生殖道内也只能存活3天的原理，使精子和卵子错过相遇机会达到避孕目的。由于环境、气候、情绪变化等可使排卵提前或推迟，例如青年女性在性中枢高度兴奋时，可刺激卵巢提前排卵甚至“即兴排卵”，因此安全期避孕法的效果是不太可靠的，热恋中的男女青年不宜采用。

三、维护大学生性健康的途径

（一）树立正确的性观念

1. 消除性神秘，用平常心看待性的问题

在中国几千年的传统观念中，性是一件丑陋的事，这使我们认为，凡是有关性的东西都是令人羞耻和难堪的，这种观念对青少年的成长十分有害。性与生俱来并伴随终身，现代的大学生要用科学的态度学习性的知识，用科学的方法处理性的问题。我们每一个人都是性塑造的生命；我们每个人都伴随着性的发育成熟而长大；性是我们生命中的一个组成部分。现代的性教育首先就要纠正性丑陋的观念，也不要把性看得太神秘，要用一种平常心来看待性的问题，像研究自然界一样研究我们自身的发展，用我们年轻的心，去认识世界，了解自我。

2. 认识西方国家性解放的危害

美国的性解放的观念于20世纪60年代开始兴起，70到80年代泛滥，于1953年创刊的《花花公子》杂志是这一观念的代言人。他们强调性的生理欲望，认为性的要求与吃饭喝水一样自然。到20世纪70年代末，性解放造成了严重的社会危机和心理危机，尤其是造成了艾滋病在美国的严重蔓延。于是到20世纪80年代，美国采取了以使用避孕套为主要内容的性教育。而事实证明，这个教育不但没有使危机缓解，反而愈演愈烈。美国疾控中心公开承认，倡导使用避孕套作为对抗艾滋病和意外怀孕的策略存在某些缺陷。

随着时光的推移，性解放时代的青年现已年过中年，回首往事，他们认为，性解放的观念给他们整整一代人带来了无法挽回的伤害。年轻时的滥用感情，导致终身无法拥有相互信任、生死相依的真实爱情。从20世纪90年代初，美国开始了一个以重建家庭和青少年性纯洁为主题的性教育的新高潮。这个教育的核心理念是树立以贞洁为中心的性伦理观，是引导青少年实现人生幸福的必由之路。

3. 性的责任和价值

人类的性责任有三个层面：第一个层面是对自己的良知和情感负责。人类的性行为，虽然受到法律及社会习俗的制约，但更重要的规范者是自己本人心灵深处的良知和情感，人类内心意志的力量远远大于身体的力量。西方性伦理研究证明，婚前的性行为常造成当事人的犯罪感，而且，当两人在对方心目中都仅仅只是性行为的对象时，必然会相互失敬，相互伤害，并将亵渎你未来婚姻的神圣性。第二个层面是向配偶负责，对于大学生而言，是未来的配偶。夫妻之爱对双方而言，都是独一无二无可替代的，这是自然的规律也是社会的规律。夫妻之间应该完美无缺的爱，一旦被切割而与第三者分享时，便失去了达到完美的可能性，无论这个第三者出现在婚前还是婚后。第三个层面是对子女负责。每一个孩子都希望受到全心相爱的父母的抚养，都希望自己是纯洁爱情的结晶，我们有责任让未来的孩子从最纯洁的身体中诞生，而不是受过污染的地方。

真实的性的价值，是用来完善自己的人格，维系夫妻间终身相爱的关系，并据此获得终身幸福的，是人生最宝贵、最神圣的东西，绝对不可以随便误用滥用。大学生要珍视自己性的价值，树立正确的性观念，为追求终身幸福的爱情和婚姻做好准备。

4. 珍视性的纯洁

性可以创造出新的生命，是天地间最神圣的力量。它创造生命，连接血缘；它呼唤良知，追求真爱。正确的性观念，是走向幸福人生的必备知识，而错误的性观念，将轻而易举地毁掉人的一生。大学生应该是在全面学习性知识的基础上，懂得性的意义与价值，学会控制自己的性欲望，努力追求一种合乎生理、心理和社会要求的，纯洁美好而长久的性关系。如果全社会的人都能推崇这样的性观念，性将给人类生活带来更多的幸福。

人们向往纯洁美好的大自然，也同样珍视自身的贞洁与美丽。现代性伦理教育观认为，人的欲望是可以控制的。青年人对性有感觉是很正常的，说明你的身体器官发育健全。如果一个十七八岁的青年对异性的吸引一点感觉都没有，这才是奇怪的事，但你有某种感觉并不是就要说出来，你有某个想法也不一定要照着做。你应该努力发展其他的兴趣，充实和丰富自己的生活，学会用意志控制自己的感情，只有能控制自己欲望的人，才能掌握自己的人生。

（二）积极进行自我调节

每一个大学生都应该懂得：每个人都应该尊重任何一个他人的存在价值；每个人都应该以希望他人如何对待自己的方式去对待他人；每个人发展自尊与自重都应该基于良好的人格标准之上，即责任心、诚实、善良，并对自己的道德能力有信心。性欲是正常的和健康的，而且，性欲是可以控制的。

1. 要正确调控性冲动

对于性冲动，除了给以适度控制外，还可以采取一些积极的、富于建设性的、符合社会规范的方式，来取代或转移性欲。通过投入学习、工作和参加各种文体活动，以及男女正常交往等多种合理途径，陶冶个人情操。大学生们要尽量避免影视、报刊、网络上的过强的性信息刺激，抵制黄色书刊的不健康影响。

2. 要克服遗精恐惧和月经焦虑

对于遗精和月经，不必太紧张。男生要正确对待遗精，经常清洗床单、内裤和性器官，保持个人卫生。女生要了解月经规律，减少经期中的不良精神刺激，努力调控自己的情绪，愉快度过经期。

3. 要正确对待手淫、白日梦和性梦

要通过对性知识的学习，克服手淫引起的心理困扰。大学生不必因为手淫而自责。但是，过分沉溺于手淫，只靠频繁的手淫来缓解性紧张是不健康的表现，应当通过丰富多彩的精神生活和恰当的异性交往来平衡自己的性心理。对于白日梦和性梦不必担心。青年人应当通过追求高层次的需要来缓解自己的性心理，减少白日梦和性梦。

4. 要正确对待性游戏带来的心理冲突

性游戏是儿童出于对性的好奇而玩的游戏。儿童在性游戏时往往还不具备道德意

识，因此，不必给童年性游戏的经历加上道德判断，对自己过分谴责。但是，大学生已经有了道德认识和判断能力，不能把性游戏的行为延续到成年的生活之中。

第四节 性道德

性道德是人类调整两性性行为的社会规范的总和。为了维持社会秩序的稳定，保证社会生活的正常进行，需要用这种规范来约束人们的性行为。作为一种道德现象，性道德不仅表现为一定的观念、情感、思想，而且体现在具体行为和各种活动之中。因此，通常可以把性道德的内容概括为：一个核心——性道德规范，三个性道德范畴——爱情观、贞操观和生育观，三种性道德关系——婚前性关系、夫妻性关系和婚外性关系，一个外部条件——性环境道德。

一、性道德规范

性道德规范是特定社会文化背景对人们性行为的基本要求。当前我国对性道德规范的要求有三个基本点：

（一）性行为要以合法婚姻为基础

因为性行为必然导致社会后果，所以必须把性行为限制在合法婚姻的范围内。中国的合法婚姻是指符合法定条件、经由政府登记而结成的夫妻关系。在这种关系下产生的性行为是合法的，受到法律的保护，合乎道德。

（二）性行为要建立在爱情基础上

性行为是男女之间精神与肉体结合的统一，不仅是生理上的满足，更是精神上的满足。只有建立在爱情基础上的性行为才能达到精神与肉体的和谐统一，才是性行为主体的自由意志的体现，因而才是高尚的、道德的。这是鉴别爱情生活质量高低的重要标志之一。

（三）性行为双方要对性行为的后果负责

已婚男女双方都有自己的性权利，同时也都履行相应的义务，承担一定的责任。主要有三个方面的责任，一是向对方负责；二是性行为要对社会负责，要符合社会规范，有益于社会风化；三是对性行为结果负责，包括对对方的健康和下一代负责。

二、性道德范畴

反映和概括性道德现象的特性、方面和关系的基本概念就是性道德范畴。性道德要研究和阐明与人类性行为紧密联系的两个范畴：性欲与爱情的关系即爱情观；由性行为而产生的贞操观。

（一）爱情观

爱情是男女之间发自内心的相互爱慕并渴望对方成为终身伴侣的感情。性的吸引是爱情产生的自然前提。但爱情和性欲又有质的区别，爱情是人的一种社会感情，单纯的性欲只是动物的本能。爱情的特征表现为：

（1）对等性。双方以互爱为前提，情投意合，互相给予。

（2）专一性和排他性。爱情是一个男子与一个女子的爱慕关系，不允许第三者介入，因而是排他的。

（3）持久性。爱情是持久的感情生活，要求双方忠贞不渝，经得起人生道路上种种磨难的考验。

对待爱情的态度，反映出一个人的精神面貌和道德品质。一个有道德有修养的人应当树立正确的爱情观：

（1）尊重对方自愿选择的权利。男女双方在从恋爱到结婚组成家庭的过程中，要通过合乎道德的方式求得相互了解，必须尊重对方自愿选择的权利，任何强迫、威胁、欺骗的手段都是不道德的。

（2）坚贞专一。这是爱情生活最重要的原则。恋爱双方要互相忠诚，互相信守，不可见异思迁。

（3）负责与自重。恋爱过程中，应该用符合道德要求的方式表达互相爱慕的感情，理智地驾驭自己的行为。恋爱期间，双方都应自尊自重，也应互相尊重对方。

（二）贞操观

贞操观指男女双方对爱情坚贞不渝的节操，是人类生存发展需要的历史性产物，也是对男女双方共同要求的一种美德。现代贞操观不反对爱人死后再娶或再嫁，不认为这是对以前爱情的不忠，恰恰相反，应该受到国家法律的保护。

贞操观应该包括两个方面的内容：

（1）婚姻的缔结必须以爱情为基础，确认彼此具有共同的生活理想和志趣，具有共同生活的人格特征；确认婚后能自觉承担相应的义务和责任，能给双方带来精神上的愉快和生活上的美满。婚姻双方自觉维护建立在这种基础上的婚姻，便是贞洁和合乎道德的。如果缺乏爱情基础，仅仅是基于金钱、地位、美貌而结合的婚姻则是不纯洁的、缺乏生命力的。只有以爱情为基础的结合，才有肉体接近的权利。

（2）贞操是双方对等的，并应经得起时间的考验。现代贞操观结束了古代对女性的片面约束，成为对男女双方的共同要求，要求双方要以正确的人生观对待两性关系，珍视和保持各自的贞洁，提倡两性关系的严肃性和对爱情的忠贞不贰。婚后不见异思迁，共同承担家庭责任，是互尊互爱、互谅互让、互相体贴、保持婚姻美满的基础。贞操观对维护家庭的幸福、培育子女、净化社会风气、保持社会安定、建设健康文明的社会具有重要意义。

三、性道德关系

性道德关系是性社会关系的特定形式，它是指建立在一定利益和义务的基础之上，并以一定的性道德规范形式表现出来的人与人之间的性关系，包括婚前性关系、夫妻性关系和婚外性关系。

（一）婚前性关系

婚前性关系指未婚男女的性交行为。双方可能均未婚，也可能一方已婚一方未婚。不论是否以结婚为目的，婚前性行为都是有害的，是不被社会接受的。

恋爱是婚前男女双方培育爱情的过程。恋爱者虽只是两个人，但恋爱绝不仅仅是个人的事情，它涉及他人和社会，因此存在社会责任。恋爱的道德要求是：

（1）注重双方的品德、情操和志同道合。在选择情侣时，需要考虑到性格、爱好、经济收入等，但是品德、情操和志同道合始终是爱情纯洁、持久的重要基础。

（2）尊重对方情感，平等履行义务。恋爱关系的建立必须出于双方共同的意愿，双方应处于完全平等的地位，任何一方都不能强迫或诱骗另一方接受自己的爱。同样，任何一方也不要违心地去勉强接受一个自己不中意的人。双方一旦确定爱情关系，就要对等地共同承担这一关系所包含的全部义务。

（3）坦诚相待，长期考验，忠贞专一。从确定恋爱关系到结婚之前，彼此之间还要有一个全面了解的过程，要坦诚相待，经得起时间的考验，双方必须忠贞专一，不能同时有其他情侣或轻率转移爱情。即使发现对方不宜和自己共同生活，也应当通过正当方式与对方中断爱情关系后，才能再去选择新的情侣。

（4）高尚的情趣和健康交往。爱情关系确定后，双方在加深交往过程中必须以理智驾驭情感，切忌性冲动超出社会道德规范。

婚前性行为必然促成性行为轻率和混乱，使终身结为伴侣的特殊而珍贵的关系黯然失色，直接破坏婚姻制度，背离以始终不渝的爱情为基础的婚姻，并带来一系列严重的社会问题。

（二）夫妻性关系

夫妻性关系指合法夫妻之间的正常性生活。要保持夫妻间性关系的和谐，双方必须恪守一定的道德要求：

（1）平等与自愿。男女平等体现在夫妻性生活中，表现为双方应有同样的权利与义务。不论是丈夫还是妻子，既有主动要求与对方过性生活的权利，又有尽可能满足对方性要求的义务和责任。平等的权利与义务就要排斥“占有观念”，绝不是谁占有谁、谁服从谁，而是双方在人格和感情上完全处于平等地位。性生活是夫妻双方在自愿基础上进行的，违反自愿的原则是不道德的。

（2）尊重与体谅。夫妻性生活的和谐离不开互相尊重，互相体谅。首先，丈夫要尊重体谅妻子，在性生活可能危害妻子生理或心理健康时，不要勉强或强迫妻子过性生活。其次，妻子要尊重和体谅丈夫，了解丈夫的情感和需要，注意调适自己，努力使自己的性意向与丈夫一致，通情达理地对待和满足丈夫的合理要求。在性生活问题上，“大男子主义”不对，“大女子主义”同样也有害于夫妻感情。

（3）互相忠诚。忠诚是指在有人或无人监督的情况下，不背叛、不亵渎另一方的感情，不对妻子或丈夫以外的人滥用情感。夫妻双方彼此忠诚，是保持和发展爱情、促使性生活和谐的道德基础。

（三）婚外性关系

婚外性关系是指已经缔结法定婚姻关系中的一方与婚外另一异性发生性关系的行为。中国的婚姻法律已在客观上为爱情与婚姻的统一创造了基本条件。《婚姻法》不仅给予人们自由结婚的权利，也赋予了人们离婚的自由，这就在最大程度上防止了“没有爱情却必须同床异梦”“有情人却不能结成眷属”的状况发生，但这并不能防止出现婚外性行为。现实生活中，由于社会环境、当事者的思想意识和道德水平等原因，婚外恋还会不断出现。婚外恋大多发生在以下情况中：

（1）以金钱、地位、权势或名誉为基础的婚姻；

（2）夫妻感情在婚后趋于淡化和破裂的婚姻；

（3）缺少道德品质修养的婚姻；

（4）性生活不和谐的婚姻。

导致婚外性关系的原因既有金钱、名利等因素，也有感情因素，但主要取决于当事者的道德观念。中华民族优良传统的性文明否定婚外性关系，其理由是：

（1）婚外性关系使性与婚姻、爱情与婚姻分离，这种分离使当事者有可能逃避与性行为相关的社会责任，不论对家庭、配偶，还是对婚外性对象，都是不负责任的行为。

（2）婚外性关系违背夫妻忠诚的规范，是对配偶人格的不尊重，伤害夫妻感情，使夫妻关系名存实亡，是不道德的行为。

（3）婚外性关系违反了道德自律原则，使自己的心灵深处蒙上不光彩的阴影，要付出道德代价。一旦被揭露，会使当事人和婚外性对象身败名裂，给各自家庭、事业都带来严重影响，对子女的成长发育也是十分不利的。

四、性环境道德

性环境道德是指对影响和制约人类性行为的各种环境的道德评价和道德要求。性环境指影响和制约人类性行为的自然及社会的客观环境。在现实生活中，尤其是当前受西方生活方式的影响，由于性本能对社会约束的抗拒，不可避免地会出现性环境污染。所谓性环境污染是指在影响人类性行为的客观环境中，混入了不符合性道德要求的成分。如观念上的性环境污染主要是受西方“性解放”“性自由”的影响；文化上的性环境污染是黄色文化；经济上的性环境污染是商品经济渗透到两性关系中，把严肃的两性关系变成了商品关系。性环境污染破坏了两性关系的合理秩序和性道德的纯洁性，也威胁着人类生存的健康环境和社会的安定团结，特别是严重影响着青少年的健康成长。

因此，加强性道德教育首先要从改造性环境道德入手。

（1）改造家庭性环境道德。个人的性道德观念的形成，首先是通过父母教育和对父母行为的模仿，父母性道德观念是否高尚，对子女有着潜移默化的影响。父母在子女面前要避免轻佻的性举止，性生活也要回避子女，要杜绝婚外性关系。良好的家庭生活环境和夫妻间的和谐关系，对子女健康的性道德形成具有重要意义。

（2）改造性社会环境。性社会环境主要是指社会治安、社会舆论和社会教育环境。对符合中华民族优良性道德的行为应给予鼓励，对违反性道德的行为必须予以惩戒。性道德教育需要社会舆论和社会教育的支持，并以法律的强制力量为依托，以正确的道德评价和教育为社会舆论导向，形成一种合力，才能净化社会风气。

（3）改造性文化环境。文化是人类性行为的重要诱导因素，文化环境的好坏直接影响性道德实践，尤其对青少年的道德行为有着举足轻重的影响。因此，新闻、文化工作者要树立良好的性道德观念，具有高度的社会责任感，要禁止出版色情淫秽出版物，严厉打击色情淫秽出版物的作者、出版者、贩卖者。同时要推进全社会的健康文明的性教育，特别要重视青少年的学校性健康教育。

自测题

趣味心理测验——大学生的爱情类型剖析

加拿大社会学家约翰李（John. Alan. Lee）将男女之间的爱情分成六种形态：情欲之爱（eros）、友谊之爱（storge）、依附之爱（mania）、现实之爱（pragama）、利他之爱（agape）及游戏之爱（ludus）。

请依过去或现在的恋爱经验，针对以下30项叙述句，勾选出与自身情况相符的答案。

总是如此 = 4 分；常常如此 = 3 分；

很少如此 = 2 分；从不如此 = 1 分。

1. 随着相处时间愈来愈长，两人的“爱”自然的发生了。
7. 我觉得彼此要有足够的了解和信赖，才能爱的长久。
13. 我能与恋人坦诚讨论自己的感受
19. 就算和恋人分手，我仍然可以维持朋友的关系。
25. 当两人意见不同时，也能彼此支持，并尊重对方发展自我的权利。

2. 第一次见面时，他（她）的外表便强烈地吸引我。
8. 爱是一种强烈而无法控制的情绪。
14. 我会为对方的一言一行神魂颠倒，如痴如醉。
20. 爱情是生活中最重要的一部分。
26. 与情人身体或感官上的接触，对我十分重要。

3. 我会想独自拥有对方，并常因嫉妒而生气。
9. 一旦陷入情网，我会渴望天天见到对方。
15. 我很想控制爱情的发展，但总是失败。
21. 常常需要对方对我表示更多的爱与肯定。
27. 我无法想象没有对方的日子怎么过。

4. 只要对方喜欢，再多的辛苦或委屈，我也愿意承受。
10. 我相信真诚的、不求回报的付出，一定会感动对方。
16. 只要对方觉得幸福快乐，就算离我而去，也可以接受。

24. 当爱情新鲜感消失时，便要寻求新的刺激。
22. 恋爱时我会奉献出自己的全部。
28. 恋爱时我不会介意对方的所作所为，反正我就是爱他。

5. 我觉得两人条件越相近，婚后幸福的程度会越高。
11. 生活是很实际的，所以没有面包的爱情不会快乐。
17. 我会与所爱的人一起计划未来。
23. 我会分析彼此的爱情关系，并常在心中衡量它的分量。
29. 我觉得恋爱或结婚的目的，是为了成就个人更大的幸福。

6. 我喜欢恋爱，但不喜欢被约束。
12. 当情人不在时，会很快爱上周围的其他对象。
18. 真爱不太容易发生，过于专情常伴随着伤害。
24. 当爱情新鲜感消失时，便要寻求新的刺激。
30. 我可以很容易地控制与对方见面的次数。

计分方法：

以上 30 题共分成 6 组：

第一组为（1、7、13、19、25）属“友谊爱”。
第二组为（2、8、14、20、26）属“情欲爱”。
第三组为（3、9、15、21、27）属“神经爱”。
第四组为（4、10、16、22、28）属“奉献爱”。
第五组为（5、11、17、23、29）属“现实爱”。
第六组为（6、12、18、24、30）属“游戏爱”。

请将每一组（5 题）的总分计算出来，若该组得分在 16～20 分之间者，显示个人的主要爱情类型，得分在 11～15 分之间者，显示个人倾向该类型；10 分以下者，较不具参考性。

附注Ⅰ：一个人可能同时拥有两个以上的特质。

附注Ⅱ：若无法明确分辨你的类型，可就上述 30 题再挑出与你最接近的题目，并进一步分析。

第五节　防范性侵害

性侵害是危害大学生人身安全，影响大学生身心健康成长的主要问题之一。在现实生活中，对女性性侵害发生较为普遍和严重。女大学生了解这方面的情况，掌握一些应对方法很有必要。

一、增强防范性侵害意识

为了保护女大学生的性权利，减少性侵害，必须让女大学生了解各种可能诱发性侵害的原因和条件，其中很关键的一点，就是从受害人角度着手，要求女大学生加强自我保护和防范意识：

（1）不要早恋，尤其是千万不要为表示自己的忠诚和爱心而轻易献出自己的青春。

（2）不要与品行低下的男性交往，以免受其直接的教唆和潜移默化的影响。

（3）不要传看黄色、淫秽的书刊、画册、录像等。

（4）不要与男性一起谈论涉及色情的笑话、趣闻等，尤其是与单个男性在一起时更要注意。

（5）与男性交往时，慎饮酒，切勿过量，以防酒后失身。

（6）不要轻易接受他人尤其是陌生人的物品，即使是茶水、饮料也要警惕，防止其中被放入蒙汗药。

（7）若发现男性有挑逗、轻浮言行，要态度鲜明，及时斥责，设法摆脱，必要时可报警求助。

（8）有性过错被不轨男性发现后，切勿通过发生不正当关系来“私了”。

（9）对大献殷勤的男性要警惕，不要被花言巧语和物质利益所迷惑。

（10）当患病或有其他原因时，不要轻信神汉、巫婆或者号称有特异功能的人通过性行为、对隐秘部位的抚摸进行所谓的“治疗”。

（11）公共场所不宜穿过于暴露的衣服，也不要有轻浮的举止出现。

（12）不要为追求金钱，参与“三陪”等活动。

（13）夜间不要去单身男教师、男同学等家中、宿舍或办公室，如果确有必要，要有人同行或者有所戒备，更不能在单身男性家过夜。

（14）夜晚不要与陌生男性同行，如发现有陌生男性尾随或跟踪时，要设法摆脱，报警求助。

（15）女大学生夜间外出，衣着打扮必须适度，特别是不要穿不利于行走的高跟鞋和紧身裙。

（16）不要随意搭乘男性的机动车辆，夜晚一般不要外出或独自乘出租车去郊外。

（17）夜晚出门走路要选择有灯光处，以防有人从角落出来袭击。

（18）参加招聘时，不要让单个男性进行所谓的“体检”。

（19）掌握一定的护身技术，防范性侵害。

（20）一旦被辱，要尽力保存证据，及时报案，防止自己再次受害。

近年来女大学生在校园内外遭受性骚扰时有发生，并有增多趋势。女大学生在面对性骚扰时应当采取坚决有效的防范措施。这里所指的防范措施，即包括要防止成为性骚扰的对象和陷入性骚扰的环境之中。现实生活中，有的女大学生身着奇装异服，行为轻浮；有的女大学生喜欢听恭维、吹捧、赞美的话，容易对那些英俊男士、有钱人士、社会名流等一见钟情。这几类女大学生很容易引起男性的性刺激。

当然，有许多女大学生受到性骚扰的责任完全不在自己，而是对方一种恶意的侵害，这时应采取以下措施：

（一）明确态度，正告对方

为了避免一而再，再而三的性骚扰，并防止事态恶性发展，女性在第一次受到性骚扰时，就应当向对方表明态度，可以是无声的拒绝，也可以严厉要求对方终止自己的动机。有些女性反复遭受性骚扰，原因之一就是态度暧昧，不以为戒，客观上强化了对方性骚扰的心理。

（二）疏远关系，减少接触

在一个长期相处的环境中容易滋生性骚扰。因此，当女大学生发现有人不怀好意、有性骚扰动机时，应主动回避，减少与其接触和交往，这样做既可表明自己的态度又能减少和防止不必要的麻烦。如果因为师生关系、上下级关系、同学关系等确有必要继续来往的，也应该在公开场合，尽量增加交往的透明度和公开性。一般来说，在公开场所安全是有保障的，即使遇到性骚扰也可以予以抵制和反抗。

（三）依靠组织，求助他人

在较封闭的场合，或与骚扰者有着从属关系，单个女大学生是较难应付男性的性骚扰的。因此，被骚扰的女大学生应该及时向组织上反映，依靠组织的力量来教育、惩戒对方，及时制止性骚扰，监督对方，保护自己。

（四）动用法律制裁不法行为

如果性骚扰达到一定程度，而女大学生孤立无援或忍无可忍时，应该主动向校保卫处或公安机关报案，依法制裁犯罪行为。

二、坚决抵制性侵害

（一）熟练掌握防卫知识

女生安全防范知识培训
来源：百度文库

一旦发生性侵害，要坚决进行反抗。在与犯罪分子近身搏斗时，要注意打击其要害部位，犯罪分子的要害部位一旦被击中，便会立即丧失侵害能力。人体表面的要害部位很多，例如头部的太阳穴、两眉之间的印堂穴、颈部两侧、小腹部、眼、鼻、生殖器等部位。只要对这些部位进行猛烈拳击、掌砍、脚蹬、手抓，就能制服犯罪分子。此外，眼球组织附近的神经集中，只要将拇指伸向犯罪分子的眼眶内，就能使其剧痛难忍，立即丧失攻击能力。

对犯罪分子的性攻击进行反抗自卫，是一种正当防卫行为，受到国家法律的保护。第一，自卫者首先要精神振作，树立必胜信心。犯罪分子强悍凶狠，但他的行为是见不得人的，内心是紧张而空虚的。第二，自卫者所面临的对手是性犯罪者或流氓恶棍，对这种人是不能讲什么“文明行为”的，因此，要不失时机地攻击其生殖器等要害部位，决不可羞答、迟疑不决。第三，自卫者不必担心在自卫反抗中会给犯罪分子造成一定伤害，法律规定，正当防卫不负刑事责任。在反抗自卫中，之所以要攻击犯罪分子的要害，一方面由于女性攻击力量不及男性，不采取攻击要害的方法难以达到自卫的目的；另一方面，只有击中犯罪分子要害，才能制止其犯罪活动，为自己创造脱逃机会，保证自己不遭到侵害。主要方法有：

（1）在与犯罪分子搏斗时，要设法咬破、抓破其暴露躯体的某一部位，如面部、手背。

（2）保留犯罪分子的血迹、精液以及被咬下、撕下的某些肌体，如手指、耳朵。

（3）拉取犯罪分子的头发、阴毛、衣片、纽扣等。

（4）故意让犯罪分子接触光滑物体，如箱子、地板、玻璃台等，让犯罪分子留下指纹、掌印、足印、鞋印等。

（5）在犯罪分子的身上、衣服上涂上颜料、油漆、油污等，或在其口袋内放入泥土、石块杂物等，以留下证据。

（二）拿起法律武器惩治犯罪

正确认识和处理好性侵害问题，对于维护女大学生的身心健康，保障她们的安全，帮助她们健康成长具有重要意义。受性侵害后要分清原因，正确对待，避免因此而留下心理阴影，影响自己正常的学习和生活。

我们社会主义有关法律规定，维护人民生命和财产安全，惩治违法犯罪分子是司法机关的重要职责。性侵害是一种严重侵犯公民人身权利的违法犯罪行为，绝对不能"私了"，只能由国家司法机关通过正常法律程序做出处理，任何公民或其他组织都无权代替。

第六节　艾滋病与其他性疾病的防治

性传播疾病对人类的健康危害很大，尽管其中大多数病种并不属于致死性疾病，但它们的传染性很强，并能引起各种并发症与后遗症，对人们的身心健康和家庭、社会构成严重的威胁。

一、艾滋病

艾滋病（AIDS）是1981年被人们认识的一种新的性传播疾病，临床表现主要为条件致病性感染或发生肿瘤。发病原因是机体细胞免疫功能缺陷。病原体为人类免疫缺陷病毒HIV。艾滋病又称获得性免疫缺陷综合征，死亡率很高，发病率逐年增加，发病地区不断扩大，目前已在全世界多个国家和地区发现和流行，到2014年年底，被艾滋病病毒感染者约达3690万人。艾滋病已引起人们的高度重视，并称其为"当代瘟疫"和"超级癌症"。

（一）传播途径

1. 性接触传播

主要包括同性及异性之间的性接触。

2. 经血液传播

（1）输被污染艾滋病病毒的血液和血液制剂。

（2）共用艾滋病患者用过的未消毒的针头和注射器。

（3）受艾滋病病毒感染的孕妇通过胎盘血液将病毒传染给胎儿。

（二）临床表现

1. 潜伏期

一般是6个月至5年或更长。

2. 临床分三期

最初为艾滋病病毒感染，继而发展为艾滋病相关综合征，最后发展为艾滋病。

（1）艾滋病病毒感染：自感染病毒后没有任何症状，仅血液检查艾滋病病毒抗体呈阳性。大约60%～70%新感染艾滋病病毒的人不会直接发展为艾滋病相关综合征或艾滋病，仅保持抗体阳性，但当机体抵抗力低下或者机体遭到疾病侵袭或创伤时，则可以发病。

（2）艾滋病相关综合征：病人出现腹股沟淋巴结以外两处以上原因不明的淋巴结肿大持续3个月以上，并出现全身症状，如发热、疲劳、食欲不振、消瘦、持续性腹泻、夜间盗汗等。至少有以上两种症状和两次艾滋病实验室检查结果为不正常，才可以诊断为艾滋病相关综合征。一部分病人停留在这种状态，而一部分病人则发展为严重的艾滋病。

（3）艾滋病：

① 肺型：肺部感染约占艾滋病症状的一半，病人缺氧，呼吸困难。

② 中枢神经系统型：中枢神经系统感染或肿瘤、血管并发症及中枢神经系统的脑损害等，引起头痛、意识障碍、痴呆、抽搐以及局灶性和周围神经功能等障碍。

③ 胃肠型：腹泻、水样大便，每天10～20次或更多，治疗无效，导致脱水至死。

④ 发热原因不明型：高热、不适、乏力及全身淋巴结肿大。

（三）治疗

到目前为止，世界上还没有治疗艾滋病的特效药物，因为感染艾滋病病毒后，病毒的核酸永远与宿主细胞结合在一起，使人体防御细胞几乎完全遭到破坏，感染永不消失，而且目前还没有特效的抗病毒药物。因此，目前治疗主要包括以下几方面：

（1）免疫增强剂：如白细胞介素2（IL-2），γ-干扰素等，有一定效果，但效果都不十分理想。

（2）治疗条件致病性感染：根据不同的病原选择相应的药物，如治疗卡氏肺囊虫性肺炎，可选用复方新诺明（TMP/SMZ），每日20～100毫克/公斤体重，分4次服用；也可用羟乙基磺酸戊烷双脒，每日4毫克/公斤体重，肌注或静脉点滴。此药亦可合并应用，疗程为2～3周。

（3）抗 HIV 的药物治疗：齐多夫定（AZT）经临床试用似能延长艾滋病病人的生命。

（4）其他：包括相应的抗肿瘤治疗、支持疗法及对症治疗等。

病人一旦被明确诊断患艾滋病，虽然应用各种药物治疗在临床上有一定效果，但最终意义不大，不能从根本上治愈。因此，如何预防艾滋病是一项极为重要的工作。

小贴士

HIV 抗体检测的原则

（1）自愿：是否接受 HIV 抗体的检测完全根据个人意愿，自己做出选择，他人无权干涉。

（2）匿名：选择 HIV 抗体检测可以不使用真实姓名、工作单位等个人信息。

（3）保密：检测的结果和有关的一切资料都是保密的、除非检测者本人同意，否则父母、配偶或性伴侣、朋友和单位的领导都不会知道。

二、性病

生殖生理和疾病
来源：百度文库

性病主要是指淋病、梅毒、尖锐湿疣、非淋菌性尿道炎、生殖器疱疹、艾滋病。下面选择性病中的淋病、尖锐湿疣、生殖器疱疹做简单的介绍。

（一）淋病

淋病通常是指淋病双球菌引起的泌尿生殖系统化脓性感染。淋病的发病率非常高，20 世纪 80 年代以来，我国性病死灰复燃，其中淋病占 75% 以上。淋病主要通过性交传染，但是也可以通过污染的衣裤、被褥、寝具、毛巾、浴盆、马桶圈和手等间接传染。近年来国内一些人崇洋媚外，穿国外进来的旧衣裤，有可能因此而传染上淋病，值得警惕。

1. 临床表现

淋病可发生于任何年龄，主要对象为性活跃的中青年，在临床上有 5% ~20% 的男性和 60% 以上的女性感染者可无明显症状。男性淋病患者较女性多见，男性与女性之比是 3.5 : 1。

（1）潜伏期：一般为 2 ~10 天，平均 3 ~5 天。

（2）男性淋病以尿道炎最常见，分急性和慢性。急性尿道炎，一般在感染后 2 ~3

天发病，也可达10天左右或更长。最初期的症状为尿道口红肿发痒、有轻微刺痛，继之有稀薄黏液流出，一天以后症状加重，尿道口流出黄白或深黄色的脓液，自觉尿道处有刺痛、灼热感，尿急、尿频、尿痛、排尿困难及行动不便。急性尿道炎患者还可产生全身症状，如不同程度发热、食欲不振、全身乏力、头痛等。

急性淋病约在1周后症状可逐渐减轻，尿道口红肿消退，脓性分泌物减少，变为稀薄的黏液，无并发症的前尿道炎，1个月后症状全部消退。若未及时治疗或治疗不合理，以及重复再感染，都可使急性淋病转变成慢性淋病。慢性淋菌性尿道炎治疗较困难。男性淋菌性尿道炎可并发前列腺炎、精囊炎、附睾炎等。

（3）女性淋病多表现为子宫颈炎、尿道炎、前庭大腺炎、尿道旁腺炎和肛门炎。女性尿道短而直，大部分患者有泌尿和生殖器的病变，出现的症状比男性轻，女性感染后80%可无明显症状。

① 子宫颈炎：几乎所有淋病妇女都患子宫颈炎，其症状为阴道口有脓性分泌物排出，由于带菌的脓液污染外阴以及摩擦引起外阴红肿发炎和糜烂。

② 女性尿道炎、尿道旁腺炎：女性尿道发炎后，易引起膀胱炎，病人有尿频、尿急、尿痛、尿血及烧灼感。尿道口充血发红，有脓性分泌物。尿道旁腺也易感染发炎，挤压时有脓液。进入慢性期，症状不明显，分泌物少。

③ 前庭大腺炎：女性淋病中约有20%～25%的患者出现前庭大腺炎，严重时可形成前庭大腺脓肿。

绝大多数女性病例可合并生殖系统感染，造成较为严重的淋病。如淋菌性盆腔炎，包括子宫内膜炎、急性输卵管炎、盆腔脓肿、腹膜炎等。可出现全身症状，如发热、寒战、恶心、呕吐、食欲不振，并有下腹痛、腰痛。急性输卵管炎若治疗不及时、不彻底成为慢性输卵管炎，可引起宫外孕。由于输卵管闭塞、粘连，还可导致不育。

另外妇女妊娠期感染淋病双球菌后，对本人及婴儿均有极大的危害性。孕妇淋菌性子宫颈炎，易造成胎膜早破、羊膜腔内感染以及早产、产后败血症等发生，增加了新生儿的死亡率。另外新生儿在通过产道时也容易受母体子宫颈淋病双球菌的感染而患新生儿淋菌性眼炎，如不及时治疗，角膜可混浊，发展成溃疡，最后导致失明。

2. *治疗*

（1）普鲁卡因青霉素G混悬液480万单位肌注，臀部两侧各注射240万单位，或阿莫西林3克口服，或氨苄西林3.5克口服。上述三种方法任选一种，同时伴服丙磺舒1克。

（2）诺氟沙星（淋得治）：800毫克一次口服，孕妇及肝肾功能障碍者忌用。

（3）大观霉素（淋必治）：2 克一次肌注。

（4）氧氟沙星：400 毫克一次口服。

（二）尖锐湿疣

尖锐湿疣又称生殖器疣或性病疣，是一种由人类乳头瘤病毒（HPV）引起的性接触传播的疾病。近 15 年来美国尖锐湿疣发病数增加了 5 倍。尖锐湿疣在我国也是主要性病之一，有些地区发病率占全部性病的 20% ~30%，为第二位或第三位。我国南方比北方多见，好发年龄 16 ~35 岁。

直接性接触传染是主要的传播途径。据研究 2/3 与尖锐湿疣患者有性接触的人可发生本病。病期平均在 3 个月时传染性最强。故性混乱者中最易感染本病。亦可通过母婴密切接触而感染。少数可通过日常生活用品，如内裤、浴盆、浴巾传染。

1. 临床表现

（1）潜伏期：一般为 1 ~8 个月，平均为 3 个月。

（2）发生部位：男性好发于冠状沟、龟头、包皮、系带、尿道口，少数见于阴茎体部、阴囊，同性恋者可发生于肛周及直肠。女性好发于大阴唇、阴蒂、肛周、宫颈及阴道。

（3）症状：初发时为小而柔软的淡红色疣状丘疹，以后逐渐增大增多，表面凹凸不平，通常无特殊感觉。继续增生可成乳头样、菜花样和鸡冠样增生物，有的可融合成大的团块。疣体表面粗糙，呈白色、红色或污灰色，此时可有痒感或压迫感，偶可破溃、渗出和继发感染。

阴道和宫颈的尖锐湿疣早期无明显症状，晚期可出现白带增多和性交后出血，肛门和直肠内的尖锐湿疣可有疼痛和里急后重感。

患尖锐湿疣的孕妇，疣体可明显增大，可能与激素代谢的改变有关。

2. 治疗

（1）局部药物治疗：

① 5% 氟尿嘧啶软膏，每天外搽 1 ~2 次，较有疗效。

② 3% 肽丁胺霜，外搽本药，每日 2 次，尚可用于阴道内的尖锐湿疣，无不良反应。

（2）激光治疗：对外阴和肛门部位表浅性的尖锐湿疣比较合适，通常一次即可治愈，愈后瘢痕轻微，治愈率可达 95% 。

（三）生殖器疱疹

生殖器疱疹是由单纯疱疹病毒引起的一种性病，目前在国内外发病率较高，生殖器疱疹的发病率在性病中仅次于淋病、梅毒。

本病主要是通过性器官接触而传染的，病人和无症状的带病毒者是主要的传染源。性关系混乱，常可导致生殖器疱疹的感染。

本病传染性极强，只与患有阴茎疱疹的男性发生一次性接触的女性，约有60% ~80%可发生本病。本病危害性严重，复发率高，无特效治疗方法。尚可引起女性不孕、流产或新生儿死亡。

1. 临床表现

（1）原发性生殖器疱疹：感染病毒后到发病的时间为2 ~10天，平均为6天。感染处先有烧灼感，很快在红斑基础上发生成群的红色丘疹，伴有瘙痒。很快就变成小水疱，3 ~5天后变成脓疱，破溃后形成成片的糜烂和浅溃疡，有疼痛感，最后结痂痊愈，整个病程约20天左右。一般发生部位是龟头、包皮、阴囊、阴唇，少数见于大腿和臀部。原发性生殖器疱疹全身症状明显，可有发热、头痛、不适、白带增多、排尿困难、局部淋巴结肿大等。

男性同性恋者可出现肛门直肠疱疹感染。表现为肛门直肠疼痛、便秘、排脓和里急后重，肛周有水疱和溃疡。

（2）复发性生殖器疱疹：在原发疱疹消退后1 ~4个月内发生。原发感染在一年内约60%患者可复发，第一年可复发4 ~6次，以后次数减少。复发患者全身症状较轻，病情较短，通常约10天消退。

原发或多发性疱疹可伴有排尿困难、急性尿潴留、疱疹性瘭疽、脑炎、子宫内膜炎。

2. 治疗

（1）防止继发细菌感染，保持外阴清洁与干燥，局部每天用稀盐水（500毫升水中加一匙盐）坐浴，每日1 ~2次。

（2）并发细菌感染时应用敏感抗生素。

（3）局部疼痛明显时可用5%盐酸利多卡因软膏局部涂搽，或口服止痛药。

（4）女性复发性生殖器疱疹需做妇科检查，排除早期宫颈癌。早期妊娠妇女患生殖器疱疹应终止妊娠。

三、性病、艾滋病的预防

大学生要积极参加性病、艾滋病的预防，具体应从以下几方面做起：

（一）要人格健康

一位美国学者在回顾了美国同性病、艾滋病做斗争的20年的痛苦经历后深深地感受到，人类最后遏制性病、艾滋病流行的途径既不可能是特效病和疫苗，更不可能是避孕套，而是人格教育和建立健康的家庭。

大学生们应当不断完善自己的人格，学会自尊、自爱和自信，拥有积极进取的人生态度和健康的生活方式，同时也要尊重他人的人格，遵守性道德，有效地控制自己的性行为，对自己、对他人、对社会负起责任。

（二）要洁身自爱

大学生要倡导性纯洁，减少婚前性行为和婚外性行为的发生，这不仅可以有效地预防性病、艾滋病的传播，而且也能使人们享受到真正的性爱。同时，大学生应当拒绝各种媒体中的性污染，减少不良的性刺激。

（三）要加强预防宣传

性健康是一个关乎民族兴衰的大事，普及宣传性病、艾滋病预防知识，使青少年了解性病、艾滋病的相关知识是预防性传播疾病的重要工作。同时，宣传教育的目的也是为了建立一种正确对待性传播疾病的态度，防止对艾滋病人产生恐惧和歧视心理。大学生们应当积极参与预防性病、艾滋病的宣传教育活动。

知识链接

防艾性 ABC 原则

性爱是大自然赐予人类的一件快乐的礼物，是生活的内容之一，但在给人类带来愉悦、帮助繁衍的同时，也增添了许多烦恼，例如艾滋病、乙肝的传播。由此，国外一些性病学专家、防艾工作者在总结预防艾滋病和其他性传播疾病（简称艾性）经验基础上，提出了预防艾性的 ABC 原则：

A——Abstinence（禁欲）：即婚前禁欲。禁止婚前性行为可以大大减低感染艾性的概率。青少年只有真正了解艾性的危害，学会调节性冲动，遵守社会道德规范，才能避免轻率地卷入危险性活动，给自己和他人造成痛苦。

B——Be faithful（忠诚）：即忠实于一个性伴侣，夫妻双方或性伴侣双方相互忠诚。与多人发生性行为是艾性传播的重要原因，性伴侣越多，感染概率越大。

C——Condom（安全套）：即性行为中正确使用高质量的安全套。A、B 两点都未能做到的人，一定要使用安全套，此为最后一道保护屏障。

思考与练习

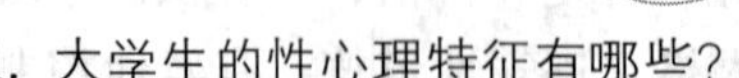

1. 大学生的性心理特征有哪些?
2. 如何理解现实问题，构筑健全的性心理和性问题?
3. 你如何看待婚前性关系?
4. 遇到性困惑，如何进行自我调节?

第六章 常见病的防治

不会管理自己身体的人，就无资格管理他人；经营不好自己健康的人，又如何经营好他的事业。

——希尔泰

健康犹如真正的朋友，不到失去的时候，不知道它的珍贵。

——培根

随着科技的发展，生活节奏的加快，长期处于忙碌状态下的人们，让身体“快”出了亚健康。据一些数据显示，一些常发于老年人身上的疾病、慢性疾病正逐步年轻化。一些上班族、大学生往往由于生活条件较差或不良的学习条件，对外界环境的适应能力及对某些致病微生物的免疫力较差，因而易感染某些传染病或发生某些常见病。因此，提高大学生对常见病的认识，能够进行自我诊断，增强自我保健能力，有着十分重要的意义。

第一节 常见症状

当人体的生理机能出现变化，逐渐向某一疾病转变时，往往自身会表现出异常的状态，这就是人们常说的症状，如发热、腹痛、便秘等。这些不适的感觉常常可以提示机体有可能存在问题，从而对疾病的发展方向及就医指导提供帮助和依据。

一、发热

发热是许多疾病在发病过程中的一种症状。一般认为，正常体温范围为腋下体温36℃～37℃，口腔体温36.3℃～37.3℃，直肠体温36.5℃～37.6℃，超过此标准即为发热。

内科常见疾病
来源：百度文库

发热以发热程度分为：低热：37.5℃～38℃；中度发热：38.1℃～39℃；高热：39.1℃～40.4℃；超高热：40.5℃以上。

发热以时间长短分为：长期低热（低热持续1个月以上）、长期中等热和高热（发热持续2周或更长时间）。

发热原因分为：感染性发热和非感染性发热。

（一）急性短期发热（表6-1）

表6-1 急性短期发热的症状及诊断、检查、处理

临床症状	可能的诊断	所需检查	处理方法
流涕、咽痛、头痛、全身痛	上呼吸道感染		休息、抗感冒、抗感染
咳嗽、咳痰、胸痛	扁桃体炎、急性气管炎、肺炎	血常规、胸部X线透视	抗感染、祛痰、止咳
尿频、尿急、尿痛、腰痛、血尿	泌尿系统感染、前列腺炎（男）	尿液检查、前列腺检查	抗炎、饮水
食欲差、恶心、厌油、乏力、巩膜感染	传染性肝炎	肝功能检查及肝炎病毒学检查	隔离、休息、护肝
夏秋季发病，腹痛、腹泻、脓血便、脱水	血细菌性疾病	大便常规及大便培养	隔离、抗炎、调整饮食

续表

临床症状	可能的诊断	所需检查	处理方法
冬春季发病，突然高热、头痛、呕吐、皮肤黏膜有出血点、昏迷	流行性脑膜炎	血常规及脑脊液检查	住院、隔离、抗生素治疗
青少年、有流行病学史，发热、皮疹	发疹性传染病、麻疹、风疹等	血清学检查	隔离、通风、防止感染
出血、贫血、骨痛、肝脾及淋巴结肿大	急性白血病	血常规及骨髓检查	住院治疗

（二）长期低热（表6-2）

表6-2　长期低热的症状及诊断、检查、处理

临床症状	可能的诊断	所需检查	处理
心慌、多汗、烦躁、手颤、大便次数多、颈肿大	甲状腺功能亢进	甲状腺素测定	休息、镇静、治疗甲亢
有结核病史或接触史，盗汗、消瘦、低热	结核病	胸透、结核菌素试验	住院、抗结核治疗
上午体温高于下午，恶心、心慌、出汗、失眠	功能性低热	其他疾病	

小贴士

如何正确测量体温

大学生应该自备体温表，学会测量体温。方法如下：

1. 测体温前，应先将体温表的水银柱甩到35℃以下。测量部位最常选腋下，其次口腔。

2. 测量腋温时，先擦干腋窝汗液，把体温表的水银端放到腋窝顶部加紧，10分钟后取出。若测量口温，应将体温表的水银端置于舌下，闭紧口唇，勿咬牙。5分钟后取出。注意在测口温前的半小时内不能进食、饮水或吸烟。

3. 查看度数时，一手横拿体温表的上端，将表与眼平行，轻轻转动体温表，就可清晰地看到水银柱上升的度数。测毕后，体温表用冷水清洗，擦干后收存。

二、咳嗽

咳嗽是人体一种生理保护性的反射动作，通过咳嗽将呼吸道内的分泌物及异物清除体外，为一种防御功能。另外，它也是一种病理症状，如久咳等疾病要及时诊治（表6-3）。

表6-3 咳嗽的症状及诊断、检查、处理

临床症状	可能的诊断	所需检查	处理
急性起病，鼻塞、咽痛、流涕、发热、声音嘶哑、咳嗽	上呼吸道感染		休息、饮水、对症处理
急性起病，咳嗽、咳痰、发热、胸痛	急性气管炎、肺炎	血常规、胸部X线透视	补充热量、抗菌治疗
慢性起病，刺激性干咳、咽痒、声音嘶哑	慢性咽喉炎		戒除烟酒、抗炎清咽
慢性咳、痰、喘，每年持续三个月连续两年或以上排除其他心血管疾病	慢性气管炎	血常规、胸部X线透视、肺功能检查	增强体质、预防感染、发作时抗感染治疗
不规则低热、乏力、消瘦、痰中带血、胸痛	肺结核	胸透、血常规检查	隔离、抗结核治疗
刺激性咳嗽、痰中带血、体重下降	肺癌	胸透	住院治疗

三、胸痛

胸壁及胸腔内脏的病变可引起不同程度的胸痛，包括食道、心脏、血管、胸膜、腹腔器官的疾患均可诱发胸痛，其疼痛程度、性质不一，需专业医务人员鉴别。（表6-4）

表6-4 胸痛的症状及诊断、检查、处理

临床症状	可能的诊断	所需检查	处理
沿肋间神经的刺痛，多分布在脊柱旁、胸骨旁、腋中线	肋间神经痛		排除其他疾病

续表

临床症状	可能的诊断	所需检查	处理
一侧剧烈胸痛，夜间重，胸壁出现疱疹，呈带状分布	带状疱疹	胸部X线透视	抗病毒、止痛
在持重物、深吸气、剧烈活动后突然发病，胸痛、干咳、呼吸困难	自发性气胸	胸部X线透视	住院治疗
亚急性起病，发热、咳嗽、胸痛、气短	胸膜炎	血常规及胸透	抗炎、抗结核治疗
胸痛位于胸骨后，多在吞咽时发作，伴吞咽困难、烧灼感	食道炎	食道X线透视及胃镜	避免食用刺激性食物、解痛抑酸
长期乏力，出血、贫血、前胸痛、胸骨压痛	急性白血病	血常规及骨髓检查	住院治疗

四、腹痛

腹痛分为急、慢性两种，腹腔器官及其他器官疾病均可造成腹部疼痛。尤其急性腹痛起病急、病情重、变化快，及时就诊十分重要。

（一）急性腹痛（表6-5）

表6-5　急性腹痛的症状及诊断、检查、处理

临床症状	可能的诊断	所需检查	处理
食用不洁食物后突发，持续上腹痛伴阵发加剧，可呕吐	急性胆囊炎或膜、腺炎	血常规、B超、血淀粉酶	禁食、减压、抗炎、对症治疗
突发脐上、脐周阵发性疼痛，喜按压，可自行缓解，但反复发作	胃肠痉挛		调整饮食、对症解痉挛
突发中下腹剧痛，阵发加重，并向会阴部放射，伴尿急、尿痛、血尿	泌尿系统结石	血常规、B超、尿常规	排石、止痛治疗

续表

临床症状	可能的诊断	所需检查	处理
亚急性起病，可有饮食不洁，转移性右下腹痛，随即发热	急性阑尾炎	血常规	禁食、补液、抗炎，必要时手术
腹痛、腹泻、便血、伴有发热、精神差	急性出血坏死性小肠炎	血、便常规、腹部X线检查	住院治疗
育龄妇女，有停经史，腹痛剧烈伴呕吐、尿频、面色苍白、脉搏快	宫外孕	妇科检查及B超	住院治疗，必要时手术

（二）慢性腹痛（表6-6）

表6-6　慢性腹痛的症状及诊断、检查、处理

临床症状	可能的诊断	所需检查	处理
周期性、规律性上腹痛，反复发作，与饮食相关，伴反酸胃灼热	胃或十二指肠溃疡	上消化道造影、胃镜	服药、饮食调整
右下腹间歇性隐痛，多为剧烈活动后发作	慢性阑尾炎		抗炎、止痛，急性发作时手术
持续右上腹疼痛，伴腹胀、恶心，进食油腻物加重，可有黄疸、低热	慢性胆囊炎急性发作	腹部B超、肝功	消炎利胆、饮食调整

五、腹泻

正常人大便次数为每周3次至每日2次，每日大便量少于150克。当大便次数超过每日3次，总便量超过每日200克，且大便中水分明显增多时，称为腹泻。急性腹泻多由肠道感染或食物中毒引起，慢性腹泻较多见于各种复杂疾患，如糖尿病、甲亢等。（表6-7）

表 6-7　腹泻的症状及诊断、检查、处理

临床症状	可能的诊断	所需检查	处理
有饮食不当史，出现腹痛、腹泻，大便稀水样，伴恶心呕吐	急性胃肠炎	大便常规	调整饮食、对症治疗
夏秋季发病，饮食不洁，急性腹痛、腹泻、便血或黏液便，发热	急性痢疾	大便常规、大便培养	隔离、抗炎、补液、解痛
集体发病，腹泻、呕吐，伴有腹痛	食物中毒		报防疫部门、确定病因、对症处理
20～40 岁起病，黏液脓血便，反复发作，伴有腹痛、发热、消瘦、贫血，与精神因素有关	溃疡性结肠炎	钡灌肠、结肠镜	住院治疗
不明原因发热、心慌、出汗、消瘦、腹泻、脾气急躁	甲状腺功能亢进	甲状腺功能测定	治疗甲亢

六、便秘

便秘指排便次数减少或粪便干燥难以排出。如排便不费力且有规律，大便形态无异常，2～3 天或 1～2 周排便一次也不能称为便秘。（表 6-8）

表 6-8　便秘的症状及诊断、检查、处理

临床症状	可能的诊断	处理
中青年，便秘与腹泻交替，伴有神经衰弱表现	肠激惹综合征	少饮食、对症治疗
长期便秘而无特殊症状，常用缓泻药方能排便	习惯性便秘	多饮开水、多食果蔬
便秘伴有便血，尤其便后滴鲜血	痔疮	肛门指诊检查
长期服用某些药品，如阿托品、氢氧化铝凝胶等药物	药物性便秘	停药后可恢复

七、头痛

头痛是许多疾病常有的症状之一，具有多元特异性。一般指从前额向上、向后、枕部的疼痛，常表现为间歇性或持久性，有诱因及伴发症状。（表 6-9）

表 6-9 头痛的症状及诊断、检查、处理

临床症状	可能的诊断	所需检查	处理
突然起病，一侧头痛，易复发，伴恶心、眩晕、心慌、出汗，多见于女性	偏头痛	测定五羟色胺	服麦角胶
慢性头痛，多持续性后枕部疼痛，有精神因素，可伴有神经官能症	紧张性头痛		镇静、心理治疗、中药调理
头痛部位不定，性质多样，轻重与情绪、睡眠有关，波动大、病程长	神经官能症		镇静、心理治疗、中药调理
前额及鼻根部疼痛，鼻塞、流涕，晨起加重，伴耳鸣、听力减退	鼻窦炎		抗感染治疗、鼻腔引流
眼眶周围疼痛，用眼过度加重，晨轻午后重，可伴呕吐、眼胀、视力障碍（屈光）	眼源性头痛	视力检查、测量血压	
剧烈牙痛，伴同侧头痛，随牙病好转而减轻	齿源性头痛		口腔科治疗
急性发病，持续头痛、发热、呕吐，有精神障碍	脑炎、脑膜炎	血常规、脑 CT、脑脊液检查	抗炎、对症治疗

八、关节痛

关节痛为临床常见症状，多见于四肢关节。急性关节痛多为关节病变及关节周围组织急性发炎，有发热及关节的红肿热痛症状，并产生功能障碍。而慢性关节痛起病缓慢，迁延数月、数年甚至几十年，关节肿痛、畸形，出现功能障碍，影响劳动及生活质量。（表 6-10）

表 6-10 关节痛的症状及诊断、检查、处理

临床症状	可能的诊断	所需检查	处理
青少年多见，发病前有咽痛，后出现多发的大关节对称的游走性疼痛，伴红肿及发热	风湿性关节炎	血常规及血沉、心电图	服用抗炎、抗风湿药
一周内起病，有感染史，伴发热寒战，单个或多个关节肿胀、红热、剧痛，伴发热	急性感染性关节炎	血常规、血培养、关节腔穿刺	抗炎、切开引流、局部治疗
用药中或用药后出现多发性关节痛、皮疹及蜡样光泽的局限性水肿	药物过敏性关节炎		停药观察
男性多见，食肉过多、肥胖、饮酒、饱食等诱因下拇指等处出现关节剧痛，反复发作，可自然缓解	急性痛风性关节炎	血尿酸	饮食调整、服药治疗
缓慢起病，对称性关节梭性肿痛，伴有晨僵、贫血、消瘦	类风湿性关节炎	血沉、X 线、类风湿因子	抗炎、抗风湿治疗
年轻女性，不规则发热，皮炎、关节痛、贫血、多器官受损	系统性红斑狼疮	免疫学检查	激素、免疫抑制剂

九、月经失调

月经失调是月经异常的总称，包括月经周期、经期及经血量的异常。

周期异常又有月经频发（周期少于 21 天）、月经稀发（周期为数月）或完全没有规律几种情况。月经周期大多数为 28 ~ 30 天，提前或推迟 1 周左右均为正常，周期长短也因人而异。只要月经周期有规律性，即使缩短到 20 天或延长到 45 天，也属正常现象。

月经的持续时间一般为 2 ~ 7 天，短于 2 天或长于 8 天应考虑病理性可能。

月经血量在 20 ~ 100 毫升不等，大多数人为 50 毫升左右。月经血的颜色是由血在子宫里存留的时间长短决定的。如果月经量少、血在子宫内滞留时间长、红细胞被破坏，则月经的颜色为黑紫色；相反，月经量多、出血急、血液在子宫腔内未存留就流

了出来，颜色自然新鲜而且有血块。

影响月经的因素有：

（1）精神因素：过度的精神刺激，会干扰中枢神经系统的正常工作，从而影响卵巢对月经的调控功能，导致月经紊乱。如考试前后，女学生当中出现月经失调的就比较多见。

（2）营养状态：饮食营养的好坏，直接影响女性全身的生长发育。女同学因盲目节食减肥造成营养不良可导致闭经。

（3）疾病因素：无论生殖器官本身的疾病还是全身器质性疾病都可能引起月经紊乱现象。

（4）环境因素：生活环境、生活规律以及气候变化均可干扰、影响女性的月经，如有些女学生从南方到北方后，出现了月经失调；有些女学生参加剧烈的体育运动后，出现了月经失调。

（5）遗传因素：女性月经初潮年龄及绝经年龄与种族遗传有很大关系。出现不明原因的月经失调，应及早就医。

十、痛经

月经是女性进入青春期后出现的一种生理反应，有不少女性在月经前或月经期间会有些不舒服，如轻度腰酸、下腹坠胀、乳房发胀、轻度水肿以及情绪不安、注意力不集中、容易疲劳等，但并不影响日常生活和工作，不需要治疗。但也有少数女性，月经前或月经期间发生难以忍受的下腹疼痛，甚至影响生活和工作，这种现象称为痛经。痛经疼痛有时会放射到会阴、肛门及腰背部，常伴有恶心、呕吐、尿频或腹泻，腹痛常持续数小时至一天，一般在经血流畅后疼痛逐渐缓解。

痛经可能与子宫过度倾曲、子宫颈口狭窄、子宫发育不良、精神等因素有关，有些女性月经初潮时并无痛经，以后可由慢性盆腔炎、子宫内膜异位症或子宫肌瘤等因素引起痛经。有痛经症状的女性应去医院检查，检查后如果没有明显生殖器病变，则并不是严重疾病。痛经在女性结婚生育后多能自愈。

痛经发作期间应卧床休息，对下腹部进行热敷，服一些生姜红糖茶。疼痛剧烈时，可适当服一些解痉止痛药，如阿托品、吲哚美辛、索米痛片等。如果频发痛经，可于月经前 7～10 天服一些中成药，如艾附暖宫丸、逍遥丸等。

月经失调及痛经的患者平时要加强体育锻炼，增强体质；生活要有规律，注意劳逸结合，保证充足睡眠；保持精神愉快，消除恐惧、焦虑等各种精神负担；月经期保持外阴部清洁卫生，不洗盆浴；避免剧烈运动和过度劳累；注意保暖，避免淋雨受凉，忌用冷水或站在水中工作；禁食生冷及刺激性食物。上述这些措施均有利于避免月经失调的发生及减轻痛经程度。

小贴士

如何缓解痛经

1. 注意保温

如果是坐着或躺着，最好用热水袋焐着，但不能总焐那一个地方，适当的轻揉。

如果没有热水袋，最好也要用手去轻揉小腹，如果可以最好慢慢地走动，一开始可能会很疼，慢慢走一会儿疼痛会有所减轻。

2. 用维生素类药物

B族维生素，特别是B_6对经前紧张症有显著疗效，它能稳定情绪，帮助睡眠，并能减轻腹部疼痛。

当然，对于痛经不能缓解的女生，还应当及时到妇科就诊。

3. 饮食均衡

多吃蔬菜、水果、鸡肉、鱼肉，并尽量少吃多餐，不吃生冷和辛辣等刺激性强的食物。

4. 体育锻炼

尤其是体质虚弱者，在利用饮食改善营养的同时，可以配合做一些轻度的运动，比如散步。

5. 食疗缓解痛经

药物食疗的方法很多，比如羊肉炖当归、北芪，适合气血虚弱型的人，最好有中药师指导。

6. 自我按摩

通常从经前5~7天开始，月经来潮后停止。每天1~3次，每个穴位按摩5分钟。

（1）子宫穴：位于下腹部，从脐下4寸的正中线上向左右旁开3寸。

（2）三阴交穴：在小腿内侧足内踝尖上3寸，胫骨内侧缘后方。

（3）血海穴：屈膝，在大腿内侧，髌骨内侧端上2寸，股四头肌内侧头的隆起处。

（4）太冲穴：脚大趾与第二趾之间。

第二节 常见疾病的诊断与防治

现代社会，生活节奏加快，人们的心理压力加大，再加上大学生对饮食、睡眠方面的疏忽，不按时锻炼身体，于是身体出现了各种各样的不适，当身体报警系统亮起红灯时，才发觉疾病已侵袭上身。对于一些日常生活中不以为意的小症状一定要引起重视，及早预防，及时治疗。

大学生常见疾病的防治
来源：百度文库

一、病毒性肝炎

（一）概述

病毒性肝炎是由多种肝炎病毒引起的，以肝细胞受损导致肝功能异常、消化道症状为主要表现的一种传染病。已知的肝炎病毒可分为甲、乙、丙、丁、戊型5种。

甲型（HAV）、戊型（HEV）肝炎病毒在人体肝细胞内复制，经胆汁从粪便排出。人体感染HAV后产生抗－HAV抗体，属保护性抗体。感染HEV后产生抗－HEV抗体，其是否具有保护性尚在研究中。甲、戊型肝炎的主要传播途径是粪—口传播，传染源为患者和亚临床感染者，与食物及水源被污染有关。

乙型肝炎病毒（HBV）结构复杂。其抗原抗体系统有：

（1）表面抗原（HB_sAg）及表面抗体（HB_sAb或抗－HB_s）。

（2）核心抗原（HB_cAg）与核心抗体（HB_cAb或抗HB_c），HB_cAg存在于受感染肝细胞核内，血液中检测不到。

（3）e抗原（HB_eAg）与e抗体（HB_eAb或抗－HB_e），抗－HB_s属保护性抗体。

丙型肝炎病毒（HCV）多为变异病毒，人体感染HCV后可产生抗－HCV抗体，不属于保护性抗体。丁型肝炎病毒（HDV）为缺陷病毒，必须有HB_sAg存在才能复制，病毒抗原（HDV－Ag）、抗体（HDV－Ab及HDV－RNA）均可在感染者肝细胞、血液、体液中测出。该抗体不属保护性抗体。

乙、丙、丁型肝炎传染源为患者及病毒携带者。体液传播是其主要传播途径，含有病毒的血液等体液通过输血、血液制品及污染的注射器、牙科器械等途径传播给易感者。母婴传播是其另一主要传播途径，包括胎盘、产道、哺乳、喂养等过程均可引起病毒感染。生活密切接触，如性接触亦可传染。吸血昆虫传播虽有可能但缺乏充分证据。各型肝炎之间没有交叉免疫，故可重复感染。

常见的甲型肝炎病毒进入人体后即在肝细胞内复制，导致肝细胞损伤，在恢复期，病毒通常被清除，不发展为慢性肝炎或病毒携带状态。乙型肝炎的组织损伤，不是病毒在肝细胞内复制的直接结果，而是由机体免疫反应所引起的。机体免疫反应的强弱与乙型肝炎的转化有关：免疫反应正常者，一般表现为急性黄瘟型肝炎，恢复期内，免疫功能足以清除体内病毒而获得痊愈；机体免疫反应低下者由于其免疫功能不足以清除体内病毒，而导致慢性病毒携带状态，形成慢性迁延型肝炎；免疫反应亢进者，由于表面抗体产生过多、过早，可与表面抗原形成抗体，过剩的抗体复合物，导致局部过敏坏死反应，引起急性或亚急性重型肝炎。

（二）诊断要点

不洁饮食史、肝炎患者接触史、半年内有输血及血液制品史、家庭成员中有肝炎患者或 HBV 及 HCV 病毒携带者等信息，均对诊断有参考价值。

检测各型肝炎病毒的抗原抗体系统可明确感染何型肝炎。抗 HAV－IgM 呈阳性则为甲型肝炎。任何一项病毒学指标呈阳性则为乙型肝炎。抗－HCV 呈阳性则为丙型肝炎。HDV 呈阳性的同时，丁型肝炎病毒标志物呈阳性则为丁型肝炎。抗－HEV 呈阳性则为戊型肝炎。

临床表现：

（1）急性肝炎：五种肝炎病毒均可引起任何型肝炎。平均潜伏期分别为甲型 30 天、乙型 70 天、丙型 50 天、戊型 40 天，丁型潜伏期尚未确定。

其临床表现为发热，乏力，食欲不振，厌油，恶心，呕吐；上腹不适，巩膜皮肤感染，尿色深黄；肝轻度肿大，肝区叩击痛；血清谷丙转氨酶（AIT）升高。

（2）慢性肝炎：既往有乙型、丙型、丁型肝炎史或 HB_sAg 携带史，或急性肝炎病程超过半年仍未痊愈者可诊断为慢型肝炎。部分患者发病日期或既往肝病史不明确，但综合分析临床资料，符合慢性肝炎，亦可做出相应诊断。

其临床表现为反复出现乏力、消化道症状，肝区不适，重度可有肝掌、蜘蛛痣或肝脾肿大等体征。经实验室检查，ALT 反复或持续升高。

（3）淤胆型肝炎：亦称毛细胆管炎型肝炎，起病类似于急性肝炎，但症状常较轻，大多出现皮肤瘙痒、大便灰白等梗阻性黄疸表现。经肝功能检查，血清胆红素明显升高，黄疸持续时间较长。

（4）HB_sAg 携带者：一般无临床症状和体征，肝功能正常，HB_sAg 阳性持续 6 个月以上。

（三）治疗

1. 急性肝炎

消化道隔离，卧床休息，饮食清淡易消化。食欲明显下降伴呕吐者可静脉输注葡萄糖、维生素 C 等加强营养。护肝降酶药有维生素 C 及复合维生素 B、葡醛内酯片、齐墩果酸片、联苯双酯丸等。抗病毒治疗视病情而定。甲、戊型肝炎不会转成慢性，不需抗病毒治疗。真正的急性乙型肝炎患者中，多数可自愈不转成慢性，若 3 个月后肝功能仍不好转，再考虑抗病毒治疗。而急、慢性丙型肝炎及慢性乙型肝炎急性复发，多主张抗病毒治疗。目前，抗病毒药物效果均不够理想，其中干扰素、拉米呋啶有一定疗效，但应到专科医院治疗。对重型肝炎不主张抗病毒治疗。

2. 慢性肝炎

慢性肝炎包括乙、丙、丁型，治疗原则是减轻肝的炎症，酌情考虑抗病毒治疗及免疫调节剂的应用。

3. HB_sAg 携带者

暂不予药物治疗，可定期复查肝功能。

（四）健康指导

1. 病毒性肝炎的预防

甲、戊型肝炎均为粪—口途径传播，对这两型患者要早发现、早隔离，隔离期为自发病日起 3 周。平时要注意饮食、餐具卫生，防止病从口入。预防甲型肝炎还可接种甲肝灭毒活疫苗进行免疫，而对于接触过甲型肝炎患者的易感者，可用丙种球蛋白肌肉注射进行免疫。

对乙、丙、丁型慢性肝炎及病毒携带者应加强随诊，其个人用品（餐具，修面、洗漱用具）应与健康人分开。预防乙、丙、丁型肝炎，重点是防止医源性传播及阻断母婴传播。各种医疗器械（采血针、针灸针、划痕针、内窥镜、口腔科钻头等）应实行一人一针一消毒，加强血液制品管理。还可对易感人群注射乙肝疫苗。

2. 病毒性肝炎消毒方法

当家庭及单位发现肝炎患者后，其所用器皿、衣物等需要消毒，有效的是次氯酸盐类消毒剂（如优氯净），对病毒、细菌繁殖体、真菌孢子均有杀灭作用。

3. 慢性肝炎康复

慢性肝炎患者饮食应易消化，适当摄取蛋白质、新鲜水果，忌酒及辛辣食品。轻度肝功能异常者可以工作，但不宜做重体力劳动。肝功异常及重度慢性肝炎患者则以休息为主，原则是动静结合、养治结合，要有乐观的情绪、规律的生活、良好的饮食习惯，并应定期监测肝功能，酌情检测腹部B超，甚至甲胎蛋白（AFP）。

知识链接

乙肝病毒携带者

乙肝病毒携带者是乙肝表面抗原（HBsAg）阳性持续超过6个月，但没有肝炎的症状和体征，肝功能及B超等理化检查正常的慢性乙肝病毒感染者。在我国人群中比例很高，其中大多数人可以正常工作、学习和社交，但是要定期复查，防止向慢性乙肝转变；同时生活中也要注意避免通过血液、体液、性接触、母婴等途径传染他人。

二、肺结核

结核病可累及全身多个脏器，有肠结核、骨结核、淋巴结核、结核性脑膜炎等，但以肺结核最为常见。肺结核是一种慢性呼吸道传染病，俗称“痨病”。1993年，WHO（世界卫生组织）发布了《全球结核病紧急状态宣言》，告诫各国政府和人民，结核病仍是全球感染与传染病的第一“杀手”。

（一）肺结核的流行情况

1. 高患病率

全球大约有1/3的人感染过结核菌。全球现患病人数约为2000万人，每年有800万新发病例。我国有600万结核病人，其中具有传染性的有200万人。

2. 高耐药性

初始耐药率为28.1%，继发耐药率为41.1%。

3. 高死亡率

全球每年有280万人死于结核病。我国每年死于结核病的人约为25万，占全国传染病死亡总人数的23%。

（二）病原体

1882年，德国科学家科霍（Koch）发现了肺结核的病原体是结核杆菌。结核杆菌属分枝杆菌，细胞壁含有脂质，对外界抵抗力很强，耐干燥。在干燥的痰内可存活6～8个月，在病人咳出的微滴中或在尘埃中经8～10天仍具有传染性。但在烈日下曝晒2小时、与5%～12%浓度的来苏接触2～12小时、与70%浓度的酒精接触2分钟、煮沸1分钟，均能被杀灭。

（三）传播途径

肺结核主要通过呼吸道传播。传染源是排菌的结核病人，这种病人咳嗽、打喷嚏时喷出的飞沫中含有大量的结核杆菌，而且结核杆菌在空气中抵抗力较强，不易消亡。健康人吸入后，在自身抵抗力低弱时或感染的结核菌数量大、毒力强时就可发生肺结核病。

（四）临床表现

（1）发热是早期症状之一，体温高低与病情正向相关。轻症患者多在下午、傍晚或劳动后出现发热，温度在38℃左右；重症患者温度常在39℃～40℃。

（2）乏力、倦怠、全身不适，此为常见早期症状。

（3）食欲减退，这也是常见早期症状之一。长期腹胀、便秘，体重下降。

（4）重症病人多发生盗汗。

（5）呼吸系统症状。

① 咳嗽、咳痰。这是最常见的早期症状。开始为轻微短促的干咳，伴有少量的黏液痰；随病情进展，痰量增多，为黄色或黄灰色黏痰。如果有支气管受压，可出现痉挛性咳嗽、喘鸣。

② 咯血。1/3的病人有不同程度的咯血症状。

③ 胸痛。为反射性、部位不定的钝痛或胸部肌肉痛，还可放射至肩部，常与病变涉及胸膜有关。

④ 呼吸困难。常在病变广泛或伴有胸腔积液、自发性气胸时出现。

（6）如心悸等，妇女会有月经失调或闭经等现象出现。

（五）诊断方法

肺结核的诊断除了观察临床表现外，还需要一些辅助检查方法。

1. 痰检

痰中找到结核杆菌是确认肺结核的主要依据，但是痰检呈阴性并不能否定患肺结核的可能。

2. 影像学检查

即X光透视、X光片、CT等，肺内的结核病灶会显示一定形态特征，有经验的医生可以凭此做出诊断。

3. PPD 试验

PPD 试验是检查结核杆菌感染情况的方法。试验时，取一定比例的 PPD 稀释液 0.1 毫升在左前臂屈侧做皮内注射，经 48 ~72 小时测量皮肤硬结直径。直径小于 5 毫米为阴性，一般认为未感染；5 ~14 毫米为弱阳性，表示经过感染但程度不严重或者表示卡介苗接种成功；15 毫米以上或虽未达到 15 毫米但局部发生水疱或坏死者为阳性，说明结核杆菌感染严重，患病可能性大。

4. 其他

红细胞沉降率检查、纤维支气管镜检查等。

（六）预防

肺结核病作为一种严重危害人民健康的传染病，控制重点在于预防。预防措施主要有：

1. 控制传染源

对痰涂片呈阳性的病人进行治疗，使其失去传染性。

2. 切断传播途径

急性期病人需隔离治疗，对病人生活、居住过的环境消毒，居室通风换气，病人要讲究个人及环境卫生，不随地吐痰。

3. 保护易感人群

（1）接种卡介苗：卡介苗用于儿童结核病的预防接种，可使儿童产生对结核杆菌的特殊抵抗力。目前，世界上多数国家已将卡介苗列为计划免疫必须接种的疫苗之一，卡介苗被称作“出生后第一针”。

（2）化学预防：对结核杆菌感染者进行预防性服药是预防发病的重要措施。我国结核杆菌感染率高，主要应对儿童、青少年人群给予化学预防。

（3）其他：劳逸结合，加强营养，注重体育锻炼，提高自身机体免疫力等。

（七）治疗

常用药物有异烟肼、利福平、吡嗪酰胺、乙胺丁醇等。治疗的原则是早期、联用、适量、规律和全程使用敏感药物，标准治疗方案疗程在 6 个月以上。一定要按原则治疗，否则易导致细菌耐药，造成治疗失败或复发，致使疾病进一步恶化，使患者丧失劳动能力或并发其他疾病而死亡。

知识链接

结核菌素试验阳性的临床意义

结核菌素试验阳性，表示受试者曾经受到过结核菌素感染或已经接种过卡介苗，但不能判定其是否患有结核病。对于3岁以下，特别是1岁以下尚未接种过卡介苗的小儿，如果结核菌素试验强阳性反应，则表示体内有活动性结核病灶。

三、肺炎

肺炎是指肺实质的急性炎症，为临床最常见的呼吸道感染性疾病。自抗生素广泛应用后，其愈后有明显改观。肺炎按解剖部位分为大叶性、肺段性和间质性肺炎。为了有利于治疗，目前诊断多按病因分类，即分为细菌、病毒、支原体、真菌、立克次体、衣原体和原虫等感染性肺炎。同时物理、化学性因素，过敏反应等亦可引起肺部的炎症反应。本章叙述最常见的肺炎球菌性肺炎（大叶性肺炎）和支原体肺炎。

（一）肺炎球菌性肺炎

肺炎球菌性肺炎是肺炎双球菌引起的急性肺部感染，是为最常见的细菌性肺炎。临床症状有突发的寒战、高热、胸痛、咳嗽和血痰等。近年来由于抗菌药物的广泛应用，临床上以轻型或不典型者为常见。

发病机理：肺炎双球菌的危害，主要在于它对人体组织的侵袭力，其毒素所起的作用尚未肯定。正常人上呼吸道常存在肺炎双球菌，仅在呼吸道防御机能受到损害或全身抵抗力削弱时才发病。大多数肺炎患者先有轻度上呼吸道感染，支气管黏膜的完整性被破坏后影响纤毛活动，有利于细菌侵入肺部，从而导致感染。突然受寒、饥饿、疲劳、醉酒等均能削弱全身抵抗力，成为肺炎的诱因。此外，吸入有害气体、心力衰竭、长期卧床、肺水肿和脑外伤等，会进一步削弱肺泡吞噬细胞的吞噬作用，均有利于细菌的生长繁殖而发生肺炎。

病理：肺炎球菌性肺炎的主要病理变化根据炎症演变过程分四期，即充血期、红色肝变期、灰色肝变期和消散期。

临床表现：发病往往急骤，约半数病例有数日上呼吸道感染的先兆症状。

（1）寒战、发热：发病时约80%的病例有寒战、高热，体温在数小时内上升至

39℃～41℃，呈稽留热，伴有头痛、全身肌肉酸痛。呼吸急促，心率快，常有发绀。

（2）胸痛：为常见的早期症状之一，炎症常波及胸膜，引起刺痛，随呼吸和咳嗽加剧，少数下叶肺炎累及膈、胸膜的周围部分，可出现上腹部疼痛，有时与急腹症相混淆，应引起注意。

（3）咳嗽、咳痰：开始咳少量黏痰，渐呈黏液脓性痰，也可带血呈铁锈色痰。

（4）消化道症状：部分患者伴有消化道症状，如恶心、呕吐、腹胀、腹泻等。

（5）神经症状：严重肺炎可有神经系统症状，如神志模糊、烦躁不安、嗜睡、谵妄和昏迷等。

体征：患者气促显著，鼻翼煽动，皮肤干燥，面色微绀。部分病人口唇及鼻周有疱疹。早期肺部体征不明显，仅有一侧呼吸运动减弱，呼吸音减低和少许湿性罗音。实变期则有典型体征，如叩诊呈浊音，语颤增强，支气管呼吸音和湿性罗音。病变延及胸膜，可引起局部胸壁有压痛，听诊有胸膜摩擦音。

并发症：肺炎球菌肺炎的并发症目前已不常见。若病程延长，或在抗菌药治疗下退热后又发冷发热，白细胞持续上升，应考虑有并发症的可能。最常见的并发症有胸膜炎、心肌炎、心包炎及中毒性或休克性肺炎。

实验室检查：

（1）周围血象：白细胞计数及中性粒细胞均显著增高，总数达（20～30）$\times 10^9$/升，中性粒细胞大多在80%以上，并有核左移或胞质内出现毒性颗粒及空泡。年老体弱者，白细胞计数可不增加或减低，但中性粒细胞的百分比仍增高。

（2）痰和血细菌检查：痰直接涂片可见革兰氏阳性成对球菌，痰培养、血培养可以确定病原体。病情严重者最好在用抗菌药物前做血培养，对治疗和预后有极为重要的临床意义。

X线检查：大叶肺炎中约90%由肺炎球菌引起，在病变充血期，X线表现为肺纹增多或局限于一个肺段的淡薄、均匀阴影。实变期可见大片均匀致密阴影，典型的分布限于肺段或肺叶，但大多数为片状。进入消散期，肺部阴影密度逐渐减低，透亮度逐渐增加，呈散在的、不规则的片状阴影，有时呈斑点或条索状，最后2～3周内完全消失。

诊断和鉴别诊断：具有典型的起病、症状和体征的病例，诊断并不困难。早期肺实变及体征不明显，或发于老年人和年幼者，或继发于其他疾病时，则诊断不易，应做细致的体检和X线检查，包括痰和血培养、分离细菌等。

肺炎球菌性肺炎应与其他病菌引起的肺炎进行鉴别，如葡萄球菌肺炎、肺炎杆菌肺炎、革兰氏阴性杆菌引起的肺炎；病毒、支原体、衣原体等引起的肺炎。另外应与肺结核、干酪样肺炎、支气管肺癌、肺梗死等进行鉴别。

愈后与治疗：肺炎球菌性肺炎的愈后一般良好。原患慢性阻塞性肺病或心、肾和肝病者，免疫功能低下、机体对发热和白细胞反应较差者，病变范围广泛，呈多叶性等，愈后较差。

治疗：

（1）一般治疗：患者应卧床休息，注意保暖。因高热皮肤和呼吸道失水过多，应鼓励饮水，必要时静脉补液。进易消化或半流质饮食。高热可用水袋敷前额、酒精擦浴，或用阿司匹林 0.3 克口服，有气急、发绀等缺氧症状者以鼻导管吸氧。咳嗽、咳痰给予化痰片 2 片，每日 3 次；甘草片 3 片，每日 3 次。胸痛、刺激性咳嗽剧烈者可酌情用可待因 15 ~ 30 毫克，每日 2 ~ 3 次。烦躁不安、谵妄、失眠者可用水合氯醛10 ~ 15 毫升口服或保留灌肠；安定 1 片，每日 3 次。

（2）抗菌药物治疗：肺炎球菌肺炎对青霉素较敏感，应首选青霉素。根据病情严重度，可用青霉素 80 ~ 160 万 U，每日 2 次肌肉注射。如高热不退，咳嗽剧烈，病情严重者，可静脉滴注，青霉素 320 ~ 480 万 U + 0. 9% 生理盐水或 5% 糖盐水 250 毫升，每日 2 次。对青霉素过敏者，可用红霉素、环丙沙星、林可霉素等药物治疗。

（二）支原体肺炎

支原体肺炎是肺炎支原体引起的急性呼吸道感染伴肺炎，过去称为“原发性非典型肺炎”的病原体中，肺炎支原体最常见。

病因：肺炎支原体是 5 ~ 35 岁儿童和成年人肺部感染常见的病原体，其他年龄不多见，但近年来支原体肺炎的发病率似有上升的趋势。它是由口、鼻分泌物经空气传播的病原体，可以引起流行，但由于有 10 ~ 14 天的潜伏期，流行扩散缓慢。本病可在密切接触人员之间或在学校、军队等人群密集地区和家庭成员中传播。可在患者呼吸道分泌物中发现肺炎支原体。

病理：肺炎支原体可附于并破坏呼吸道黏膜纤毛上皮细胞。在显微镜下，可见间质性肺炎、支气管炎和细支气管炎。支气管周围有浆细胞和小淋巴细胞浸润；支气管腔内有多形核白细胞、巨噬细胞、纤维蛋白索条和上皮细胞碎片。肺泡内可含少量渗出液，并可发生灶性肺不张、肺实变和肺气肿。

临床表现：最新症状有周身不适、乏力、头痛、咽喉疼痛、干咳等，类似流感症状。症状加重可出现阵发性咳嗽、黏液痰、黏液脓性痰或带血丝的痰，急性症状一般持续 1 ~ 2 周即可自行恢复。与肺炎球菌性肺炎不同，本病起病缓慢，约 1/3 病例无症状，仅少数病人有严重肺炎的临床表现。

体征：早期有轻度鼻塞、流涕、咽部充血，约 15% 有鼓膜炎、颈淋巴结肿大。胸部体征不明显，可有呼吸音减低或可闻及干、湿性罗音。胸膜受累时可有胸膜摩擦音。

并发症：一般愈后良好，无并发症，极少数病例可伴有中枢神经症状（例如脑膜炎、脑膜脑炎、多发性神经根炎，甚至精神失常等）、出血性耳鼓膜炎、胃肠炎、关节炎、心肌炎、心包炎等，肝炎也有发现。

实验室检查：血白细胞正常或减少，少数可超过（10～10.5）$\times 10^9$/升。红细胞沉降率增速。尿常规正常或有少量蛋白尿。痰、鼻和喉拭子培养可获支原体，同时可用抗血清抑制其生长，也可借红细胞的溶血来证实阳性培养。发病2周，约半数病例产生抗体。红细胞冷凝集试验阳性，滴定效价在1:32以上，恢复期效价4倍增加的意义大。40%～50%病例的链球菌MG凝集试验阳性，血中出现MG链球菌凝集素效价为1:40或更高，滴度逐步增至4倍则更有意义。

诊断：临床症状如头痛、乏力、肌痛、鼻咽部病变、咳嗽、咳脓痰和血痰，肺部X线表现和化验室检查，如冷凝集试验等有助诊断。

治疗：红霉素、交沙霉素和四环素类治疗有效，可以缩短病程。红霉素0.5克，每6小时一次，交沙霉素的胃肠道反应轻、副作用少，效果与红霉素相仿，用量每日1.2～1.8克，分3～4次口服。这种治疗办法可缩短发烧期限并减轻肺部浸润，从而加快症状的缓解，但抗生素并不能消灭支原体，因此经过治疗的病人仍会继续携带支原体数周。不论治疗与否，几乎所有病人都能恢复。

四、胃炎

胃炎是指各种病因所致的胃粘膜炎性变化。胃炎可以是弥漫性的，或局限于胃底、胃体及胃窦部。由于纤维胃镜检查的广泛开展，对胃炎的认识和诊断水平有了明显的提高。胃炎是一种常见病，可分为急性胃炎、腐蚀性胃炎、糜烂性胃炎、化脓性胃炎和慢性胃炎。下面重点介绍急、慢性胃炎。

（一）急性胃炎

急性胃性是一种胃粘膜急性的、可逆性的炎性病变，病程一般较短，愈后较好。

1. 病因

急性胃炎可由化学、物理因素或由于接触细菌或其毒素以及机体受到严重创伤等引起。化学因素如药物（如水杨酸盐类和吲哚美辛等解热镇痛药、磺胺、皮质激素、抗肿瘤药物等）、烈酒、浓茶、咖啡、香料等；物理因素如进食过冷、过热、食物粗糙，可损伤胃粘膜引起炎症改变；进食被细菌或其毒素污染的食物亦可致病。以上病因均可作为外源性刺激因子导致急性胃炎。此外，精神神经功能障碍、应激状态或各种因素所致的机体变态反应均可为内源性刺激因子，可引起胃粘膜的急性炎症损害。

2. 临床表现

急性胃炎的临床表现常因病因不同而不一致。

（1）由于酗酒、刺激性食物和药物引起者，多有上腹部不适、疼痛、食欲减退、恶心呕吐等症状。

（2）细菌感染或食物中毒所致的急性胃炎，一般在食后数小时至24小时内发病。除（1）中所述症状外，常伴有急性水样腹泻，严重者可有发热、失水、酸中毒、休克等中毒症状。体检可发现中上腹部及脐周有轻压痛，肠鸣音亢进。其病程短暂，1～2天后即减轻或好转。

（3）解热镇痛药（如阿司匹林、吲哚美辛、皮质激素等）引起的急性胃炎常以上消化道出血为主要表现，出现呕血与黑便，大量出血可发生休克。

3. 诊断

急性胃炎根据患者病前的饮食史、服药史、严重的应激状态，不难做出诊断。少数病例，特别是症状不明显而有上消化道大出血者，应进行紧急胃镜检查以明确诊断。

4. 治疗

应去除病因，卧床休息，进清淡流质饮食（必要时禁1～2餐）。腹痛者可予以解痉止痛药物如阿托品、溴丙胺太林及颠茄片等。有频繁呕吐或失水明显时，应及时予以静脉滴注糖盐水，补充水分及纠正电解质紊乱。有上消化道出血者，可静脉滴注西咪替丁，抑制胃酸分泌，减轻黏膜的炎症，促进止血，必要时给予输血。急性胃炎一般不用抗生素，如有明显细菌感染，尤其有腹泻者，可选用小檗碱、诺氟沙星及庆大霉素等。

（二）慢性胃炎

慢性胃炎是一种常见病，其发病率在各种胃病中居首位，年龄越大者发病率越高。自从纤维胃镜应用于临床以来，对本病的认识更加深刻，按胃镜下所见与组织病理学上的发现，慢性胃炎现分为慢性浅表性胃炎、慢性萎缩性胃炎、慢性糜烂性胃炎（胃粘膜糜烂）、慢性肥厚性胃炎（胃粘膜皱襞肥厚）。

1. 病因

慢性胃炎的病因尚未完全阐明，可能与下列因素有关：

（1）从急性胃炎演变而来。

（2）长期服用对胃黏膜有强烈刺激的食物和药物，如烈酒、浓茶、咖啡，过烫、过冷、辛辣及粗糙食物和水杨酸类药物，以及过度吸烟等。

(3) 幽门括约肌功能失调或胃手术后，十二指肠液（包括胆汁）经常返流入胃。

(4) 胃酸缺乏，使细菌易于在胃内繁殖。

(5) 免疫因素：在某些萎缩性胃炎患者的血清中可测出抗胃壁细胞抗体（PCA）和抗内因子抗体（IEA）。

(6) 幽门螺旋杆菌感染。幽门螺旋杆菌（Hp）是从胃窦黏膜中检出的一种革兰氏阴性杆菌，经过十余年的研究证实 Hp 与活动性慢性胃炎关系非常密切。这种胃炎的胃内查出 Hp 高达50% ~80%，特别是慢性胃炎出现严重症状，即所谓活动期，90%的患者胃内可查出 Hp，炎症越重部位，细菌越密集，炎症治愈后细菌也就难检出了。

此外，口、鼻、咽等局部病灶的细菌或其毒素吞入胃内，长期对胃黏膜的刺激可引起慢性胃炎。

2. 临床表现

慢性胃炎缺乏特异性症状，部分患者常无任何症状，但多数可有不同程度的消化不良的症状，如饭后饱胀、嗳气等，少数可有食欲不振、恶心。如有胆汁反流存在时，常有明显而持久的上腹部不适或疼痛，尤其进餐后明显，可伴有恶心和胆汁性呕吐。萎缩性胃炎患者有时表现为贫血、消瘦、舌炎和腹泻等。慢性胃炎并发急性胃黏膜病变时而引起大量出血。

3. 化验及其他检查

为了明确诊断可进行胃液分析、血清胃泌素含量测定、血清壁细胞抗体测定及胃镜等项检查。

4. 诊断与鉴别诊断

本病的诊断主要有赖于胃镜检查和直视下胃黏膜活组织检查所见。本病需与消化性溃疡、胃肠神经官能症、慢性胆道疾病鉴别。

5. 治疗

(1) 一般治疗：

应去除各种可能的致病因素，如彻底治疗急性胃炎及口腔、咽喉部慢性感染灶，避免食用对胃有刺激性的食物及药物，戒烟酒等。

(2) 药物治疗：

① 对消化不良、疼痛者，可用健胃助消化、制酸剂及解痉止痛药物，如香砂养胃丸、氢氧化铝片、复方氢氧化铝、胃得乐、溴丙胺太林、颠茄片等。

② 对胆汁反流性胃炎患者可予以甲氧氯普胺10～20毫克，每日3次，或者用多潘立酮1片，每日3～4次，本药应在饭前15～30分钟服用。此类药物可直接作用于胃肠壁，可增加食道下部括约肌强力，防止胃食道反流，增强胃蠕动，促进胃排空，协调胃与十二指肠运动，抑制恶心、呕吐，并能有效地防止胆汁反流。多潘立酮不易通过血脑屏障，因此无锥体外系等神经、精神副作用。

③ 对萎缩性胃炎缺酸或低酸者，可给予1%的稀盐酸、胃蛋白酶合剂、维酶素等药物。

④ 幽门螺旋杆菌阳性者，多数有活动性胃炎、十二指肠炎，可给予适当的抗生素。

如阿莫西林分别与呋喃唑酮（痢特灵）、庆大霉素、甲硝唑（灭滴灵）配伍，治疗Hp相关性慢性胃炎有一定的效果。经实验证实，阿莫西林0.5克，每日4次；呋喃唑酮0.1克，每日3次，Hp清除率为90.2%，症状好转率为94.1%；阿莫西林+庆大霉素4万U每日3次，Hp清除率为74%，症状好转率为80%；阿莫西林+甲硝唑0.2克，每日3次，Hp清除率为68.6%，症状好转率为72.5%。另外，可服用金泉胃炎胶囊（简称胃炎胶囊）2片，每日3次。该药具有消炎、止痛、杀灭Hp和促进胃黏膜修复等作用。临床验证，胃炎胶囊单用对症状的缓解率为86.67%，疼痛的缓解率为100%，对Hp的阴转率达46.15%；胃炎胶囊与雷尼替丁联用四周症状缓解率为100%，Hp阴转率达63.15%。

上述治疗方案对根除Hp有较好的效果，有利于慢性胃炎的恢复。

五、消化性溃疡

消化性溃疡是指发生在胃和十二指肠的慢性溃疡，亦可发生于食管下段、胃空肠吻合术后的吻合口周围及含有异位胃黏膜的米克耳（Meckel）憩室等处。这些溃疡的形成均与胃酸和胃蛋白酶的消化有关，故称消化性溃疡，95%以上发生在胃和十二指肠。下面重点介绍胃和十二指肠溃疡。

（一）病因

本病是一种多病因疾病，其中有的病因较为明确，有的迄今尚未完全明了。根据调查与观察，下列因素可能与消化性溃疡的发生有关。

1. 遗传因素

消化性溃疡病患者（尤其20岁以前起病的十二指肠溃疡者）常有家族史。据观察，胃溃疡和十二指肠溃疡是分别遗传的：胃溃疡患者的家族中，胃溃疡的发病率较常人高3倍；而十二指肠溃疡患者的家族中，多发生的是十二指肠溃疡而非胃溃疡。

新近又发现，消化性溃疡与血型有关，O 型血者十二指肠溃疡的发病率较其他血型者高 1.4 倍，说明溃疡病的发生与遗传因素有关。

2. 季节因素

消化性溃疡尤其是十二指肠溃疡发病呈现明显的季节性。据调查显示，多数溃疡病好发季节为秋冬和冬春之交。新近通过大量纤维胃镜检查结果发现，十二指肠溃疡检出率与季节无明显关系，而胃溃疡的检出率明显地以 6 ~ 11 月份为高，而春季未见明显高峰。

3. 精神因素

自从心身医学发展以来，许多文献报道，溃疡病患者的心理健康水平明显低于正常人。溃疡病患者常有精神紧张、焦虑、忧伤、怨恨等持续而强烈的精神刺激以及急躁情绪，易引起消化性溃疡的发生，尤其是十二指肠溃疡。

4. 饮食因素

食物和饮料可对胃粘膜起物理性（如粗糙食物、骨刺等）或化学性（如过酸、辛辣食物，烈酒等）损害作用；一些浓茶、咖啡亦可刺激胃酸的分泌；不规则的进餐时间可破坏胃的分泌节律。

5. 药物

某些解热镇痛及消炎药物如阿司匹林、吲哚美辛、皮质激素等曾被列为致溃疡物质，长期服用可引起溃疡病。

6. 吸烟

吸烟可刺激胃酸分泌增加，吸烟者溃疡病的发病率明显高于不吸烟者。在相同的有效药物治疗下，吸烟者溃疡病的愈合率亦显著低于不吸烟者。因此，长期大量吸烟不利于溃疡的愈合，亦可引起复发。

7. 其他因素

1983 年 Marshall 和 Warren 在微氧条件下从人体胃粘膜中培养出幽门螺旋杆菌，结合胃镜检查，Hp 在慢性胃炎和消化性溃疡中的阳性率很高。近年来，大量的研究表明，70% ~90% 的胃溃疡患者和 95% ~100% 的十二指肠溃疡患者胃内有 Hp 存在。

（二）临床表现

本病的临床表现不一致，少数可无症状，或以出血、穿孔等并发症的发生作为首发症状，但绝大多数患者是以长期性、周期性和节律性中上腹疼痛为典型症状。

（1）疼痛：消化性溃疡的疼痛具有以下特点。

① 长期性：溃疡病发生后可自行愈合，但每愈合后又好复发，故常有上腹部疼痛长期反复发作的特点。整个病程平均6～7年，有的可长达一二十年，甚至更长。

② 周期性：上腹疼痛呈反复周期性发作，疼痛可持续几天、几周或更长，继而可有较长时间的缓解。全年均可发作，但以春、秋季节发作为多见。

③ 节律性：疼痛的出现与消失有节律性，这与胃的充盈和排空有关。典型的胃溃疡疼痛常在餐后1/2～1小时发生，至下一餐前已消失，常出现“进食—疼痛—舒适”的规律；而十二指肠溃疡疼痛常在餐后2～3小时发生，持续不减，直至进食或服用制酸剂后缓解，常出现“进食—舒适—疼痛（饥饿痛）”的规律，较严重的病例出现夜间痛，可能与夜间高酸分泌有关。

④ 疼痛部位：十二指肠溃疡的疼痛多在中上腹部，或在脐上方偏右处；胃溃疡疼痛部位也在中上腹部，但稍偏高处，或剑突下偏左处，疼痛范围数厘米直径大小。

⑤ 疼痛性质和程度：疼痛一般较轻而能忍受，多呈钝痛、胀痛、灼痛或饥饿样痛。

（2）其他胃肠道症状：嗳气、反酸、恶心、呕吐等可单独或伴同疼痛出现。

（3）全身症状：可有失眠等神经官能症的表现，或有缓脉、多汗等自主神经功能紊乱症状。

缓解期一般无明显体征，但在发作期间上腹部可有局限性压痛，其压痛部位与溃疡的位置基本相符。

（三）并发症

常见的并发症有出血、穿孔、幽门梗阻和癌变。

1. 出血的临床表现

当溃疡深达肌层侵蚀血管时可引起出血，为呕血或黑便。若出血量大，血液未经胃酸作用则呕吐鲜红色血液。溃疡病出血的一个重要特点是出血前疼痛加重而出血后反而减轻。根据出血量的大小、缓急，病人可有不同程度的失血症状，如头晕、出冷汗、脉搏加快、低血压、面色苍白等。

2. 穿孔的临床表现

患者突然出现剧烈的上腹部疼痛，伴有恶心呕吐、烦躁不安、面色苍白、出汗、脉搏加快、血压下降等表现。体检可见明显板状腹。腹部X线透视或拍片可见膈下有游离气体。

3. 幽门梗阻的临床表现

主要为进餐后上腹痛，伴有嗳气、呕吐，呕吐多在餐后6～12小时，呕吐物中有宿食发酵的气味。体检时可发现腹部有胃型、蠕动波及振水音。

4. 癌变

少数胃溃疡可有癌变，但十二指肠球部溃疡并不引起癌变。凡中年以上、经内科积极治疗4~6周、症状无好转的胃溃疡患者，无并发症而疼痛的节律性消失、食欲减退、体重明显减轻者，粪便隐血试验持续阳性、并出现贫血者，应考虑溃疡有癌变的可能，需进一步做X线钡餐和胃镜检查，明确诊断。

（四）化验和其他检查

为了明确诊断可进行胃液分析、粪便隐血试验、X线钡餐检查及胃镜和脱落细胞检查。

（五）诊断与鉴别诊断

根据消化性溃疡的慢性病程、周期性发作和节律性上腹疼痛的特点，通常可做出诊断。如症状不典型者，则有赖于X线钡餐和纤维胃镜检查确诊。

消化性溃疡需与胃癌、十二指肠炎、慢性胃炎、胃下垂、胃神经官能症、胆囊炎和胆石症等疾病进行鉴别。

（六）治疗

内科治疗的目的在于缓解临床症状，促进溃疡愈合，防止溃疡复发，减少并发症。

1. 一般治疗

注意适当休息，生活规律，饮食要少量多餐，戒烟、酒，禁用损伤胃粘膜的药物，避免过度紧张和情绪激动。

2. 药物治疗

（1）减少损害因素的药物：

① 制酸药：可减低胃、十二指肠内酸度，缓解疼痛，促进溃疡愈合。常用药物有氢氧化铝凝胶10毫升，每日3~4次；复方氢氧化铝2片，每日3次；胃得乐2片，每日3次。

② 抗胆碱能药物：能抑制迷走神经而减少胃酸分泌，能解除血管痉挛而改善胃粘膜血运，能松弛平滑肌以延缓胃排空，从而有利于延长制酸药的作用。常用药物有阿托品、颠茄片、溴丙胺太林等。

③ 抑酸药：H_2 受体拮抗剂具有强烈的胃酸分泌抑制作用。如西咪替丁0.2克，每日3次，晚睡前加服0.4克；雷尼替丁150毫克，每日2次；法莫替丁20毫克，每日2次，均4周为一疗程。

（2）加强保护因素的药物：

① 硫糖铝：能在溃疡表面形成保护膜，促进溃疡愈合。用量每次 1 克，每日4 ~5 次，饭前服。

② 三钾二椽络合铋：在酸性环境中可与蛋白质结合形成一层保护膜，覆盖在溃疡表面而促进其愈合，并可使幽门螺旋杆菌膨胀和溶化。用量 5 毫升，每日 4 次，4 周为一疗程。

③ 抗菌治疗：目前认为 Hp 感染与消化性溃疡的发生发展有一定关系。对应用 H_2 受体拮抗剂无效、病情较重、多次复发伴有活动性炎症的病人，经检查 Hp 阳性可用抗菌治疗。在治疗消化性溃疡时，如果同时将 Hp 彻底清除，溃疡便不易复发。近年来根据调查，胃内感染 Hp 后患胃癌机会明显增多。胃粘膜一旦感染了 Hp，要想根除并不容易。用一种药物进行治疗也不理想。近年来经过国内外医学家研究联合两三种药物治疗，则明显提高效果。

目前有两大类治疗方案：

第一类以铋剂为主加两种抗菌药。如胶体枸橼酸铋 120 毫克 + 四环素 0. 5g，每日 4 次，再加甲硝唑（灭滴灵）250 毫克，每日 3 次，连服 2 周，疗效提高到 60% ~70%，如将四环素改为阿莫西林 0. 5 克，每日 4 次，效果更好。

第二类以奥美拉唑（洛赛克）为主加上一种或两种抗菌药。如洛塞克每日 2 次。每次 20 ~40 毫克 + 阿莫西林 0. 5 克，每日 4 次，连服 14 天，也可再加甲硝唑 250 毫克，每日 2 ~3 次，服 7 ~10 天。

上述治疗方案对根除 Hp 有较好效果，有利于溃疡病的治疗。但也可能出现副作用，如恶心、呕吐、食欲减退，因此治疗 Hp 应在医生指导下选择恰当药物。

3. 手术治疗

无并发症的消化性溃疡多数无须手术治疗。手术治疗的指征包括消化道大出血，急性胃穿孔，器质性幽门狭窄，胃溃疡疑有癌变或其他方法不能鉴别良、恶性者，胃溃疡经内科积极治疗一个月左右无效者。

六、细菌性痢疾

（一）概述

细菌性痢疾（菌痢）是痢疾杆菌所致的以溃疡性结肠炎为主要病变，以腹痛、腹泻、里急后重、脓血样大便为主要症状的一种常见肠道传染病。本病传染源为带菌者和菌痢患者。传播途径为病源菌污染食物、水、生活用品，经口感染（即粪—口传播）。人群普遍易感，以夏、秋季多见。

（二）诊断要点

根据流行病学资料，发病季节，病前1周内有饮食不洁史或与患者有接触史。

1. 急性菌痢

分以下两种：

（1）普通型：典型病例，起病急，畏寒、发热、腹痛、腹泻，伴里急后重，稀便迅速转黏液脓血便，每日10次以上，左下腹压痛。非典型病例，仅有腹痛、里急后重，无热或低热，大便外观无脓血。

（2）中毒型：此型主要特点为起病急骤，来势凶猛。以面色苍白、四肢湿冷、血压下降等循环衰竭症状为主。

2. 慢性菌痢

表现为病程持续或反复发作2个月以上。病程长者可见消瘦、乏力、贫血等症状。或临床症状已消失，但大便培养呈阳性。

实验室检查：

（1）血象：白细胞及中性粒细胞增高。

（2）粪便常规：肉眼观呈脓血便或黏液脓血便。镜检有大量脓细胞或白细胞（15个/高倍视野）及红细胞。

（3）粪便细菌培养：培养出痢疾杆菌为确诊依据。注意送检标本必须新鲜，并取脓血部分。

（三）治疗

1. 急性菌痢的治疗

（1）一般治疗：消化道隔离至症状消失。卧床休息，以流食、半流食为主。高热脱水者口服补液盐（ORS液），吐泻严重者可静脉输液。

（2）抗生素治疗：常见有效的抗生素为：氟呢酸、庆大霉素、氨节青霉素、复方新诺明、小檗碱等。选用或联用以上抗生素，疗程为5～7天。

2. 慢性菌痢的治疗

（1）联合应用抗生素，重复2～3个疗程。

（2）调整肠道菌群：可选用微生物制剂，如乳酸杆菌、双歧杆菌制剂进行治疗。

（四）健康指导

1. 预防措施

患者及带菌者应隔离治疗，搞好饮食、饮水与环境卫生，注意个人卫生，切断传染途径。

各种消毒剂如漂白粉、过氧乙酸、次氯酸盐类对杀灭菌痢杆菌均有效。

2. 愈后

急性菌病经抗菌治疗，愈后良好，有少数可转慢性。

七、流感

（一）概述

流感全称为流行性上呼吸道感染，是一种由流感病毒引起的急性呼吸道感染，表现为发热、鼻塞、咽痛、咳嗽、头痛和全身不适等症状。流感病毒可分为甲型、乙型和丙型。甲型和乙型属于较为严重的传染病，而丙型流感则比较罕见。流感病毒是通过空气中的飞沫、人与人之间的接触或与被污染物品的接触进行传播的。

每年的10月下旬到第二年的3月间，都是流感的高发季节，其发展趋势多呈波浪形，高峰期一般会持续半个月到1个月。我国北方地区属于流感多发区，几乎每年都会发生，或者局部爆发。流感病毒（尤其甲型）易发生基因突变，衍生新品种，造成大规模流行。

流感与普通上呼吸道感染（俗称感冒）的区别在于：

（1）流感是发生在呼吸道（鼻、窦、咽喉、肺部）以及中耳的一种急性病毒感染，感冒是由腺病毒等病毒引发的鼻腔和咽喉部位的轻微病毒感染。

（2）流感比普通感冒来势更凶猛，持续时间也更长，早期症状更严重，除头痛、咽痛这些常见的感冒症状外，流感患者还会出现高热、畏寒、肌肉酸痛等严重的全身症状。而且，虽然流感急性症状一般只持续5～7天，但身体复原的时间还要更长。在主要症状消失后的1～2周内，患者依然会有难以摆脱的身体疲倦感，而无法恢复往日的工作状态。如果继发并发症，需治疗的时间更长。

（3）流感除了引起上呼吸道感染的症状外，还可继发多种并发症。感冒属于自限性疾病，有时无须用药就能痊愈，尽管也会导致其他感染，但这些并发症的发病率低，危险性也较小。

(4) 流感属于传染力极强的疾病，并且可能引发大规模的流行，并继发严重疾病，如肺炎，病死率高。

(二) 诊断要点

针对流感的自我诊断，要把握下述几点：

(1) 根据流行病学资料，在发病季节，病前有与患者接触史，潜伏期一般是1～3天。

(2) 临床表现为起病急、畏寒、发热（高热可达到39℃），一般持续3～5天，伴有头痛、全身酸痛，还有鼻塞、流涕、打喷嚏、咳嗽、咽痛、肌肉酸痛、全身乏力等症状。

(3) 最常见的并发症是肺炎，其中有的是病毒本身引起的，有的是继发的细菌感染。其他的并发症还有中耳炎、鼻窦炎、哮喘、病毒性心肌炎、中毒性休克、病毒性脑炎等。

(4) 在实验室检查中，白细胞数量正常或偏低，若合并了细菌感染，白细胞及中性粒细胞数量会增加。

(三) 治疗

1. 基础治疗

尽量卧床，保证充足的休息；多饮水、多吃新鲜蔬果，保证足够营养；注意卫生，保持室内空气流通；用盐水漱口；打喷嚏或处理喷沫后，需用肥皂清洗双手；不要随地吐痰；咳嗽时，要用纸巾掩盖口鼻，并将痰或鼻涕用纸巾包好弃于垃圾箱内。

2. 对症治疗

发热、头痛可选用解热镇痛药（如阿司匹林）；咽痛可选用润喉片；鼻塞、流涕可选用抗组胺药（如盐酸苯海拉明），也可选用1%麻黄素滴鼻；另外可服用含有金刚烷胺、人工牛黄、板蓝根浸膏、葡萄糖酸锌等的复方抗感冒制剂。若合并细菌感染，可在医生的指导下服用抗菌药物，如复方新诺明、诺氟沙星、阿莫西林等。必要时可服用抗病毒药物，如金刚烷胺、金刚乙胺、病毒唑（利巴韦林）。

(四) 健康指导

建立健康的生活方式，以增强身体抵抗力，减少感染的机会。

在流感高峰期应尽量避免出入公共场所，在室内应尽量保持空气流通。流感病毒也经常通过人手传播，因此需多用肥皂清洗双手。

还可注射流感疫苗来预防流感。注射疫苗后 10 ~ 14 天会得到免疫能力，可以在一年内不被同一类流感病毒感染。但是疫苗的效力并非持久不变，一般而言，疫苗注射约有 90% 的成功率，而且每年流行的流感病毒都有变化，所以需每年注射。

小贴士

如何预防秋冬流感

英国玛丽女王医学院的病菌研究专家约翰·奥克斯福德教授说："我们身边每时每秒总会有无数的细菌和病毒。人体的免疫系统是身体内功能最强大的系统，其主要功能就是在病菌导致我们生病之前击退它们的进攻。一旦免疫系统不能正常工作，或是其遇到了以前未曾遇到过的一种病毒，那么我们生病的概率就会增加。"

专家指出，饮食结构不合理、过度饮酒和吸烟都会影响免疫系统，下述这几种方法则有助于改善免疫系统的功能从而起到预防流感的作用。

1. 给鼻子保温

人在受寒时会不由自主地打战，这虽然是人体一种下意识地抗冻措施但也意味着这时患流感的概率在增加，所以天寒地冻时保暖相当重要，这时可以在鼻子上戴上围巾。

2. 不贪睡反而有助增强免疫力

英国劳格保大学睡眠研究中心的主任吉姆·霍尼教授说，可能很多人会认为在一晚上的睡眠之后感觉更好，但实际上睡得过多并不会让免疫系统受益，研究显示在几天里适当减少睡眠的时间反而有助于增强免疫系统的能力。当然，如果你本身就压力很大，再减少睡眠会让你更容易患上流感。

3. 丢掉维生素制剂

每天都吃一大堆维生素制剂不太可能有助你降低患流感的概率，反而会对健康无益。英国营养基金会的营养专家安娜·德尼说："从食物中获取营养成分要比吃维生素制剂更有益，我们过去误以为水果和蔬菜中含有的维生素让这些食物对健康有益，但现在我们明白了除了维生素之外，水果和蔬菜中含有的其他营养成分同样重要。太多的人现在都在大量地吃维生素制剂，但我们并不清楚长期来看这会对健康产生何种影响，可能会是负面的影响。"

另一方面，维生素D可能是一个例外，有研究显示65岁以上的老年人每天摄入一些维生素D可以将患流感的概率降低20%，将呼吸道感染的概率降低22%。

4. 多摄取植物油

摄取植物油有助于降低感染的概率，这些植物油包括葵花子油、玉米油以及芝麻油。专家指出，植物油有助于维持免疫系统平衡，减少过敏等不良反应。

5. 打太极拳

太极拳这种古老的艺术将放松的心态和适度的锻炼融为一体，有助于集中注意力并培养身体的柔韧性，其可以大幅提高免疫系统的功能。

6. 短时间内加压

在短时间内感受到压力的增加实际上有助于增强免疫力，当我们感受到压力时，人体就会释放减压荷尔蒙和肾上腺素，这种抵抗能力可以为人体发出警告，以防范受到感染。免疫系统在这个时候就会增加免疫细胞的制造数量。所以你可以尝试从明天开始，给自己制订一个完成某项工作的最后期限，当然这种压力最好在短时间之内就结束。

7. 不要节食

尽管肥胖会导致受感染的概率增加，但过度节食减肥也会令免疫系统受损。那些时常增重又减肥的妇女体内白细胞较少，而白细胞又被称为防范卫士，其是人体免疫系统防范体系中的一个主要组成部分。安·沃尔克博士说："过度节食意味着人体会处于极大的压力之下，能量和营养都不够，这将损伤免疫系统。"

如果想减肥，可以尝试适度的体育锻炼，配以健康的食谱，例如低糖低脂的食物等。

8. 多喝酸奶

每天坚持喝酸奶不仅可以降低患流感的概率而且还可以缩短患病的时间。研究显示，每天喝酸奶的人患流感的时间比仅服用维生素的人少2.5天。酸奶中含有的对人体有益的乳酸菌可以维持肠道内的细菌平衡。专家说："有证据表明通过喝酸奶来维持肠道免疫系统的平衡可以起到增强整体免疫系统功能的作用。"

9. 多活动

定期适度的锻炼，哪怕仅仅是很忙碌也有助于降低患流感的概率。专家称："那些只会坐在沙发上看电视的人较之工作忙碌的人受感染的可能性更高。"

研究显示，那些每天从事2个小时积极的身体活动，包括做家务的人呼吸道感染的概率要比身体活动很少的人下降30%。专家称："身体锻炼可以增加唾液中抗体的密集程度，从而帮助人体抵抗呼吸道感染。"

但锻炼也要适度，最好每周锻炼三次，每次至少30分钟以上即可。适度的锻炼可以使得人体内的白细胞数量暂时增加，但如果每天锻炼一个半小时以上就会产生相反的作用。

10. 喝茶

喝茶可以增强免疫机能，科学家发现茶叶中含有的一种抗体化合物也在一些病菌细胞中出现，人体面对这种化合物时会有助于建起抵抗病菌的防线。研究显示，那些每天喝五小杯茶的人，其免疫系统抵抗疾病的能力要高出那些每天喝五小杯咖啡的人。

11. 晒太阳

研究人员认为，流感季节当中，人们晒太阳的时间过短，使得人体内的维生素D含量过低是导致患流感的原因之一。晒太阳可以刺激人体免疫细胞的生成，尤其是那些用来攻击流感病毒的免疫细胞。

12. 洗手

尽管洗手本身不会增强免疫机能，但却能够大大降低你患流感的概率，专家称："大约一半的流感发病是通过手接触患病的。人们都知道去过卫生间之后要洗手，但在和他人接触之后很少有人想过去洗手。洗手时不要简单地在水龙头下面冲一冲，而要用肥皂来认真的清洗，时间也要尽可能长一些。"

专家还指出："即使抗菌肥皂也只能提供有限的保护，一旦你洗手后接触了被感染的物品或是人，你仍然有可能受到感染。"

第三节　对现代生活病的预防

当今社会伴有电磁辐射的设施不断增加，电子噪声充斥着我们的生存环境。它们对人体有何影响，如何防护，有的已比较清楚，有的还未知，仍在调查研究之中。

一、电磁辐射对人体的危害

电视的电磁辐射对人体健康有不良影响。《健康报》1998年3月1日报道，国家环保局开展电磁辐射污染检查。文章指出，一般情况下，受到辐射后，体内产生的热可以通过机体调节扩散出去，但如果热量过多或长时间积累，就会引起蛋白质变性，破坏人体正常生理功能，乃至引发疾病。而国家环保局1991年公布的全国电磁污染调查结果表明，我国电磁辐射所造成的环境污染损失与20世纪五六十年代所遭受的水和大气污染损失相当。卫生部也已将电磁辐射列为可能导致职业病的一项因素。

这种看不见、摸不着却又无处不在的电磁波有的是来自自然界，如雷电、地震、宇宙射线、太阳黑子活动等，而更多的是源自现代科技，如无线电广播、各种通信发射、高压输电线路、手机、电脑、微波炉、电视机、空调，甚至电吹风、电剃须刀等都可产生电磁波。有研究显示，电磁波功率越大、频率越高、波长越短、接触时间越长、空气越不流通、环境温度越高，则电磁波污染越严重。

国内外研究认为，当电磁波频率超过10万赫兹时，电磁波能穿透人体，导致人体机能紊乱。目前已知，孕妇、儿童、老人及体弱者对电磁辐射更敏感。容易受损的器官主要为眼、脑、心脏、肾上腺、生殖系统等，常见症状有乏力、头晕、失眠、情绪不稳、易怒、脱发、白细胞减少、消化不良、食欲减退、白内障、心动过速、心律失常，甚至导致不育、流产、胎儿畸形、基因突变诱发癌症等。有报道称，长期在微波辐射区工作的人，脑癌发病率比一般人高6倍。在美国，使用移动电话（手机）引发脑瘤的争论至今不休。专家提醒常年使用移动电话者应定期进行健康体检。在有辐射源污染的环境中工作，应有防护意识，常用措施有屏蔽辐射源或与之保持一定距离，减少接触时间，饮食注意补充维生素A及抗氧化食品，如红枣、橙子、新鲜蔬菜、绿茶、豆制品、瘦肉、新鲜海味等，并采取措施避免在强电磁辐射场工作。

二、计算机病

计算机的应用极大地促进了通信发展，但长期、长时间的计算机操作会给身体带来一些负面影响。为了身体健康，需了解有关知识，采取相应对策。

计算机操作常见危害如下：

（1）长时间在视屏前操作，易出现眼疲劳、眼睛酸痛、眼干不适、视物模糊甚至眩晕。美国威斯康星大学进行的调查显示，有90%的计算机操作人员患有眼疲劳，75%的操作人员患有视力聚焦障碍。

（2）长时间单一的工作姿势，使局部肌肉疲劳，易出现手痉挛，手腕酸痛、麻木，右臂痛，肩背痛，颈痛，腰痛等。

（3）长时间接触（每周大于20小时）视屏，其电磁辐射使孕妇流产率比不接触者高出80%～200%，且婴儿先天缺陷率明显增加。

（4）易出现嗜睡、迟钝、思想不集中、记忆力减退、易怒及心理活动异常等。

为了预防计算机病，在操作计算机时，要保持良好的工作姿势，如使用可调式桌椅，使视屏、键盘、鼠标和座椅高低、距离远近可随身体需要做全方位调整。使头前倾角度小于30°，臂角（肘角）和大小腿角均呈90°，且腰背有靠。避免长时间连续操作，每操作1小时应休息10分钟，并做适当的肢体活动，如活动颈、肩、上肢、腰及大腿，使疲劳、僵硬的肌肉放松，血液循环改善。采取适当屏蔽防护措施，防止电磁辐射对身体的损害。创造良好的工作环境，如适合卫生标准的照明、清洁的空气，合适的阴、阳离子浓度和臭氧浓度，舒适的温度和湿度等。

三、空调综合征

"空调综合征"，顾名思义，就是安装有空调器的现代化房间内新发生的一种"疾病"。空调已经成为人们生活中必不可少的一部分，广泛用来调节室内温度、气流速度、空气清洁度和新鲜度，改善人们的生活与工作条件。但一个人如果长时间生活或工作在窗户紧闭的房间里，尽管装有空调器，也常会发生鼻、喉黏膜干燥，头昏，头痛，疲乏，纳差，脉搏加快，血压升高，恶心呕吐，甚至反复感冒，白细胞减少，抗病力下降等，这就是"空调综合征"。

引起空调综合征的原因：

（1）室内空气经反复过滤后，空气离子浓度发生了改变。有关资料表明，当每立方米空气的负离子少于25个时，人体的生理活动会变得呆滞，而阴离子在1～10万个时，人体的生理活动就会变得活跃；负氧离子数目显著减少而正离子过多，而影响了空气的清洁度和人体正常的生理活动，造成人体内分泌和自主神经功能紊乱，出现头昏、头痛、困倦易乏、心悸、多梦、胃纳减退等症状。

（2）空调机内的环境很适宜真菌、细菌和病毒等病原微生物的滋生和繁殖，国外不少"军团病"患者，都是由于空调系统欠佳引起的。医学家们曾多次从空调系统的冷却水中分离到引起急性肺炎的细菌及其他病原体。

（3）空调系统可造成室内外环境条件（包括气温、气湿、气流和辐射等）相差悬殊，易使人感冒；室内干燥，易刺激人的鼻腔、咽喉黏膜而降低人体抗感染能力；常用循环空气造成室内外空气交换减少，空气污浊使疾病易于传播。

（4）空调房间内自然采光和照明往往不足，也使得室内的细菌、病毒和真菌等病原体容易存活，威胁人体健康。

空调综合征的防治：

（1）使用消毒剂，以杀灭空调机的微生物。要反复进行消毒，以防微生物再生。

（2）空调机的湿度调节器是助长细菌扩散的工具，故最好增装除湿器以降低室内相对湿度，防止细菌的滋生。

（3）剧烈运动后一身大汗时，切勿立即进入空调房间，以免使张开的毛孔骤然收缩，受凉致病。

（4）不宜长时间待在开空调机的冷气室里，应让皮肤有流汗的机会。要多参加运动，多喝开水，让毛孔通畅，加快新陈代谢。

（5）有条件的话，最好使用开放系统机种的空调机，以保持室内空气新鲜、流通。

思考与练习

1. 与病毒性肝炎患者相处应注意哪些事项？
2. 大学生如何预防传染性疾病？
3. 自我检测是否患有计算机病。
4. 针对现代生活病，提出一套预防的方案。

第七章 药物应用基本知识

智者养生也，必须四时而调寒暑。

——曹庭栋

药犹兵也。兵能卫人之死，不能养人之生；药能去人之病，不能肥人之肉。故养生在人牧，肥肉在谷食。无病而服药，犹不乱而设兵也。

——庄忠甫

俗语云："人食五谷杂粮，岂能不生病"，而对于疾病，药物便是其克星，正如庄忠甫所说："药犹兵也。"药物能促进体表与内部环境的生理生化功能改变，或抑制入侵的病原体，协助机体提高抗病能力，达到防治疾病的效果。但是药物是一把双刃剑，如果运用不当，救命良药可能变成致命毒药，因此大学生必须了解用药的基本常识，合理用药。

第一节　用药知识

药物是人类用以预防、诊断和治疗疾病的物质。治病药物必须在医生的指导下使用，不可滥用。大学生掌握一定的药物知识，对自我保健十分重要。

一、药物的作用及不良反应

（一）药物的治疗作用

如青霉素、磺胺类药物用来治疗上呼吸道感染及肺炎等；庆大霉素、四环素用来治疗菌痢、泌尿系统感染等；阿司匹林用来治疗头痛、发热等。不同的药物对不同细菌、病毒，对不同器官有选择性作用，因此，在使用治疗药物时必须“有的放矢”，以达到满意疗效。

药品不良反应基本知识
来源：优酷网.png

（二）药物的不良反应

药物能治病，同时也可产生与治疗无关的不良反应。如阿托品、颠茄能止痉挛性疼痛，但服用后会使人产生口干不适。药物的过敏反应也常有发生，临床上常见的有服用磺胺类药物后出现药疹，青霉素皮试后引起过敏性休克，使用链霉素、卡那霉素等抗生素后出现过敏反应和毒性反应亦常见。这说明使用治疗药物时，必须遵医嘱，切不可盲目滥用药物，以防造成不良后果。

二、药物的用量、用法及给药途径

（一）用量

药物的剂量在临床上有严格要求，每种药物有治疗量和极量。治疗量即指临床常用的有效剂量范围，超出治疗量即可使病人出现中毒现象。极量是指安全用药的极限，是药物治疗作用和毒性作用的分界点。针对不同年龄的病人，用药剂量有所不同，大学生一般采用成人剂量。

（二）用法

一般情况下服药时间要与人的饮食、睡眠相适应，急重病因病情而定。不同药物用法不同，要详细阅读药物说明书及遵照医嘱服用。

（三）给药途径

根据疾病的轻重缓急及药物的不同，可选择不同的给药途径。通常采用口服给药，此外还可注射给药（包括肌肉、皮下、静脉注射等途径）、气雾剂吸入给药或栓剂直肠、阴道给药及局部外用给药等。

三、合理用药

（一）合理用药的目的

选用的药物对患者能够发挥治疗作用，避免或尽可能减少对人体的损害；选用联合用药要取有协同作用的药物。多种药物联用，其不良反应发生率增高，应尽量避免。

（二）评价合理用药的标准

（1）有效：迅速而彻底地治愈疾病。

（2）安全：不发生毒性反应，尽量少出现副作用。

（3）方便：服用方便、简单、无痛苦。

（4）费用合理。

（5）中西医结合：中西医结合，在治疗许多急慢性病方面有可喜的前景。

（三）用药注意点

（1）不同体质、不同性别、不同年龄的人对药物的反应也会有差异，这是因为体重的不同及抗体对药物代谢反应的不同。所以，用药时要注意因人而异。

（2）对于新药、进口药不要盲目迷信或滥用，必须在医生指导下使用。

（3）服药前要认真阅读药物说明书，了解其成分、作用及用量等。注意药品的批号、有效期。

知识链接

中外用药的理念比较

在国外的药店，有很多药都是买不到的，需要医生开具处方。国外医生开处方给的药量很少，甚至就几片，也不便宜。因此很多西方人患点儿头疼脑热、小感冒之类的，通常都不吃药更不会输液。如果一个美国人告诉朋友他在吃药，朋友会很惊奇并问“你得了什么大病”。

中国人有病首先想到吃药。药店满大街都是，只要想买就能买到。不少人为一个普通感冒，可以吃好几种药，因为担心一种药起不到效果。这些错误的理念和用药方法会埋下很大隐患。

第二节 常用药物简介

人吃五谷杂粮，生活中难免有个小病小痛，因此，了解一些常用药物的基本知识是十分必要的。据相关调查显示，大学生缺乏合适的药品知识和药物安全使用行为，需要加强对大学生药品知识教育，以改善用药的安全性。

药品基本知识
来源：360文库

一、解热镇痛药

本类药具有解热、止痛作用，多数尚具有消炎、抗风湿作用。它们的作用机理与抑制前列腺素的合成有关。个别药如阿司匹林可抑制血栓素 A_2 的形成，常用于防治血小板栓塞引起的各种疾病或作为预防血栓用药。

表 7-1 常用解热镇痛药药物作用比较

药名	作用			不良反应
	解热	镇痛	抗风湿	
阿司匹林	+++	+++	+++	恶心、呕吐等
水杨酸钠	+	+	+++	同阿司匹林
非那西汀	++	++	–	对肾损害、发绀
对乙酰氨基酚	++	+	–	厌食、恶心、呕吐等
氨基比林	+++	+++	–	白细胞减少、粒细胞缺乏
安乃近	+++	++	+	皮疹、白细胞减少
吲哚美辛	+++	+++	+++	胃肠道反应、头痛、眩晕等

〔乙酰水杨酸（阿司匹林）〕有解热、镇痛和抗风湿作用，常用于发热、头痛、神经痛、风湿性关节炎及抗血小板聚集作用。解热镇痛口服 0.3 ~ 0.6 克，每日 3 次；抗风湿 0.3 ~ 1.0 克，每日 3 ~ 4 次；预防血栓 25 ~ 50 毫克/日。

〔消炎痛片（吲哚美辛）〕解热及对炎症性疼痛作用明显，对风湿性关节炎、类风湿关节炎有消炎镇痛作用，对痛风性关节炎及骨关节炎疗效最好。抗血小板聚集，但疗效不如阿司匹林。减轻免疫反应。也可用于癌症发热及其他不易控制的发热。近来有报道称可治疗痛经、偏头痛等。

成人剂量每日2~3次，每次25毫克。抗风湿治疗可逐渐增至125~150毫克/日，一般饭后服用，可减少胃肠道副作用。

副作用常见为胃肠道反应，如恶心、呕吐、胃出血等，头痛、眩晕等中枢神经系统症状，可引起肝功能损害和过敏反应。精神病患者、支气管哮喘患者、孕妇、儿童应忌用。

〔双氯芬酸〕为一种新型的强效消炎镇痛药。特点为药效强，不良反应少，剂量小，个体差异小，口服吸收迅速，排泄快无蓄积作用。用于类风湿关节炎、神经炎、手术后疼痛等。成人口服25毫克，一日3次。可引起胃肠道紊乱、头晕、头痛及皮疹。肝肾损害者慎用，孕妇避免使用。

〔速效伤风胶囊〕主要成分为乙酰氨基酚、氯苯那、咖啡因、人工牛黄。用于伤风引起的鼻塞、头痛、咽喉痛、发热等。

〔芬必得（布洛芬缓释胶囊）〕具有解热、镇痛及抗炎作用，用于减轻或消除以下疾病的疼痛或炎症：扭伤、劳损、下腰疼痛、肩周炎、滑囊炎、肌腱及腱鞘炎、痛经、牙痛和术后疼痛、类风湿性关节炎、骨关节炎以及其他血清阴性关节疾病。成人每日2次，每次300~600毫克，或遵医嘱。副作用低，一般为胃部不适或皮疹、头痛、耳鸣。活动期消化道溃疡患者禁用。

〔强筋松（γ-苯丙氨基甲酸酯）〕中枢性骨骼肌松弛剂。用于肩颈关节周围炎、腰痛、关节痛、肌肉痛、神经痛、扭挫伤及其他伴有肌痉挛、肌强直等症。常用量一次200毫克，一日3次。副作用包括偶有嗜睡、暂时性头痛、乏力、恶心、过敏等。

〔柴胡注射液〕为柴胡挥发油的灭菌过饱和溶液，每毫升相当于柴胡1克。有解热作用，主治感冒、流感，作用平稳。常用于肌肉注射，一次2毫升，一日2次。

〔维C银翘片〕含有银翘浸膏、维生素C等多种成分。清热、解毒，用于流感引起的发热、头痛、咳嗽、口干、咽喉痛等。口服一次3片，一日3次。

二、消化系统药物

（一）健胃消化药

健胃消化药是促进胃肠道消化过程的药物，有助于消化作用。

〔胃蛋白酶〕本药用于缺乏胃蛋白酶或消化机能减退引起的消化不良症。成人口服一次0.3~0.6克，一日3次。忌与碱性药物同服。制剂胃蛋白酶合剂，含胃蛋白酶3%，饭前服用10毫升，同服稀盐酸0.5~2毫升。

〔胰酶〕用于胰脏功能障碍、糖尿病患者的消化不良等。在中性或微碱性时效果最好，故多与碳酸氢钠合用。口服每次0.3~0.6克，每日3次，饭前服，忌与酸性药物同服。

〔多酶片〕含淀粉酶、胰酶和胃蛋白酶，用于以上三种酶缺乏时引起的消化不良。口服一次2~3片，一日3次，饭前服用。

〔乳酶生片〕本品为活的乳酸杆菌制剂。在肠道中可分解糖类，产生乳酸，提高肠道内酸度，可抑制致病菌繁殖，减少肠内细菌性发酵和产气，用于肠内异常发酵、肠炎、消化不良等。成人常用量一次0.3~1克，一日3次。本药不宜与抗生素、磺胺类等杀菌或抑菌剂合用，也不可与碱式碳酸铋、鞣酸蛋白合用。

〔食母生（干酵母片）〕本药为消化不良的辅助用药及防治维生素B缺乏症。成人口服一次1~2克，一日3次，需嚼碎后服用。

（二）抗酸药及治溃疡病药

这类药多为碱性物质，口服后能中和胃酸，从而可减弱或解除胃酸对溃疡面的刺激和腐蚀作用，用于治疗胃、十二指肠溃疡和胃酸分泌过多症。

〔硫糖铝片〕用于胃溃疡及十二指肠溃疡，有制酸、收敛及抑制胃蛋白酶的作用。成人口服一次4片，一日3次，饭后2~3小时服用。

〔胃舒平（复方氢氧化铝片）〕能中和胃酸，减少胃酸分泌，并有保护胃粘膜及解痉镇痛作用。用于胃酸过多、溃疡病及胃痛等。成人口服每次2片，每日3次，饭前半小时嚼碎后服。

〔雷尼替丁〕本品为组胺H2受体阻滞剂。对胃及十二指肠溃疡的疗效好，且具有速效和长效的特点，能有效地抑制组胺和胃泌素刺激后引起的胃酸分泌，降低胃酸和胃酶的活性。主要用于治疗十二指肠溃疡、良性胃溃疡、术后溃疡、反流性食道炎等。口服150毫克/次，一日2次，早晚饭后用。偶出现不良反应如头痛、皮疹等。

〔法莫替丁〕为第三代H2受体拮抗剂，具有治疗率高、作用强、疗程短等特点。口服一次20毫克，早晚各服一次，4~6周为一疗程。溃疡病愈合后的维持量减半，肾功能不全者应调整剂量。

（三）止吐药

止吐药是通过不同环节抑制呕吐反应的药物。一类是抑制催吐化学感受区的，如氯丙嗪、异丙嗪、硫乙拉嗪等；另一类除抑制催吐化学感受区外，还有兴奋胃肠道作用，如胃复安。

〔胃复安（灭吐灵、甲氧氯普胺）〕用于恶心、呕吐、嗳气、食欲不振、消化不良、急慢性胃炎、胃下垂、胆囊炎、胆结石、顽固性胃胀气等的治疗。成人口服一次5～10毫克，一日3次，饭前半小时服用。

〔吗叮啉（多潘立酮片）〕本品为外周多巴胺受体阻滞剂，直接作用于胃肠壁，可增加食道下部括约肌张力，防止胃、食道反流，增强蠕动，促进胃排空，协调胃及十二指肠运动，抑制恶心、呕吐，有效地防止胆汁反流，不影响胃液分泌。用于上腹部胀闷感、腹胀、上腹疼痛、嗳气、肠胃胀气，也可用于功能性、器质性、饮食性等各种原因引起的恶心和呕吐。成人口服每日3～4次，每次1片，易饭前15分钟服用。偶出现不良反应如轻度腹部痉挛，有时血清泌乳素水平会升高，停药后可恢复正常。

〔藿香正气水（中成药）〕含挥发油、性味辛微温。可清暑化湿，和胃止呕。用于治中暑、妊娠呕吐、止泻等。每次服20毫升，一日2次。现市场上有藿香正气胶囊，服用方便。

（四）导泻药

有酚酞、开塞露、甘油栓等，凡便秘者可适当应用。

（五）止泻药

可通过抑制肠道蠕动或保护肠道免受刺激而起到止泻作用，药物有复方地芬诺酯（成人口服1～2片/次，一日3次，腹泻被控制时，应减少剂量）、鞣酸蛋白、活性炭、碱式碳酸铋等，有收敛止泻作用，用于各种不能除去病因的腹泻。

（六）胃肠解痉药

胃肠解痉药是一些抗胆碱药，具有解除平滑肌痉挛等的作用。

〔普鲁本辛（溴丙胺太林）〕具有抗胆碱作用。主要用于胃及十二指肠溃疡、胃炎、胆汁排泄障碍、妊娠呕吐等，也可用于遗尿。成人口服每次15毫克，每日3次，饭前服用。副作用可引起口干、视力模糊、小便不畅、便秘、头痛、心悸等，减量即可消失。青光眼患者忌用。

〔颠茄片〕为抗胆碱药，能解除平滑肌痉挛，抑制腺体分泌。用于胃肠道、肾、胆绞痛等。成人口服每次1～2片，每日3次，青光眼患者忌服。

三、作用于呼吸系统的药物

（一）祛痰镇咳药

祛痰药按其作用可分为两类。一类是通过促进呼吸道分泌而稀释痰液的药物如氯化铵等；另一类是黏液溶解剂，使痰液中的黏性成分分解，降低痰的黏度而便于咳出，如必嗽平等。镇咳药按其作用部位可分为：

（1）中枢性镇咳药，如可卡因、咳平、喷托维林。

（2）末梢性镇咳药，如地布酸钠、苯佐那酯等。

〔必嗽平（溴己新、溴苄环己铵）〕为祛痰药。成人口服每次 16 毫克，一日 3 次。喷雾吸入：0.2% 溶液 2 毫升/次，一日 3 次。

〔喷托维林（维舒宁、托可拉斯）〕用于上呼吸道感染引起的急性咳嗽。成人口服每次 25 毫克，一日 3 次。复方喷托维林糖浆成人口服每次 10 毫升，一日 3 次。在药理作用上，具有局部麻醉作用和微弱的阿托品样作用，青光眼及心肺功能不全并伴有肺部瘀血的咳嗽病人慎用。副作用少，偶有便秘、轻度头痛、口干、恶心等。

〔咳平（氯哌斯汀、咳安宁）〕为苯海拉明衍生物，有中枢性镇咳和抗组织胺作用，可缓解支气管痉挛及充血性水肿，适用于各种原因引起的咳嗽。成人口服每次 10～20毫克，一日 3 次。

〔复方甘草合剂和复方甘草片〕具有祛痰镇咳作用。用于一般咳嗽。复方甘草合剂口服每次 10 毫升，一日 3 次。复方甘草片口服每次 2～3 片，一日 3～4 次。

（二）平喘药

平喘药是一种能缓解哮喘症状并防止其发作的药物。

〔氨茶碱〕有舒张支气管、胆道平滑肌和扩张冠状动脉的作用，成人口服每次 0.1 克，一日 3 次。副作用可对胃肠道有刺激，引起恶心、呕吐，易饭后用药。

〔舒喘灵（沙丁胺醇、索布氨、舒喘宁）〕为拟肾上腺素药，主要作用于 β_2 受体，用于治疗喘息型支气管炎、支气管哮喘。

可喷雾吸入：每次 0.1～0.2 毫克（即喷1～2 次），必要时可 4 小时 1 次，但一日内不可超过 8 次。吸入后 5 分钟见效。

口服：每次 2～4 毫克，一日 3 次。

注意：本品不宜与普萘洛尔同用。副作用主要是恶心、头痛。心血管功能不全、高血压病人慎用。

〔色甘酸钠〕是一新型平喘药，主要用于外源性哮喘，特别是对季节性哮喘最有效，对于未确定过敏源的属于迟发反应的内源性哮喘患者也有一定疗效。与异丙肾上腺素合用，疗效增加。用于过敏性鼻炎、季节性花粉症，软膏用于过敏性湿疹及皮肤瘙痒症。用特别吸入器吸入其粉末，每次20毫克，一日3~4次，约2个月为一疗程。

注意：用药病情好转后，可改为每日2~3次作为维持量。如需停药，可逐步减量后再停，突然停药可使病情反复。

四、抗生素类药物

抗生素类药物是由生物包括微生物（主要是细菌、放线菌、真菌）、植物、动物在其生命过程中所产生的代谢产物，具有选择性抑制或杀灭各种病原微生物或其他细胞的能力的一类物质。目前不少抗生素已能人工合成或半合成。可分为青霉素类、头孢菌素类、大环内酯类、氨基糖甙类、四环素类等。抗生素具有不同的抗菌作用，如青霉素类、头孢菌素类具有杀菌作用；而四环素类、氯霉素类则仅有抑菌作用。它们的抗菌作用强弱，因微生物种属不同而异。

抗生素的作用机理有以下几种方式：

（1）破坏细菌细胞壁，如青霉素、先锋霉素等。

（2）抑制菌体蛋白质的合成，如四环素、链霉素等。

（3）影响细菌胞膜的通透性，如制霉菌素、两性霉素B等。

（4）改变核酸代谢，阻碍遗传信号的复制，如新生霉素、抗肿瘤抗生素等。

〔青霉素〕于细菌细胞繁殖期起即可出现杀灭作用。对溶血性链球菌、肺炎双球菌、淋球菌、脑膜炎双球菌等的抗菌作用较强。对白喉杆菌、破伤风杆菌、螺旋体、放线菌等也有作用。对耐药性金葡菌、革兰氏阳性杆菌如大肠杆菌、痢疾杆菌、绿脓杆菌等无效。适应征包括菌血症、败血症、猩红热、丹毒、肺炎、扁桃体炎、中耳炎、疖、痈、急性乳腺炎、流脑、心内膜炎、钩端螺旋体、创伤感染、梅毒、回归热、气性坏疽、炭疽、淋病、放线菌病等。治疗破伤风需与破伤风抗毒素合用。

主要用法为注射（肌肉、静滴）。成人剂量一般是80万单位/次，每日2次，必要时可增加到3~4次。静滴600~1000万单位/日。较多出现过敏反应，包括皮疹、药物热、血管神经性水肿、血清病样反应（如面红、气喘、呼吸困难、荨麻疹等），因此用药前必须做过敏试验，阳性者忌用。有过敏史的病人最好改用其他药物，不宜做过敏试验，因过敏试验本身也可引起过敏性休克。凡间隔3日未用青霉素，又无过敏病史者，一律做过敏试验。为避免过敏反应发生，注射青霉素后，观察10~20分钟方可离开。

〔氨苄青霉素（氨苄青、氨苄西林）〕为广谱半合成青霉素，毒性低。对革兰氏阴性、阳性菌都有抑制作用。尤其对革兰氏阴性杆菌作用强大，如大肠杆菌、流感杆菌、沙门氏菌、志贺氏菌等。对绿脓杆菌、耐药金葡菌无效。用于不明病原的婴幼儿重症化脓性脑膜炎，伤寒、副伤寒、革兰氏阳性杆菌败血症、泌尿道感染等。常用注射剂量为每次0.5~1.0克，分4次肌肉注射。注意点同青霉素。

〔头孢氨苄（先锋霉素Ⅳ）〕抗菌谱同青霉素，常用于尿路感染，也可用于咽喉炎、大叶肺炎、葡萄球菌软组织感染。口服易于吸收，应空腹服药。成人口服每次0.5克，每日4次。

〔头孢唑啉钠（先锋霉素Ⅴ）〕是先锋类抗生素中较好的品种。对革兰阳性杆菌的作用最强，且具有血药浓度高、体内分布广、肌注不疼等优点。用于尿路感染、呼吸道感染、扁桃体炎、中耳炎、胆囊炎等。肌注一次0.5~1克，重症可增至2克，一日4次。

〔卡那霉素〕在革兰氏阳性菌中，对金葡菌、炭疽杆菌、白喉杆菌较敏感；革兰阴性菌中对大肠杆菌、产气杆菌、变形杆菌、痢疾杆菌等敏感。主要用于对青霉素耐药的金葡菌引起的感染（如尿路感染）和作第二类抗结核药。对肾及听神经有一定的毒性。肾功能减退者和老年人慎用。成人剂量每日肌注2次，每次0.5克。

〔丁胺卡那霉素（阿米卡星）〕临床上用于对卡那霉素、庆大霉素耐药菌株引起的尿路、肺部感染，以及绿脓、变形杆菌所致的败血症。与羧苄西林联用于绿脓杆菌感染，可起协同作用。成人200~400毫克/日，分两次肌注。具有耳毒性和肾毒性，与卡那霉素相似。

〔庆大霉素〕对多种革兰阴性菌及阳性菌都具有抗菌作用，为广谱抗生素。主要用于金葡萄球菌、绿脓杆菌、大肠杆菌、痢疾杆菌、克雷白肺炎杆菌、变形杆菌等感染。肌肉注射为成人每次80毫克（8万单位），每日2次。口服片可治疗痢疾、肠炎。长期应用可引起耳、肾毒性。有呼吸抑制作用，不可静脉推注。

〔四环素片〕有广谱抑菌作用。主用于立克次体病、布氏杆菌病、支原体肺炎、衣原体感染，也可用于敏感革兰氏阳性球菌与阳性杆菌引起的轻症感染。成人口服每次0.5克，一日3~4次。长期应用可引起二重感染和肝脏损害，肝肾功能不全者慎用。

〔土霉素片〕作用、用量同四环素。

〔红霉素片〕其抗菌谱相似于青霉素，主要用于对青霉素产生耐药性和过敏的病例。常用于耐青霉素的金葡菌感染，如肺炎、败血症、急性乳腺炎、多发性疖、痈等，也可用于链球菌、肺炎双球菌感染及白喉带菌者。成人口服每次0.25克，每日4次。

〔乙酰螺旋霉素片〕抗菌谱类似红霉素。本药毒性较小，口服吸收良好，又有抗酸性能，故常口服给药，成人剂量每次 0.2 克，一日 4 次。

〔交沙霉素〕抗菌谱与红霉素近似，但细菌不易对本药产生耐药性。常用于治疗呼吸系统感染、败血症和局部感染。成人口服一次 0.2～0.4 克，一日 4 次。本药副作用较少。

〔林可霉素（洁霉素）〕抗菌谱和红霉素近似，对革兰氏阳性菌有较强的抗菌作用，对厌氧菌类作用尤强，对肺炎支原体的作用不如红霉素。常用于治疗耐药性金葡菌所致的败血症、呼吸道感染、骨髓炎、关节炎和软组织感染。成人肌注每次 0.6 克，每日 2 次。长期使用应检查血象和肝功。口服常有局部反应，如恶心、舌炎、腹泻等，孕妇、授乳妇女慎用。

五、其他抗菌药物

〔磺胺嘧啶（SD）〕对脑膜炎双球菌、肺炎链球菌、淋球菌等抑制作用较强，对葡萄球菌感染疗效差。本品排泄缓慢，脑脊液浓度高，为治疗流脑的首选药物。口服一日 4 次，每次 1 克，首次剂量加倍。肝肾功能不全者慎用。对磺胺类过敏者忌用。偶有出现结晶尿、血尿者，应停药，可自然恢复正常。

〔增效联磺片〕具有抗菌谱广、吸收快、血中维持有效浓度时间长，并能通过血脑屏障渗入脑脊液等优点。用于脑膜炎、气管炎、肺炎、咽炎、扁桃体炎、肠炎、疖肿等症。常用量口服每次 2 片，一日 2 次。注意点同 SD。

〔复方新诺明片〕抗菌谱与磺胺嘧啶相似，但抗菌作用强。可用于急性气管炎、肺部感染、尿路感染、伤寒、布氏杆菌病、菌痢等，疗效与氨苄西林、氯霉素、四环素等相近。成人口服每次 1 克，每日 2 次，首次剂量加倍。副作用有白细胞减少、皮疹、胃肠道刺激等。大剂量长期服用时可引起结晶尿、血尿，需加服碳酸氢钠。其余见磺胺嘧啶。

〔吡哌酸〕本药对大肠杆菌、变形杆菌、绿脓杆菌、痢疾杆菌等革兰氏阳性杆菌有良好的抗菌作用。主要用于尿路感染和细菌性痢疾、前列腺炎等。口服每次 0.5 克，一日 4 次。服用此药有时会出现恶心、呕吐等胃肠道症状，也可致药疹、瘙痒及白细胞减少症，肾功能不良者慎用。

〔诺氟沙星〕用于治疗泌尿系统、胃肠道的细菌感染，如急性肾盂肾炎、菌痢等，也可用于化脓性扁桃体炎、急性化脓性支气管炎。成人口服一次 0.2 克，每日 4 次。

〔盐酸环丙沙星胶囊〕为高效广谱抗菌药。对革兰氏阳性和阴性菌均有较强的抗菌作用。适用于上呼吸道感染、肺部感染、泌尿系统感染、皮肤软组织感染、创伤感染以及其他敏感菌引起的感染。成人口服每次0.2克，一日3次。

〔呋喃坦啶（呋喃妥因）〕对革兰氏阴性及阳性细菌均有作用，口服后在肠道吸收快，在尿中浓度较高，用于泌尿系统感染。成人口服每次0.1克，每日4次。不良反应有周围神经炎、过敏反应（皮疹，药热）、胃肠道反应、中毒性精神症状等。

〔呋喃唑酮（痢特灵）〕抗菌谱与呋喃咀啶相似。主要用于菌痢、肠炎。也可用于尿路感染、伤寒和副伤寒。成人口服每次0.1克，一日3~4次。副作用偶有恶心、呕吐、皮疹、头痛等。

〔盐酸黄连素片〕本药对痢疾杆菌、伤寒杆菌、金葡菌及阿米巴原虫有抑制作用。用于肠道感染、菌痢等。成人口服一次0.2~0.4克，一日3次。

〔穿心莲片〕有清热、解毒、消肿、止痛、抗菌和抗病毒作用。用于菌痢、上感、腮腺炎、咽喉炎等。口服浸膏片，一次4~6片，一日3~4次。

〔泻痢停片〕主要成分为磺胺甲基异口唑、醋酸泼尼松和颠茄浸膏。主要用于痢疾杆菌引起的急慢性痢疾和其他肠道致病菌引起的胃肠炎等。对磺胺过敏者禁用。口服每日2次，每次2片，首次剂量加倍。

〔双黄连口服液〕主要成分为金银花、连翘、黄芩。具有辛凉解表、清热解毒的功能。主要药理作用为解毒、抗炎，具有一定的抑菌、抗病毒效应。用于病毒和细菌感染引起的气管炎、肺炎、扁桃体炎、上呼吸道感染，也用于病毒性流感和老年性哮喘等。口服一日3次，每次1~2支。

六、抗病毒药

〔利巴韦林（病毒性）〕能抑制核酸合成，干扰DNA合成，阻止病毒复制。临床只可用于治疗病毒性呼吸道和疱疹病毒引起的流感、眼单疱性角膜炎、疱疹性口炎、带状疱疹及小儿腺病毒肺炎等。成人口服每次0.1克，每日3次。不良反应为少数病人产生腹泻，大剂量服用可影响造血功能。

〔吗啉胍（病毒灵）〕对多种病毒（包括流感病毒、副流感病毒、鼻病毒、冠状病毒、腺病毒等）有抑制作用。临床上用于流感、流行性腮腺炎、水痘、滤泡性结膜炎等的防治。成人口服每次0.1~0.2克，每日3次。不良反应可引起出汗、食欲不振等。

〔金刚烷胺〕作用：

（1）对震颤麻痹有明显疗效。

（2）有抗亚洲A2型流感病毒的作用，预防该型流感有效。

（3）退热作用，对于多种炎症，如病毒性肺炎等，与抗菌药合用，比单纯用抗生素疗效好。

临床上除了用于不能耐受左旋多巴的震颤麻痹患者外，还可用于流感的治疗和预防。对于病毒性感染的发热病人，可与抗菌生素合用。成人口服每次0.1克，早晚各一次。预防流感每日0.1～0.2克，连服4～6天。不良反应为嗜睡、眩晕、抑郁、食欲减退等。

〔注射用阿糖腺苷〕本药能抑制病毒DNA的合成，对单纯疱疹Ⅰ、Ⅱ型病毒、带状疱疹病毒具有显著的抑制作用，对腺病毒、EB病毒、牛痘病毒以及多种动物疱疹病毒等亦有不同程度的抑制。临床上适用于慢性乙型肝炎以及单纯疱疹病毒、巨细胞病毒性脑炎的治疗。成人每日每公斤体重5～15毫克，缓缓恒速至少12小时以上静脉滴注，一个疗程为10～28天。不良反应为恶心、呕吐、腹泻等。

〔板蓝根〕对多种革兰氏阳性菌、阴性菌及流感病毒都有抑制作用。临床上用于上感、感冒发热、咽喉肿痛、流行性腮腺炎、扁桃体炎、丹毒、乙型脑炎、肺炎等。用量6～9克，鲜药加倍，水煎服（治疗腮腺炎可另外用鲜叶捣烂敷局部）。板蓝根、大青叶各18克，煎汤代茶，连服3～5日，可预防流感。

七、安定药

安定药可分为强安定药和弱安定药。

〔安定〕适用于焦虑症及各种神经官能症、失眠症，还可用于抗癫痫以及治疗肌肉痉挛现象。本药为弱安定药。成人口服一次2.5～5毫克，一日3次。治疗失眠易晚上服用。毒副作用有嗜睡、便秘等。青光眼病史及重症肌无力患者忌用。

〔舒乐安定（忧虑定）〕为高效镇静催眠药，具有广谱抗惊厥作用，又具有作用强、用量小、毒副作用小等优点。适用于焦虑、失眠、紧张、癫痫大小发作。镇静：口服每次1～2毫克，一日3次；催眠：口服2～4毫克，睡前服；抗癫痫：口服每次2～4毫克，一日3次。对肝肾功能、骨髓、血尿常规均无影响。个别患者偶有乏力、思睡等症状，可自行消失。

〔硝基安定〕有安定、镇静及显著催眠作用。催眠作用的特点为引起近于生理性的睡眠，无明显后遗反应，抗癫痫作用强。用于催眠，每晚5～10毫克。

注意：服药后偶有头痛，服药时避免饮酒。小儿禁用。

八、抗胆碱药

抗胆碱药是能阻滞M－胆碱能受体的药物，可呈现抑制腺体分泌、散大瞳孔、加速心率、松弛支气管平滑肌和胃肠道平滑肌等作用，常用作散瞳药、制止分泌药和解痉止痛药等。阿托品和山莨菪碱就属于本类药。

〔阿托品〕能解除平滑肌的痉挛（包括解除血管痉挛，改善微血管循环）；抑制腺体分泌；解除迷走神经对心脏的抑制，使心跳加快；散大瞳孔，使眼压升高；兴奋呼吸中枢。主要用于：

（1）抢救感染中毒性休克。

（2）治疗锑剂引起的阿-斯综合征。

（3）治疗有机磷农药中毒。

（4）治内脏绞痛。

（5）用于麻醉前给药和眼科放大瞳孔，调节功能麻痹，用于角膜炎、虹膜睫状体炎。常有口干、眩晕、散瞳、兴奋、烦躁、惊厥等不良反应。青光眼及前列腺肥大病人禁用。

〔山莨菪碱（654-2）〕作用与阿托品相似，适用于下列疾病：

（1）感染中毒性休克；

（2）血管性疾患，如血管神经性头痛、脑血管痉挛、脑血栓等；

（3）各种疼痛：三叉神经痛、坐骨神经痛；

（4）平滑肌痉挛：胃、十二指肠溃疡、胆道痉挛等；

（5）眩晕病和眼底疾患等。

成人口服每次5～10毫克。一日3次。本药毒性小，副作用有口干、面红、轻度扩瞳、视近物模糊等，个别病人服用后发生心跳加快及排尿困难，但会自行消失。脑出血急性期及青光眼患者忌用。

九、肝类用药

〔肝太乐〕可降低肝淀粉酶的活性，阻止糖原分解，使肝糖质量增加，脂肪贮量减少，因此可用于急慢性肝炎、肝硬化等。又因本药在体内解毒过程中起重要作用，许多毒物、药物多与本药结合成无毒的葡萄糖醛酸结合物后排出体外，故具有保肝解毒作用。用于食物及药物中毒。成人口服每次0.1～0.2克，一日3次。

〔联苯双酯〕能降低某些化学毒物所致的血清谷丙转氨酶的升高，减轻肝脏病理损伤，并能增强肝脏的解毒功能。经临床验证，本药对慢性迁延性和慢性活动性肝炎病人有降低血清谷丙转氨酶的作用，具有降酶幅度大、速度快、副作用小的特点，还可改善肝区痛、乏力、腹胀等症状。主治迁延性及慢性肝炎血清谷丙转氨酶持续升高，也用于化学毒物引起的转氨酶升高。常用量每日3次，每次25~50毫克，转氨酶降至正常后应缓慢减量。突然停药或一次减量过大转氨酶有反跳现象，应多加注意。

十、抗过敏药物

过敏反应是机体受抗原性物质（如细菌、病毒、寄生虫、花粉等）刺激后引起的组织损伤或生理功能紊乱，属于异常的或病理性的免疫反应。

〔扑尔敏片〕本药特点是抗组织胺作用较强，用量小，副作用少，适用于老人、小儿。用于各种过敏性疾病、虫咬、药物过敏反应等。成人每次4毫克，一日3次。

〔去氯羟嗪（克敏嗪）〕有抗组织胺作用，并有平喘、镇静的效果。可用于支气管哮喘、荨麻疹、血管神经性水肿等。成人口服每次25~50毫克，一日3次。偶有嗜睡、口干等反应，停药后可消失。

〔异丙嗪（非那根）〕既有抗组织胺作用，又有安定作用，主要用于过敏性疾病、晕动病、妊娠呕吐及其他原因引起的恶心、呕吐；因为对支气管平滑肌有轻度扩张作用，也可用于祛痰、止咳、平喘。成人口服每次12.5~25毫克，一日3次。副作用为困倦、思睡、口干。驾驶员禁用。

〔息斯敏片（阿司咪唑片）〕有强效及长效抗组织胺作用，可用于治疗常年或季节性过敏鼻炎、过敏性结膜炎、慢性荨麻疹和其他过敏性反应症状。成人口服每次1片，每日1次。偶有支气管痉挛、皮疹等过敏症状，另外，还可引起肌痛、水肿、转氨酶升高。

十一、维生素类药物

维生素是机体维持正常代谢功能所必需的物质，通常体内不能自行合成，需从食物中获得。如果由于食物中维生素含量太少，机体的吸收或利用发生障碍，或由于某种原因（如高热、甲状腺功能亢进、妊娠、授乳等）导致维生素需要量增加，就可因体内维生素供不应求而引起“维生素缺乏症”。此时可用相应的维生素制剂进行治疗和预防。

〔维生素A〕用于维生素A缺乏症，如皮肤粗糙、干燥、角膜软化症、眼干燥症、夜盲症等。成人口服一次2.5万单位，一日3次。

〔维生素B_1〕本品可维持心脏、神经及消化系统的正常功能，促进碳水化合物在人体内的代谢，多量摄取食物时必须伴有维生素B_1，否则易发生食欲不振、消化不良等。通常用于维生素B_1缺乏症、神经炎、中枢神经系统损伤、食欲不振、消化不良、营养不良、心肺功能障碍等。成人口服 10～20 毫克/次，一日 3 次。肌内或皮下注射，成人50～100毫克/日，或视病情而定。毒性低，但个别病人在注射时可有过敏性休克。

〔维生素 B_2〕可与腺嘌呤结合成黄素腺嘌呤二核苷酸，也可与磷酸结合成为黄素单核苷酸，二者都是生物氧化还原酶——黄素酶的辅基，亦可为维持视网膜正常功能所必需。通常用于治疗结膜炎、口角炎、舌炎、阴囊炎、脂溢性皮炎等。成人口服 5～10 毫克/次，一日 3 次。肌内注射，成人 5～10 毫克/次，一日 1 次。

〔维生素 B_6〕

（1）本品参与氨基酸及脂肪的代谢，用于防治因大量或长期服异烟肼而引起的周围神经炎，减轻抗癌药和放射治疗引起的胃肠道反应（如呕吐等）。

（2）可用于妊娠期呕吐、糙皮病（与烟酰胺合用）。

（3）可刺激白细胞的生成，用于白细胞减少症。

（4）局部涂搽用于痤疮、酒糟鼻、脂溢性湿疹等。

成人口服 10～20 毫克/次，一日 3 次。皮下、肌内或静脉注射，成人 50～100 毫克/次，一日 1 次。

〔维生素 B_{12}〕本品参与体内核酸、胆碱、蛋氨酸的合成及脂肪与糖的代谢，对骨髓造血功能（幼红细胞的成熟）、肝脏功能和神经系统的髓鞘的完整有一定作用。主要用于各种巨幼红细胞性贫血、神经系统疾病（如神经炎、神经萎缩等）、肝炎、白细胞减少症等。成人肌注每次 50～200 微克，每日 1 次或隔日 1 次。毒性小，可能引起过敏反应，甚至过敏性休克，故不宜滥用。

〔维生素 C〕具有氧化还原作用，故可在细胞氧化还原反应中发挥传递氧的作用。维生素 C 与结缔组织的形成有密切关系，缺乏时细胞间质中的胶原纤维消失，基质解聚，血管通透性增加，易造成出血倾向，还可导致肉芽组织生长不良，伤口不易愈合。故临床用于坏血病的防治，以及各种急慢性传染性疾病和紫癜等。成人口服每次 50～100 毫克，一日 3 次。不宜与碱性较强的针剂（如氨茶碱、碳酸氢钠、谷氨酸钠等）合用。

〔复合维生素 B〕每片含维生素 B_1 3 毫克，维生素 B_2 1.5 毫克，烟酰胺 10 毫克，维生素 B_6 0.2 毫克。成人口服 1～3 片/次，一日 3 次。

十二、常用外用药

〔过氧化氢溶液（双氧水）〕为过氧化氢的 3% 水溶液，是强氧化剂，具有消毒、防腐、除臭及清洁作用。外用可清洗创面、溃疡、脓窦、耳内脓液，换药时可用于去痂皮和黏附在伤口上的敷料（减轻疼痛），稀释至1%浓度用于扁桃体炎、口腔炎、白喉等的含漱。

〔碘酊〕含碘2%，碘化钾1.5%，外用于皮肤消毒。

〔酒精〕75%用于灭菌消毒，50%用于防褥疮，25%～50%擦浴用于高热病人的物理退热。

〔雷佛奴尔溶液〕是外用的杀菌防腐药。其0.2%溶液适用于外科创伤洗涤和黏膜消毒等，皮肤科用于脓皮症和继发性感染。

〔硫黄软膏〕具有角质溶解、抗真菌及抗寄生虫作用，可制止皮脂溢出。临床上用于治疗疥疮、体癣、花斑癣、脂溢性皮炎等症。

〔樟脑软膏〕有扩张血管及止痒作用。临床上用于冻疮（未破裂者）及皮肤炎症等症的治疗。

〔水杨酸软膏〕有弱的抑菌及抑霉菌作用。临床用于寄生虫性皮肤病、慢性湿疹、真菌病和牛皮癣等症的治疗。

〔炉甘石洗剂〕有收敛、保护作用。临床上用于皮肤炎症，如丘疹、无渗出的急性皮炎、亚急性皮炎等症的治疗。

〔獾油〕有清热解毒、消肿止痛作用。外用于小面积烧伤。

〔紫草油〕具有活血、凉血、解毒的功能。有抗病毒及抗菌作用。临床上单味麻油慢火煎熬半小时，取油外搽可以治疗烫伤和湿疹。

思考与练习

1. 你知道的常用药物都有哪些，分别治疗何种病症？
2. 处方药和非处方药的区别。
3. 服用药物时，应该注意哪些事项？

第八章 饮食与营养

人的饮食要从五谷杂粮中吸收多方面的营养，也要从多种蔬菜中吸收营养，不能偏食。

——徐特立

人应当善于鉴别哪些物品食用有益，哪些物品食用有害。这种智慧，是一味最好的保健药。

——培根

人的身体完全是由来自食物的各种分子组成的。人们吃掉的食物在消化道中被富含各种消化酶的分泌液所分解，营养物质都是通过消化道被吸收的，而消化道的健康与完整在根本上取决于你所吃的食物。到目前为止，已知的健康必需的营养物质已有50种，通过每天摄入最佳数量的各种营养物质，人体就可以促进并保持最佳的健康状态。

第一节 食物中的营养素及其功能

人体每日所需的总热能是由基础代谢（机体完全休息状态下，其内部生理活动的能量代谢）、体力劳动或脑力劳动的消耗以及食物的特别动力的消耗三部分组成。一般来说大学生的基础代谢所需热能约1500千卡（女生略低于男生）；脑力和体力劳动约需1600～2000千卡，食物特殊动力的消耗一般约需150千卡。食物中供给热能的只有碳水化合物、脂肪和蛋白质三类。它们每克的产热量分别为4千卡、9千卡、4千卡。一个大学生，如果每天吃粮1斤，大约可有热能2000千卡。其余差额（1200～1600千卡），应由其他副食如烹调用油、肉蛋类、蔬菜等提供。在一天总热能摄入中，碳水化合物、蛋白质和脂肪三者应有一个合适的比例。在中国，碳水化合物提供的热能约占70%，蛋白质占12%～15%，脂肪占17%～25%，总的来说，蛋白质、脂肪和碳水化合物摄入重量比为1∶1∶4。脂肪比例不宜超过总热量的30%。

一、蛋白质

蛋白质是组成人体的主要物质，是生命活动的基础。人体的一切细胞、组织和器官的构成和修补，都以蛋白质为基本成分和主要原料。人体体液的重要成分如酶、激素、抗体和血浆蛋白质等都直接或间接来自蛋白质。它还是人体热能来源之一，所以在各种营养素中，蛋白质最为重要。

蛋白质营养价值的高低，由其所含氨基酸的种类（质量）和其含量比例（数量）决定。各种食物的蛋白质不外由20余种氨基酸组成，但种类和比例却各不相同。其中多数氨基酸的比例并不重要，因为它们可由人体吸收后相互改造，但有8种氨基酸（婴儿为9种）人体不能制造，必须直接从食物的蛋白质中摄取，称为“必需氨基酸”。它们是异亮氨酸、亮氨酸、赖氨酸、蛋氨酸、苯胺酸、苏氨酸、色氨酸、缬氨酸和婴儿必需的组氨酸。

动物性食物和豆类食物中的蛋白质较完备地含有这些必需氨基酸，因此它们的营养价值较高，可称为完全蛋白质或优质蛋白质。而一般植物性食物蛋白质所含的必需氨基酸往往不全，故称为不完全蛋白质或非优质蛋白质，其营养价值较差。另外，要注意数量，因为即使是完全蛋白质，但若含量太低，人体不能从中获得足够数量的蛋白质，便不能满足人体的需要。

实际上，各种食物所含的氨基酸并不相同，故若把几种食物一起吃，就可由于各种氨基酸的互补作用而大大提高食物中的各种必需氨基酸的种类，提高其蛋白质的营养价值。

如果蛋白质供应不足，身体将消耗本身结构中蛋白质来补偿，此时就会出现人体生长缓慢、体重减轻、疲劳乏力、免疫功能降低等一系列蛋白质缺乏的症状。

小贴士

怎样提高蛋白质的营养价值

各类不同种类蛋白质混合食用时，所含氨基酸互相补充，取长补短，改善了必需氨基酸含量和比例，从而使混合蛋白质的生物效价提高，称为蛋白质的互补作用。

米、面粉所含蛋白质缺少赖氨酸；豆类蛋白质缺少蛋氨酸、胱氨酸；人乳、牛乳、鸡蛋中的蛋白质含量较低，但它们所含的必需氨基酸量基本上与人体相符，营养价值较高。食用上述混合性食物，再补充适量的动物性蛋白质，可提高膳食中蛋白质的营养价值和利用率。单纯食用玉米的生物价值为60%、小麦为67%、黄豆为64%，若把这三种食物，按比例混合后食用，则蛋白质的利用率可达77%。

混合食用中应注意所搭配的食物生物学种属越远越好；搭配的种类越多越好；基本原则是粗细搭配、荤素搭配、粮菜同食、粮豆混食。

二、碳水化合物

碳水化合物是食物中供给热能的主要来源，占食物热量的60% ~70%，有时可超过80%。食物中的主要碳水化合物以淀粉形式摄取。碳水化合物、脂肪、蛋白质三者可同时在体内氧化代谢，彼此关系密切。在碳水化合物及脂肪摄取不足时，机体便分解蛋白质供给能量，所以碳水化合物和脂肪有节约蛋白质、保护蛋白质的作用，但不能代替蛋白质的营养作用。

碳水化合物的主要来源是谷类、薯类及其他根茎类食物。纤维素也是碳水化合物的一种。

人体每天需要碳水化合物的量主要由体力活动情况和劳动强度所决定。男女大学生每日所需热量，按中等体力劳动计算，分别为3000千卡及2700千卡，其中碳水化合物的摄入应占总热量的60% ~70%为宜。

三、脂肪

脂类包括脂肪及类脂。菜油、花生油等植物油（或称素油），猪油、牛油等动物油（或称荤油）均属于脂肪；磷脂、糖脂、固醇等属于类脂，磷脂和固醇对人体较为重要。不少食物中可同时含有脂肪和类脂。脂肪由脂肪酸构成，大致有饱和脂肪酸和不饱和脂肪酸两种。不饱和脂肪酸中有几种脂肪酸为生理所必需，且人体不能自身合成而必须从食物中摄取，称为“必需脂肪酸”，主要指亚油酸。必需脂肪酸在体内与磷脂合成、胆固醇的代谢、精子的形成和生长有密切的关系，又是合成前列腺素的原料，有扩张血管、降低血压、抑制脂肪分解、对抗血小板黏结、减少血栓形成等重要作用。必需脂肪酸含量的多少，标志着食用脂肪质量的高低。植物油中含必需脂肪酸较动物脂肪多，不饱和脂肪酸含量高，营养价值就高。一般来说，素油含不饱和脂肪酸可高达75%～94%，其中必需脂肪酸为22%～70%，以向日葵油、玉米油、豆油、柿子油含量最丰富（椰子油不饱和脂肪酸含量极少）。由于素油必需脂肪酸含量高，又有丰富的脂溶性维生素，包括具有增强免疫力和抗衰老作用的维生素E，营养价值明显比荤油高，所以应提倡多吃点素油。但是食用素油还须注意一个问题，有些素油中脂肪酸以一种为主体，含量偏高，或几种必需脂肪酸的比例不恰当。如菜油以芥酸为主体，含量高达48.5%；茶油以油酸为主体，含量高达82%，而必需脂肪酸含量又少，故营养价值较低；再如葵花子油的亚油酸含量高达70%，按通常摄入量计算，则含量偏高，似嫌浪费。故有些国家提倡根据多种素油的特性以适当比例配制几种混合油，可大大提高营养价值。荤油中饱和脂肪酸含量高，多食可使血液中胆固醇含量上升。胆固醇是一种类脂，在体内有很多的重要生理机能，如合成类固醇激素，尤其是性激素，而且是合成维生素D3的原料。但胆固醇如果在缺乏必需脂肪酸条件下在体内代谢，则易与饱和脂肪酸结合，是引起心血管疾病的危险因素。近年又有资料表明，人体内有一种能抵抗疾病的吞噬细胞是依靠胆固醇而生存的。可见，荤素食油两者不可偏废，还是以适当搭配使用为佳。

中国营养学会近年研究认为，人体脂肪能量可占每日总热量的20%～25%，不宜过多摄入，并认为动物油不宜超过脂肪总量的9%为宜。

四、矿物质

矿物质在维持正常生理功能中具有多方面的作用，如钙、磷、镁是构成机体组织、骨骼和牙齿的重要材料，磷、硫是构成组织蛋白的成分。矿物质可与蛋白质协同维持组织细胞的渗透压，维持体内酸碱平衡，保护内环境的稳定，维持神经、肌肉的正常运转。缺铁时可使人体血红蛋白含量下降，出现缺铁性贫血。碘是组成甲状腺素的重要成分，甲状腺素能调节人体热能代谢以及蛋白质、脂肪、糖类的合成和分解，促进机体生长发育，缺碘可致甲状腺肿大。锌是多种金属酶的组成成分和酶的激活剂，在蛋白质、脂肪、糖、核酸代谢中有重要作用，缺锌可导致蛋白质利用率降低、创伤愈合不良、生长停滞等。

钠、氯一般均由食盐中供给。一般成年人每日食盐量应限制在 10 克以下。钾广泛存在于多种食物中，正常人每日约需 2～3 克。镁在豆类、干果、谷类和绿叶蔬菜中含量较多，成人每日约需 200～300 毫克。铁存在于动植物食品中，如动物内脏、瘦肉和蛋黄中。铁在体内能被重复利用，排出量少，健康成人每日需要量为 12 克，月经期妇女约为 15 克。钙成年人每日需要 0.6 克，生长发育的青少年需要 1～1.2 克。钙的主要来源为奶类、水产品、蛋类、动物的骨质，植物中绿叶蔬菜、豆类也含钙较多。磷在动物食品中含量较多，正常成年人每天需 1.5 克。其他微量元素也一般均可从平时所吃的各种食物中获取。

五、维生素

维生素种类繁多，大致可分为脂溶性和水溶性两大类，维生素 A、D、K、E 属脂溶性。维生素 B、C 等属水溶性。

在动物性食品中以肝的维生素 A 含量最高。肾脏、蛋黄、奶油中维生素 A 含量也很丰富。鱼肝油是最常用于补充维生素 A 的来源。胡萝卜素是维生素 A 的前体，广泛存在于各种蔬菜和水果中，如菠菜、胡萝卜、大葱、辣椒、香蕉、杏、李子等。主要生理作用在于促进儿童生长发育，保护皮肤和黏膜腺体上皮细胞组织，如呼吸道、泌尿道等组织的健康，参加视网膜内视紫质的形成，构成视觉细胞内的感光物质（防止夜盲症）。近年尚发现维生素 A 能防止多种类型的上皮肿瘤的发生和发展，具有一定的防癌作用。维生素 A 缺乏时可引起夜盲症，皮肤粗糙，眼球干燥甚至角膜软化以及胎儿死亡、幼儿发育停滞。正常成人每日需要维生素 A 为 2200 国际单位，或胡萝卜素 4 毫克。在蔬菜旺季时可多吃些蔬菜使维生素 A 贮存在肝脏中，但长期服用过量维生素 A 制剂可引起中毒症状（常由过多服用浓缩鱼肝油丸所致）。

如果有足够的紫外线照射，人体就不会缺乏维生素 D，因为人体皮肤有能力合成所需的维生素 D。食物中含维生素 D 稍多的是乳制品，许多用维生素 D 强化的食品及浓缩的天然食品（如浓缩鱼肝油丸）中维生素 D 含量较高。维生素 D 的生理作用主要是调节体内钙磷代谢，促进钙磷的吸收和利用，维持人的骨质钙化和儿童骨骼生长，保证牙齿正常发育。缺乏时可致儿童佝偻病、成年人的软骨病以及手足抽搐症。正常成人每日需要量为400IU，即使在食品中可以补充维生素D，也应该经常接受阳光照射，让皮肤自身合成维生素D。维生素D制剂服用过量也会引起中毒症状，严重时可引发肾衰竭和心血管系统的异常，故切不可将维生素D作为补品服用。

维生素E又名生育酚，与生长、生育、发育、保持青春活力和延缓衰老都有密切关系。由于维生素E具有强抗氧化剂的作用，故可提高血细胞寿命，改善微循环，有利于防止动脉硬化与心血管疾病，可抑制老年斑的出现，使衰老过程减慢。维生素E广泛存在于各类食品中，人体肠道内也能合成维生素E，所以一般不必专门补充。维生素E每日需要量为10～45国际单位。

维生素K存在于动物与植物性食品中。植物性食品中以绿叶蔬菜含维生素K最丰富，水果及谷物中含量较低。动物食品中内脏、肉类与奶类维生素K含量居中等，人类还可以由肠道内细菌来合成维生素K。维生素K对人体的功用主要是促进凝血酶原的生成，起凝血作用。成人每天维生素K的需要量为每公斤体重2微克。

维生素B_1又称硫胺素。动物内脏和瘦猪肉中含量丰富，谷类、豆类中亦有中等量的维生素B_1。维生素B_1维持机体所有细胞生命活动中正常的能量代谢，在体内糖代谢过程中更不可缺少。它能保持机体循环、消化、神经和肌肉系统的正常功能，并可预防脚气病。

维生素B_2广泛存在于动物和植物性食品中，如奶类、蛋类、各种肉类、谷类及蔬菜、水果等。动物的肝、肾、心、奶中含量最多，植物食品如大豆、花生、绿色蔬菜中含量也不少。维生素B_2在人体代谢过程中与其他物质构成辅酶，参与体内物质的氧化代谢作用。维生素B_2缺乏可出现口角炎、舌炎、唇炎、角膜炎症状。

维生素C又名抗坏血酸，缺乏时可引起全身性出血疾病，即坏血病。维生素C大量存在于新鲜的蔬菜和水果之中。人体自身不能合成维生素C，故只能从天然食物中获取。维生素C在维生素中是最不稳定的一种。维生素C必须在保鲜的水果蔬菜中才可存留相当时间，低温、冷冻保存时损失少；在空气中暴露时间越长，失去的维生素C也越多，因此水果削皮或切开后应立即吃掉。

维生素C参加人体内多种营养素的氧化还原过程，对其他酶系统有保护调节、促进催化作用。它还能提高机体在肠道内对铁的吸收，可维持人体结缔组织结构与功能的完整性，使创口愈合力加强，有利于牙齿、骨骼的正常发育，另有提高机体免疫力的作用。新近有不少研究都肯定了维生素C在防止动脉粥样硬化、预防感冒、保护心脏和抗癌等方面的作用。维生素C每日需要量一般成人为60毫克，青春发育期可增至80毫克。

六、水

机体中含量最多的是水，约占体重的2/3。血液中90%以上是水。水在体内起着极为重要的生理作用。水是体内各种营养物质的载体，各种营养成分的运输都是通过水来实现。食物的消化和吸收也离不开水。水能吸收较多的热量，所以可保持体温不致发生明显波动。水又是润滑剂，机体各关节和体腔均分泌各种润滑液。水对人体的重要性在一定意义上超过食品。人禁食或绝食而不禁水还可生存数周，但禁食又禁水只能生存短短几天。成年人每天需喝饮水为8杯，约为1500毫升~2000毫升。相当于体重的1/20。

七、膳食纤维

膳食纤维是一种不能被人体消化的碳水化合物，分为非水溶性和水溶性纤维两大类。在体内具有重要的生理作用，是维持人体健康必不可少的一类营养素。常见的食物中的大麦、豆类、胡萝卜、柑橘、亚麻、燕麦和燕麦糠等食物都含有丰富的水溶性纤维，水溶性纤维可减缓消化速度和最快速排泄胆固醇，有助于调节免疫系统功能，促进体内有毒重金属的排出。非水溶性纤维包括纤维素、木质素和一些半纤维以及来自食物中的小麦糠、玉米糠、芹菜、果皮和根茎蔬菜。非水溶性纤维可降低罹患肠癌的风险，同时可经由吸收食物中有毒物质预防便秘和憩室炎，并且减低消化道中细菌排出的毒素。大多数植物都含有水溶性与非水溶性纤维。由于膳食纤维在预防人体胃肠道疾病和维护胃肠道健康方面功能突出，因而有“肠道清洁夫”的美誉。膳食纤维理想的摄入量是每天不少于35克。蔬菜水果、粗粮杂粮、豆类及菌藻类食物中膳食纤维含量丰富，是膳食纤维天然的食物来源。

第二节　防止食品污染

食物从种植、养育，一直到烹调、食用，整个过程中有许许多多环节都有可能受到有害因素的污染，降低了食品卫生质量，甚至对人体造成危害。

一、食品污染的来源

食品污染的来源主要有以下几个方面：

（一）生物性污染

主要包括微生物污染、寄生虫污染和昆虫污染。微生物污染如细菌毒素、霉菌及霉菌素等。寄生虫和虫卵的污染如蛔虫、绦虫、华支睾吸虫等。昆虫污染如蛾螨类的仓库虫害和由食品不卫生引起的蝇蛆虫害。

（二）化学性污染

主要包括农药、工业三废的有害物质、不合卫生质量要求的容器、包装材料和运输工具中的有害物质（如铅锌）、食品添加剂（尤其是化学性添加剂）中的有害物质。

（三）放射性污染

主要是指放射性物质在开采、冶炼、国防生产、生活中排放和应用时造成的食品污染。

食品污染对人体健康的影响，大致可表现为急性中毒及慢性中毒两种。急性中毒大都由于食用了被病原微生物或有毒化学物质大量污染的食品所引起。最常见的如沙门氏菌污染肉类食品导致的食物中毒，还有剧毒农药污染引起的化学性急性中毒。慢性中毒则为长期少量摄入污染食品引起的中毒。常见的如有机汞农药残量较高的粮食摄入数月后出现乏力症状，尿中汞含量增加；或长期摄入被微量黄曲霉素污染的玉米可引起肝脏病变。

二、防止食品污染的原则

世界卫生组织科学总结了不同国家食源性疾病发生的情况，提出安全制备食品的十项原则。

（1）选择经过安全处理的食品。许多食品诸如各类水果和蔬菜，通常其自然状态是最好的，但有的食品未经处理可能是不安全的。经过处理的食品可以提高安全性和保存期。

（2）彻底加热食品。许多生的食品，如家禽、肉类及未经消毒的牛奶常被病原体污染，彻底加热可杀灭病原体。要使食品所有部位的温度都达到70℃以上。冷冻的肉、鱼和家禽必须彻底解冻后再加热。

（3）立即食用做熟的食品。烹调过的食品冷却至室温时，微生物已开即繁殖。

（4）妥善贮存熟食品。当必须提前做好食品或保留剩余食品时，应把这些食品贮存在60℃以上或10℃以下的条件下。

（5）彻底再加热熟食品。这是消除微生物的最好办法。再次彻底加热是指食品所有部位的温度至少达到70℃。

（6）避免生食品与熟食品接触。经过安全加热的熟食品稍微接触生食品就会被污染。交叉污染可能是直接的，即当生肉接触熟食时即可发生。交叉污染还可能是隐蔽的。如先处理生鸡，再用这未经清洗消毒的案板和刀具切熟食，也会产生交叉污染。

（7）反复洗手。烹调加工过程中如果中断而做其他工作，必须在洗手后再继续烹调。

（8）必须精心保持厨房所有表面的清洁。由于食品极易受污染，所以用来制备食品的所有用具的表面都必须保持绝对干净。

（9）避免昆虫、鼠类和其他动物接触食品。各种动物常常携带引起食源性疾病的病原微生物，最好的方法是将食品贮藏于密闭容器里。

（10）使用净水。净水对于制备食品与饮用同样重要。若供水不保险的话，请在加入食品或制冰或饮用前，将水煮沸。

三、食物中毒

食物中毒是指人吃了有毒食物所引起的一类急性疾病的总称。自身带有毒性的食物有河豚、毒蕈、木薯等，正常情况下绝大多数食物并不具有毒性，但食物可被细菌或细菌毒素、霉菌毒素、有毒化学物质等所污染。细菌性食物中毒常见的是沙门氏菌、副溶血性弧菌、变形杆菌、致病性大肠杆菌引起的中毒。化学性食物中毒最为常见的是农药污染引起的中毒。在上述几种食物中毒中，细菌性食物中毒最为常见，有明显的季节性，多发生于气候炎热的季节，大都为动物性食品先受细菌污染，然后在适宜的温度下细菌大量繁殖，又因加热处理不彻底而未能杀死细菌，这类食品被摄入后就可致病。病情的轻重由摄入细菌量的多少和人体抵抗力的强弱来决定。少数人可不发病或为无症状的带菌者。食物中毒的表现以急性胃肠炎最为常见，症状为恶心、腹痛、呕吐、腹泻、全身酸痛和发热。腹泻常为水泻，有时可为脓血便（副溶血性弧菌食物中毒常见）。一般来说，各类食物中毒均可根据短期内食用共同食物的一批人同时起病且症状相似，而做出临床诊断。病因诊断有时须根据细菌学检验，个体散发病例有时易被忽略。治疗上主要以针对失水而补充水分和电解质为主。除重病和有菌血症、并发症外，一般不用抗生素。

预防食物中毒十分必要。其中重点在于积极抑制病畜肉类进入市场，海产品在冷冻保藏前要用淡水充分冲洗以去除细菌；低温保存食品来抑制细菌的繁殖，也是预防食物中毒的一项重要措施；加热杀灭病原菌也是重要环节，特别是肉块深部温度应至少在70℃以上并持续12分钟；各种凉拌菜要特别注意防止交叉污染；禁食自身带有毒性的食物；食品生产加工过程中使用的化学物质如食品添加剂、盐酸、碱等，砷的含量应符合国家食品卫生要求；过期、变质的罐头和袋装食品，切不可食用。

第三节　合理的营养与膳食结构

合理营养指能全面提供符合卫生要求的平衡膳食。膳食结构的合理性与人体健康是密不可分的，只有合理的膳食才能满足人体内各种营养素的需要，促进机体的抗病能力，提高工作和学习效率。目前我国居民膳食结构存在着营养不均衡、饮食制度和饮食习惯不合理等因素，这对人体健康是不利的。

一、合理营养的原则

自然界没有一种食品能够全面满足人类所需要的营养素，人体必须依靠摄入各种各样的食品才能获得平衡的营养。膳食的最起码要求，是做到粗细粮搭配，荤素菜混食。

合理营养的原则是：

（1）总热量必须满足人体的需要量。

（2）各种营养素之间有合理的比例。例如蛋白质、脂肪、糖的重量比应为1 : 0.8 : 7.5，蛋白质中至少有1/3来自优质蛋白，钙磷比例为1 : 2等。

（3）必须有无机盐、人体需要的微量元素和维生素等辅助营养素。

（4）食品要多样化，具有良好的“色、香、味”要求，可促进食欲和消化吸收。

（5）食品符合卫生要求，饮食定时定量，不暴饮暴食。

二、膳食结构

一日诸餐中各种食物间的组成关系称为膳食结构。目前世界上大致有3种膳食结构类型。一是欧美三高型（高蛋白、高脂肪、高热量），容易导致冠心病、糖尿病、肠癌和乳腺癌等所谓“富裕性疾病”。二是以日本为代表的动植物食品混食和热量、蛋白质及脂肪摄入较均衡的营养型。三是东方型膳食，特点是以植物性食物为主，动物食品不足，蛋白质及脂肪均缺少。中国的膳食结构也是长期以植物性食物为主，营养质量不高。但自20世纪80年代以来，随着改革开放和国民经济收入的提高，人民生活大有改善，我国的膳食结构正在改变之中。

今后我国的膳食结构主要考虑以下几方面：

（1）三大营养素的热比。世界卫生组织提出，蛋白质、脂肪、糖的热比为12：30：52，以协调营养物质在人体内的代谢。

（2）人均年产值与恩格尔系数（食物支出占总支出的百分数）。2011我国人均GDP已经超过4000美元，恩格尔系数由1981年的58%降到40%。

（3）西方三高膳食结构的教训应当吸取，日本膳食结构可以借鉴。

（4）粮食的年人均消耗量应在400～500千克。

根据中国营养学家的研究，2000年我国每人每年的平均消耗量为：粮食400千克、肉24千克、蛋10千克、奶14千克、鱼14千克、豆12千克、水果24千克，每日可提供能量2400千卡、蛋白质75克（动物蛋白质占20%）、脂肪50克（50%为动物性脂肪），其他各种营养素的量可基本满足需要，达到平衡膳食的要求。所谓平衡膳食是指膳食中所含的营养素种类齐全、数量充足、比例适当；膳食中所供给的营养素与机体的需要，两者能保持平衡。

三、科学的膳食制度

人们的日常生活、学习、工作和劳动，总是通过一定的安排而得以有秩序地进行。人们的膳食制度也必须与此协调。合理的膳食制度还应考虑消化器官的活动规律，这样才可使膳食中的营养得到充分的消化、吸收和利用，发挥更大的营养效能。每日餐次与间隔时间要根据胃的功能恢复和食物从胃内排空的时间来确定。中国正常成年人一日三餐，两餐间隔约为5～6小时，是符合人体生理状态的。研究资料表明：一日三餐时食物中的蛋白质消化吸收率为85%，一日两餐时即降为77%。

三餐分配，提倡“早饭要吃饱，午饭要吃好，晚饭要吃少”，即早饭占全天热能供应的35%，午饭占40%、晚饭占25%。特别值得注意的是真正做到“早饭吃饱，晚饭吃少”。上午是工作和学习的重要阶段，上午的精神状态、体力情况与工作学习效率的关系密切，由此可见“早饭吃饱”的合理性。一般来说，早餐应尽量选择体积小的食物，一般不必食用大量新鲜蔬菜。午餐既要求能保证补充上午工作的能量消耗，又要为下午工作的能量消耗做贮备，故午餐是一天进食能量最多的一餐，需要质量高而富含蛋白质和脂肪的食物。至于晚餐，因已接近休息和睡眠时间，为了使夜间胃肠得到有规律性地休息，食物体积可近似早餐，能量供给可以持平，尽量少吃蛋白质和脂肪过多的食物，多吃含糖类的食物和蔬菜。

大学生中仍有不少人忽视早餐。有的不吃早餐，有的马马虎虎吃几口，所供给的能量往往不到所需量的20%，远远不能满足上午工作与学习的需要。“丰盛的晚餐”已是我国人民饮食的习惯。已有研究证明：晚餐摄入超过2000千卡的食物会增加体重，并导致血脂增高，日后有诱发冠心病的可能。

四、青年期的营养方案

青年期需要更多的维生素A、维生素D、维生素B_6和维生素H，锌，钙，镁以及必需脂肪酸。在这些营养物质中，锌和镁是青少年最容易缺乏的。不管是男孩还是女孩，都需要锌帮助他们完成性成熟的过程，但男孩需要的更大一些。生长减慢问题、发育期疼痛及痤疮都可能是由于缺乏锌元素造成的。

在大学生里，同学们有了更多的饮食自由，如果没有营养学的知识，学生们很可能会选择美味而不健康的食品。建议同学们养成良好的饮食习惯，第一，多吃植物种子，它富含锌、镁及必需脂肪酸；第二，用水果取代甜食，少吃含有大量油脂和糖分的点心；第二，每顿饭都要吃蔬菜；第四，坐下来好好地进餐，不要一边运动，一边吃饭。

青少年饮食营养与健康要注意什么
来源：太平洋时尚网

女性经前期的种种不适并不是正常的，经前期的抑郁、紧张、头痛、易怒以及体力不支等症状，大多数是因为缺乏B_6、锌和镁引起的，也可以通过补充这些营养物质而得到缓解。

第四节　养成良好的饮食习惯

良好的饮食习惯应尽早养成，否则终将付出沉重的代价。所谓良好的饮食习惯包括以下几个方面：

一、不要挑食和偏食

没有任何一种天然食品能包含人体所需的各种营养素。即使牛奶、鸡蛋所谓营养佳品也美中不足，牛奶含铁量低，鸡蛋缺乏维生素C。长期偏食和挑食会影响健康，甚至引起营养缺乏。

科学饮食与健康
来源：百度文库

二、吃荤又吃素，荤素不可偏废

荤食与素食最大的不同是蛋白质量上的差别，肉蛋奶的蛋白质是完全蛋白质又是优质蛋白质，而素食品除大豆外所含必需氨基酸均不完全。其次，动物性食品钙含量高，且易被人类所吸收，如牛奶是钙类最好的来源。荤食中的鱼、虾、蛋类含有素食中缺少的维生素 A 和 D，但素食中多含维生素 C 及胡萝卜素，还富含人体必需的纤维素。故荤素食必须搭配，才可相互取长补短，有利于健康。

三、喝汤又吃肉

以鸡汤鸡肉为例，鸡肉中的一些含氮化合物等溶解在汤里，少量氨基酸也溶解在汤里，成为“汤鲜”的原因。鸡汤中还溶有少量的维生素 B_1、B_2 等，也可能含有铁及钾盐，但鸡汤的蛋白质成分极少（只有 7% 的蛋白质），人类吃肉的主要目的是为补充优质蛋白质和其他一些营养素，所以应当喝汤又吃肉。

四、不要暴饮暴食

逢年过节大吃大喝，不是一个很好的习惯。一日三餐的食物，必须经过胃的消化和小肠内胆汁、胰液、肠液的作用，把蛋白质分解为可以吸收的氨基酸，把脂肪分解为脂肪酸和甘油，把糖类分解为葡萄糖，然后通过肠壁吸收，血液循环把营养物输送至各组织，为身体所利用。然而，每个阶段的消化能力都是有一定限度的，如人体正常情况下每天分泌胃液约 1500 ~ 2500 毫升、胆汁 600 ~ 700 毫升等，超过此限度就会破坏胃肠等脏器的正常功能，严重时可引发急性胃肠炎、急性胰腺炎等严重后果。另外，摄入过多的蛋白质也不可能被人体充分吸收。

五、不醉酒

酒对身体的利弊，总的来说，是少量有益，过量有害。少量饮酒，可暖肠胃、御风寒、活血通络、增加食欲。已有研究证明，啤酒、葡萄酒中有一定量的维生素及其他营养物质，可见，偶尔饮少量含酒精少的啤酒、葡萄酒、黄酒是可以的，烈性酒一般只可少量细品慢饮，不要空腹饮用。但不可忘记，酒的主要成分是乙醇，长期过量饮酒，可引发内脏慢性炎症、营养缺乏病、肝硬化、动脉粥样硬化、高血压等，还可能损害神经组织，甚至致癌和致畸。

六、不要迷信“补品”

凡是营养丰富而对人体有益的物品都可以叫补品。因此，普通食品只要按营养成分调配得当，就可以成为很好的补品。但我国民间仅限于把燕窝、鱼翅、海参、银耳、阿胶、人参、鹿茸等称为补品，难免使有些人把自身健康寄托在这些价格昂贵的补品上。但事实上，价格昂贵的物品不一定都是补品，如燕窝蛋白质含量虽在 50% 以上，却是不完全蛋白质；鱼翅含蛋白质高达 83% 以上，但缺乏色氨酸，也是一种不完全蛋白质，所以这类物品不足以称为补品。阿胶有生血作用，蛋白质含量在 93% 以上，赖氨酸的含量也很多，可以提高膳食中蛋白质的利用率。再如海参蛋白质含量为 61%，其中铁、碘微量元素也很丰富，还含有与脂肪代谢有关的身体必需的微量元素钒。近年来还有研究发现海参中提炼出的“海参素”有抑癌作用。总之，价格昂贵的食品不一定都是补品，有些可以选择食用，但绝大多数人还应当利用自然界的多种食品，调配成平衡膳食，满足营养需要。

七、少吃盐

已证明，盐（氯化钠）摄入过量是高血压病的致病危险因素之一。目前我国人民嗜盐的习惯还相当普遍，各式含盐量高的食品还相当多，值得注意。成年人对钠的要求每日平均只为 2 克，折合成食盐约为 5 克左右，但目前大致为 15 克以上（每日消费量）。

八、细嚼慢咽

养成细嚼慢咽的习惯，不狼吞虎咽，有利于蛋白质吸收。进餐时不要看书或大声谈笑，可使消化液分泌正常，有利于消化吸收。

九、少吃甜食

多吃甜食的不良后果主要是龋齿，另外经常食用含有大量糖分的甜食可影响其他营养的摄入，在三餐之间吃糖后最好漱口。

小贴士

大学生怎样为自己编制食谱

1. 食谱编制的基本原则

保证营养充足和合理平衡；满足食物多样和比例适当；照顾饮食习惯和适口性；考虑食物价格和定量；合理分配三餐、保持能量均衡；注意食物的安全卫生。

2. 食谱编制的步骤

（1）确定全天的热能需要量（可参考《中国居民膳食营养素参考摄入量》和《中国居民膳食指南及平衡膳食宝塔》）。

（2）计算三大产能营养素需要量（蛋白质、脂肪、糖类各占总热量的10%～15%、20%～30%、55%～65%）。

（3）确定一日三餐的热能分配（通常早、中、晚餐应各占全日总量的30%、40%、30%）。

（4）确定各类食物的摄入（参照中国食物成分表）。

（5）安排每餐的食物搭配（食物搭配比例合理，主食、副食的搭配既要多样化，又要适当照顾自己的饮食习惯和爱好）。

第五节　运动与饮食

运动与饮食
来源：百度文库

运动对人体的健康起着非常重要的作用，运动要有合理的计划，更要注重饮食的搭配。对于一个从事运动的人来说，首先要了解自己一天摄入了多少热能以及食物中是否含有足够的各种营养素。因为热能摄入的过量或不足会使自身的体重增加或减少，营养素的缺乏将影响运动能力和运动健身的效果。

一、运动前后的饮食

（一）运动前

原则：以低脂的碳水化合物为主。这些食物很容易消化，又能提供糖类，作为运动时的能量来源。

推荐：一道含淀粉的主食（如米饭、通心粉、土豆），两个水果。

（二）运动后

原则：补充碱性食品。因为运动后人体内的糖、脂肪、蛋白质会大量分解而产生较多的酸，使人感到肌肉酸痛，疲劳倦怠，如果再吃肉类或喝可口可乐等含糖高的酸性食品，反而会增加血液酸度，从而更会加重人体肌肉的酸痛程度，使疲劳无法及时消除。

推荐：饮料可选择牛奶、豆浆、茶水、果汁（不加糖）、矿泉水或白开水。食物可选择豆类。

二、运动计划

处于不同年龄的人，可以制订不同的运动计划。

20岁左右。这个时段身体功能处于鼎盛时期，心律、肺活量、骨骼的灵敏度、稳定性及弹性等各方面均达到最佳。从运动医学角度讲，这个时期运动量不足比运动量偏高对身体更为不利。这个年龄段的人可进行任何运动强度的锻炼。

锻炼可隔天进行一次，每次大约30分钟增强体力的锻炼，方法是试举重物，负荷量为极限肌力的60%，一直练到肌肉觉得疲劳为止（大约每次做10~12次）。如多次练习并不觉得累，可以加大器械重量10%，必须使主要肌群都得到锻炼。20分钟的心血管系统锻炼，方法是慢跑、游泳、骑自行车等，强度为脉搏150~170次/分钟。

30岁左右。此时段人的身体功能已从顶峰开始下滑。这时如忽视身体锻炼，对耐力非常重要的摄氧量会逐渐下降。此时身体的关节常会发出一些响声，这是关节病的先兆。为了使关节保持较高的柔韧性，应多做伸展运动，还要注意心血管系统的锻炼。

锻炼仍是隔天一次，每次进行5~30分钟的心血管系统锻炼（慢跑或游泳），强度不要像20岁时那样大。20分钟增强体力的锻炼，与20岁时相比，试举的重量要轻一些，但做的次数可多一些。5~10分钟的伸展运动，重点是背部和腿部肌肉。久坐办公室的人更要注意伸展运动。方法是仰卧，尽量将两膝提拉到胸部，坚持30秒钟；仰卧，两腿分别上举，尽量举高，保持30秒钟。

40岁以上。超过40岁的人选择运动项目时应不仅着眼于保持良好的体型，而且能预防常见的老年性疾病，如高血压、心血管病等。

锻炼每星期进行两次，内容包括：25~30分钟的心血管锻炼，中等强度，如慢跑、游泳、骑自行车等。50岁以上的人脉搏每分钟不超过130~140次。10~15分钟的器械练习，器械重量要比30岁时的轻一些，重量太大会损害健康，但次数不妨多些。为防止意外，最好不使用哑铃，用健身器械。5~10分钟的伸展运动，尤其要注意活动各关节和那些易于萎缩的肌肉。周三加一次45分钟增强体力的锻炼，不借助器械，可进行俯卧撑、半下蹲等，重复多组，每组约20次，数量依自己的承受力而定。推荐运动项目：网球、游泳、慢跑、跳舞、散步、高尔夫球。

三、运动量与饮食

（一）少量运动（运动时间少于1小时）

原则：不需要额外补充食物，但要补充水分。

推荐：每15分钟喝150～300毫升水。

（二）中等运动量（运动时间在1～3小时）

原则：中等时间的运动，最好及时给身体补充糖分以免出现低血糖。

推荐：可以补充含糖饮料，如运动饮料，或者喝白水。要备有糖分可被快速吸收的食品，如果酱夹心饼干、水果干、谷物营养棒、果冻。

（三）大量运动（运动时间超过3小时）

原则：较长时间的运动，需要准备大量的水以及能提供慢糖的食物（即糖分消耗较慢，逐步释放热量的食物）。

推荐：每小时补充0.5升水，以及小黄油饼干、杏仁糕、甜乳制品、新鲜水果等含慢糖的食物。

四、运动时间与饮食

（一）清晨运动

原则：根据个人喜好，可以空腹运动或正常进食后运动，但需在运动前、中、后补充足够的水分。

不发胖的选择：如果有点饿，可以喝些饮品，如牛奶、果汁、豆浆等补充水分，又有饱足感；加片含纤维丰富的饼干或面包也可以。

（二）下午运动

原则：在运动前3小时完成午餐，并补充水分。

不发胖的选择：米饭等含碳水化合物的食物，能使你运动时精力充沛。如果做的是肌力训练，则应多吃含蛋白质的食物，如海鲜或低脂酸奶，能帮助肌肉组织生长。

（三）晚间运动

原则：饭后1小时内运动，容易感到疲劳，因为肌肉活动需要富含氧的血液，而此时血液要首先保证消化道的工作。晚餐后3小时再做运动比较好。可以在运动后适度补水，但不要再大量补充食品，以免影响消化及睡眠。

五、根据体型选择运动项目和饮食

（1）A型：较瘦削，脂肪很少，肌肉不太发达。

最适合运动：适合A型身材的运动是哑铃锻炼，使其看上去结实。

饮食忌讳：无太多忌讳。可适当补充点含蛋白质丰富的食品来增强肌肉。

（2）B 型：肌肉均匀，身段轮廓分明，只要做适量运动便能消耗体内多余的脂肪，让身段更加迷人。

最适合运动：有氧运动，消耗热量和增强耐力。运动量以每周 3 次、每次 30 分钟为宜。

饮食忌讳：应避免吃高脂肪食物，薯片、牛油类和甜品也少吃为妙。

（3）C 型：看上去较健硕，但易发胖，必须努力保持体态，勿让身体积聚多余脂肪。

最适合运动：每周 3 次、每次 1 小时的有氧运动，这样能消耗脂肪，令身体更苗条。此外还可以在做有氧运动的 3 个月后开始哑铃类练习。

饮食忌讳：少吃用油煎炸的食物和含脂肪高的肉类，宜多吃蔬菜和鱼类。

中国居民膳食指南

食物要多样，饥饱要适当；
粗细要搭配，油脂要适量；
甜食要少吃，食盐要限量；
饮酒要节制，三餐要合理。

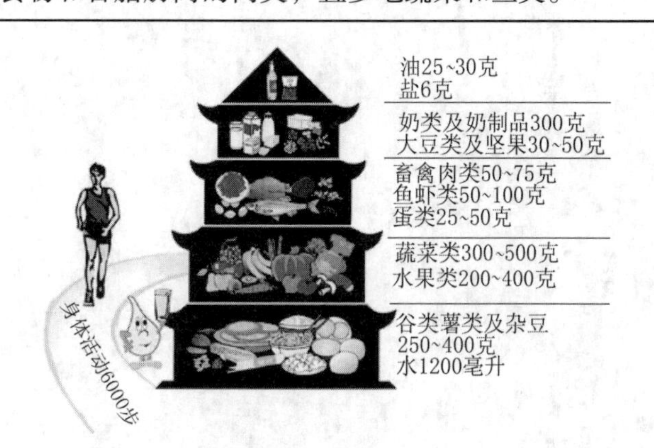

图 8-1　中国居民膳食营养宝塔图

思考与练习

1. 食物中都有人体需要的哪些营养素？
2. 何为平衡膳食？
3. 防止食品污染的原则有哪些？
4. 制订一份自己的运动与饮食计划。

第九章
体育锻炼与健康

要想长生，动骨动筋，要想体健，天天锻炼。

——罗明山

身体的健康因静止不动而破坏，因运动练习而长期保持。

——苏格拉底

体育锻炼可以提高人的健康水平，这已成为当代人的共识。作为祖国未来现代化建设的栋梁之材，大学生不仅要有扎实的科学文化知识，还要有健康的身心。“健康第一”是高校体育课程教学的指导思想，保健康复运动是以有氧运动为主，以无氧运动为辅的活动，通过形式多样的锻炼方式全面锻炼身体。

第一节 体育锻炼促进心肺功能增强

体育锻炼是指人们根据身体需要进行自我选择，运用各种体育手段，并结合自然力和卫生措施，以发展身体、增进健康、增强体质、调节精神、丰富文化生活和支配余暇时间为目的的体育活动。体育锻炼有利于增强心肺功能。

一、心肺功能对健康的影响

“生命是美丽的，对人来说，美丽不可能与人体的健康分开。”在影响人体健康的众多因素中，心肺功能尤其起着重要作用，因为它决定着人体的氧供应。氧气从体外进入体内直至为人体生命活动所利用，都必须由心肺功能来完成。人体内的氧气输送系统包括呼吸系统、血液与心血管系统，它把氧气运送到人体的各个器官，以满足人体活动的需要。呼吸系统负责把氧气从体外吸入体内，氧气进入血液后，与血液中的血红蛋白结合，然后，再由心脏这个血液循环的“动力站”不停地泵出，使血液流遍全身，将氧气送到各组织器官。

肺的呼吸运动使肺与外界环境的气体交换及肺泡与肺毛细血管血液的气体交换得以实现。前者称肺为通气，后者称肺为换气。在体格检查时，我们常用肺活量这一指标来衡量肺通气功能。肺活量是指尽最大可能深吸气后再尽最大可能深呼气所呼出气体的体积。健康成年男性的肺活量值约为 3500 ~ 4000 毫升，女性的约为 2500 ~ 3500 毫升。

氧气进入血液后可到达全身，而血液之所以能在血管中流动、运送氧气，正是因为心脏这个动力站不断推动血液流动。心脏在整个氧气运输系统中是至关重要的环节，心脏的健康与人体的健康关系最为密切，联合国“世界卫生日”曾经用“你的心脏就是你的健康”的口号来提醒人们注意保护好心脏。心脏通过舒缩活动将血液不停地射入血管，并使血管内的血液不停地流动，以保证全身各组织器官代谢的需要。健康的成年人每分钟心跳约 75 次，心脏每搏动 1 次大约向血管射血 70 毫升（即每搏排出量）。心脏每分钟向血管射血 5 升左右（即每分排出量）。心脏射出的血液在血管内流动时，对血管壁有一定的侧压力，这就是血压。心脏一舒、一缩就是一个心动周期，其间，血压随心脏的收缩与舒张而变化。心脏收缩时，血液大量射入血管，主动脉压力急剧升高，这时的压力称为收缩压；心脏舒张时压力降低，这时的压力称为舒张压；

收缩压与舒张压之差称为脉压。我国健康成年人安静时的收缩压约为13.3～16千帕，舒张压约为8～10.7千帕，脉压约为4～5.3千帕。血压随年龄、性别和体内生理状况的变化而变化。

正是上述的心肺功能保证了人体生命活动对氧气的需要。而在运动时，人体对氧气的需求量将大大增加，就更需要心肺功能的保证。因此，心肺功能的强弱是人体健康水平的标志，也是提高人体运动能力的重要基础。

二、体育锻炼对提高心肺功能的作用

心肺功能对人的生命活动能力起着重要的作用，而体育锻炼又是使心肺功能增强的有效途径。

首先，由于体育锻炼时，机体各器官必须获得充足的氧气及营养，为此人体的“动力源”——心脏必须提高其单位时间内的供血能力，这就需要向心肌细胞提供充足的氧气及营养，久而久之，心肌就变得肥大而强壮，心脏的重量增加，容积增大，搏动有力，每搏输出量增加。有研究表明，从小时候就开始坚持体育锻炼的人即使到了中老年，其心脏的大小和功能仍然接近于青年人，经常锻炼可使人的心脏推迟衰老10～15年。

其次，体育锻炼还能大大增强肺的功能。进行体育锻炼时，由于肌肉需要更多氧气，因而呼吸次数增加，深度加深，肺通气量大大增加。譬如，一般人在安静时，每分钟呼吸12～16次，每次呼吸吸入空气约500毫升，每分钟肺通气量约为6～8升；而剧烈运动时，呼吸次数可增至每分钟40～50次，每次吸入空气达2500毫升，为安静时的5倍，每分钟肺通气量可高达70～120升。因而，在体育锻炼中，呼吸系统可得到很大锻炼。

经常进行体育锻炼还有助于使呼吸肌力量增大、胸廓活动性增强、肺泡具有更好的弹性。譬如，一般人在安静时，由于需氧量不多，只需要大约1/20的肺泡张开就足以满足需要，此时肺泡活动不足。而体育锻炼时，需氧量增加，促使肺泡充分张开，对肺泡弹性的保持及改善十分有益，有助于预防肺气肿等疾病的发生。

三、提高心肺功能的运动处方

通过以上学习，我们认识了心肺功能与人体健康的关系，也了解了体育锻炼对增进心肺功能的意义。那么，如何通过体育锻炼增强心肺功能呢？这必须依靠科学的锻炼方式与方法。否则，不仅对心肺功能的增强收效甚微，而且有可能产生负面影响。

在制定运动处方时，首先要了解自己或他人的心肺功能适应状况和健康水平，其次运动处方的组成不得少于3方面的内容，即准备活动、锻炼模式和整理活动。

（一）准备活动

准备活动的目的是加快心率，升高体温，并增加肌肉的血流量。准备活动的时间一般安排5～15分钟为宜。准备活动的内容要根据练习内容进行选择。准备活动的部位要遍及周身。

（二）锻炼模式

锻炼模式是运动处方中最重要的组成部分，它包括锻炼方式、频率、强度和持续时间等。

（1）锻炼方式：常用的增强心肺功能的锻炼方式主要有步行、慢跑、骑自行车、爬山、游泳，有时也可选择健身操、交谊舞等有氧锻炼项目。项目选择要符合自己的兴趣与爱好，也可选择几个项目进行综合锻炼。

（2）锻炼频率：一周进行两次锻炼就可达到增强心肺功能的目的，锻炼3～5次可使心肺功能达到最佳促进状态，且使受伤的可能性减小。

（3）运动强度：锻炼时强度要适宜。强度过大会使无氧代谢成分增加，而对增进心肺功能效果不一定明显；强度过小对机体影响又太轻微。那么，多大的强度合适呢？这里介绍用心率来掌握和控制运动强度的卡氏公式法。

芬兰学者卡沃宁（Karvonen）提出了一个发展最大吸氧量锻炼强度阈的计算公式，只要将锻炼者的年龄及其安静时心率代入卡氏公式，就可以得到锻炼中的强度阈值（适宜的心率）。卡氏公式为：

有氧锻炼强度阈（心率）= 安静心率 + [（220 − 年龄）− 安静心率] × 60%

譬如，一个安静心率为每分钟70次的20岁的大学生，其有氧锻炼强度阈为：

有氧锻炼强度阈（心率）= 70 + [（220　20）− 70] × 60%

= 70 + 78 = 148 次/分钟

这就是说，这位大学生在从事发展有氧能力的体育锻炼时，心率达每分钟148次左右是合适的。

（4）持续时间：用于增强心肺功能的体育锻炼，最有效的持续锻炼时间是打球30～60分钟；做健美操30分钟；跑步或步行应至少持续运动5～10分钟以上，并可根据健康状况及锻炼基础延长至15～20分钟甚至30分钟以上。一些研究报告表明，每天运动持续30分钟，几星期以后就可见到有氧能力明显增强。

（三）整理活动

每次完整的锻炼都应包括整理活动。整理活动的主要目的是促进血液回流至心脏，以避免因血液过多地分布在上肢和下肢而造成头晕和昏厥。整理活动还可减轻剧烈运动后的肌肉酸痛感和心律失常。整理活动至少应包括 5 分钟的小强度练习（如步行、柔韧性练习等）。

四、心肺功能的评价方法

运动生理学家认为，心肺功能状况好坏是决定人体健康优劣的最重要指标之一。测量与评价心肺功能的方法有许多，但较为适合学生的评价方法有：

（一）12 分钟跑测试与评价

运动生理学研究表明，在 12 分钟内心肺功能适应能力强的人比适应能力弱的人跑的距离更长。心肺功能适应能力也表示全身耐力的水平。

测试最好安排在田径场跑道上进行，并且每隔 10 米或 20 米设一个明显标志。被测者根据自身的体质状态和运动反应，在 12 分钟内可以随时调整速度、强度和呼吸。

评价测试结果，只要根据你的性别、年龄和最后所测得的 12 分钟跑的总长度，从表 9-1 就可知道你的心肺适应能力和耐力水平处于哪一个等级，这是制定运动处方的可靠依据。

表 9-1　20 岁以下 12 分钟跑体力评价表（米）

性别	体力划分				
	非常不好	不好	稍差	良好	非常好
男子	1600 以下	1600 ~ 1999	2000 ~ 2399	2400 ~ 2799	2800 及以上
女子	1500 以下	1500 ~ 1799	1800 ~ 2199	2200 ~ 2599	2600 及以上

资料来源：李伟昕．全民健身指导手册［M］．上海：上海远东出版社，1995.

（二）台阶试验

台阶测试演示（一）
来源：优酷网

台阶试验是一种简易的评价心血管系统机能的定负荷实验。研究表明，心肺功能强的人比心肺功能弱的人在运动后 3 分钟恢复期内的心率低。

一般男性测试时的台阶高度为 30 厘米，女性测试时的台阶高度为 25 厘米。根据受试者身高的不同，台阶高度还可做适当的调整。测试可按下列步骤进行：

（1）测试时可找一个同伴，帮助受试者保持适当的踏跳节奏。节奏为每分钟踏30次（上、下各踏一次），共3分钟，可以让同伴用节拍器或声音提示受试者。因此，受试者需要2秒钟上、下各踏一次（也就是说，可把节拍器设置为每分钟60拍，每响一下踏一次）。在测试时，应左、右腿交替做；每次上、下台阶后，上体和腿必须伸直，不能屈膝。

（2）测试后，立即坐下，测量并记录运动后1分钟至1分30秒、2分钟至2分30秒、3分钟至3分30秒3个恢复期的心率。

台阶测试演示（二）
来源：搜狐视频

可由同伴帮助计时，并记录运动后的心率。测试的准确性依赖于受试者是否能严格每分钟踏完30次。只有严格按照要求动作，运动后恢复期内的心率测量才是有效的。根据测试记录下的数据，按照下列公式计算评定指数：

踏台阶上、下运动的持续时间（秒）×100/（2×3次测定脉搏数之和）

表9-2　18～25岁男女台阶试验指数的评分等级

台阶评定指数	年龄（岁）	评分等级				
		1分（差）	2分（下等）	3分（中等）	4分（良好）	5分（优秀）
男	18～25	45.0～48.5	48.6～53.5	53.6～62.4	62.5～70.8	70.9及以上
女	18～20	44.6～48.5	48.6～53.2	53.3～62.4	62.5～70.2	70.3及以上
	21～25	44.5～48.3	48.4～53.0	53.1～62.0	62.1～70.0	70.1及以上

第二节　体育锻炼促进肌肉力量的增强

体育锻炼可以通过对骨骼的刺激，增加骨矿物质的吸收，促使人体长高；可以通过对骨骼肌的刺激，增加肌肉蛋白质的合成，改善肌肉细胞代谢，促使肌肉发达，增强人体的各个宽度和围度，因而是一种有效的促进人体生长发育的手段。

人体运动的生理基础
来源：百度文库

一、肌肉力量对健康的影响

人们对肌肉发达可以提高运动成绩的认识早已达成共识，但对肌肉强壮对健康的影响知之甚少。研究表明，人的基础代谢水平影响人的脂肪含量和体重，基础代谢下降将造成人的脂肪含量和体重上升，而对基础代谢产生影响的直接原因来自人的肌肉总量。有研究证明，人每增加0.5千克肌肉，每天约多消耗30～40千卡的热量。换言之，人增加0.5千克肌肉每年将消耗掉的额外热量约相当于1.5～2千克脂肪所含的热量。比较两个体重相同、肌肉含量相差5千克的正常人，肌肉含量高的人的基础代谢率也明显高。脂肪的增加给人的健康所造成的影响已无须再论，因此，出现了社会上盛行一时的药物减肥热，但它并不利于人的健康，反而会使皮肤变得松弛。而力量练习不仅能达到减轻体重的目的，还可以保持皮肤弹性，但要取得上述的锻炼效果并非一日之功即可，应根据自己的年龄和当前的身体状况，坚持12个月或更长时间有计划地进行有氧练习、肌肉力量和耐力练习以及配合合理的饮食，这样才会明显地减少体脂量，皮肤才有足够的时间恢复弹性。总之，有规律的锻炼和合理的饮食是降低脂肪含量、提高肌肉力量、实现人体健康的有效方式。

二、体育锻炼对肌肉力量的作用

人体解剖学运动系统
来源：土豆网

肌肉的发达健壮绝不是可以靠饮食和休息而获得的。使肌肉发达的主要途径是体育锻炼。每一块肌肉都是由肌纤维和结缔组织构成的。肌纤维是肌肉的收缩成分，肌纤维的主动收缩与放松实现了人体的各种运动形式。肌腱和肌肉中的结缔组织组成肌肉的弹性成分，它与肌肉中的收缩成分并联或串联地存在。如果肌肉两端的肌腱属于串联弹性成分，那么包绕肌纤维束的肌膜等就属于并联弹性成分。当人体进行各种运动时，肌肉的收缩成分主动缩短，弹性成分被拉长从而将收缩成分释放的部分能量吸收、储存起来，然后以弹性反作用力的形式发挥出来，促使肌肉产生更大的力量和更快的运动速度。

进行各种肌肉力量的练习时，肌纤维的主动收缩与放松会大大促进肌肉中的血液循环和代谢过程。肌肉中有着丰富的毛细血管，在1平方毫米的肌肉中，就有数千根毛细血管。当肌肉处于安静状态时，肌肉中的毛细血管仅开放很少一部分。只有在进行体育锻炼或体力活动时，肌肉中的毛细血管才大量开放，使得肌肉获得更多的血液供应，而血液带来的更多的氧气和养料，使肌肉内代谢过程大大加强，其结果使肌纤维内的蛋白质增加，肌纤维逐渐粗壮起来，肌肉内的供能物质含量也随之增加，肌肉的结缔组织弹性得到改善，肌腱弹性、韧性加强。这不仅使体格健壮，还大大有益于健康。

因此，如果你想获得健壮的体格，就积极从事肌肉力量的练习吧！

三、肌肉力量练习的运动处方

（一）练习原则

1. 渐增阻力原则

渐增阻力原则是指肌肉力量、耐力因超负荷训练而增长，使原来的超负荷变成了非超负荷或低负荷，此时如不增加负荷，则力量、耐力就不能继续增长。

2. 专门性原则

力量、耐力练习要根据运动需要或强身健体的需要而区别对待，并且针对需要的部位进行练习。

3. 增加肌肉力量和耐力的科学性原则

有研究表明，增加肌肉的力量和体积需采用大强度运动（举重物时仅可重复4~6次）；增加肌肉的耐力需采用低强度重复次数多的练习（举轻负荷时可重复15次或者更多）。

4. 系统性原则

研究表明，练习频率高、肌肉力量增长很快者，停止练习后其肌肉力量消退也快；而练习频率低、训练时间较长、肌肉力量缓慢增长者，肌肉力量保持的时间则相对较长。所以，力量练习要经常性地系统地进行。每周进行3~4次的力量练习，可使肌肉力量明显增长。

（二）影响肌肉力量、耐力练习效果的若干因素

负重抗阻练习是增强肌肉力量的基本手段，而肌肉力量练习的效果又与训练中的多种因素有关。

1. 最高重复次数和组数

最高重复次数是指进行某一重量的练习时，一次连续练习中的最大重复练习次数。最高重复次数可用来衡量负荷的大小。一般情况下，重量轻，最高重复次数就多；重量重，最高重复次数就少。

一次无间歇的最高重复次数的练习为一组。组数的多少受多种因素的影响，练习目的不同，练习的组数就有差异，一般认为一次练习可安排3~6组。

研究表明，最高重复次数为6次的重量，进行3组练习，就可有效地使肌肉力量增加。最高重复次数为18~20次的重量，进行4~6组练习，就可使肌肉耐力得到有效改善。

2. 每两组练习的间隔时间

力量练习各组间的间隔时间，一般以肌肉能完全恢复的时间为准。肌肉在练习后3～5秒可恢复50%，2分钟可完全恢复。如果练习目的是为了增强肌肉的力量，则练习的间隔时间不太重要，一般在1分钟左右即可；如果是为了增加肌肉的耐力，则在6～8周训练中，练习的间隔时间应从2分钟逐渐减少到30秒。

3. 每次练习的间隔时间

如果是进行全身的肌肉练习，则每隔一天练习一次会获得最佳的锻炼效果。倘若休息时间较短，则身体不能完全恢复，锻炼效果也会较差。假如每天坚持力量练习，则每天应训练不同的肌肉群。例如，周一、三、五练习上肢力量，周二、四、六练习下肢力量。应注意恢复时间不能过长（不超过4天），否则练习使肌肉获得的力量和耐力便会消退，起不到练习的作用。

（三）发展肌肉力量、耐力的处方

在明确了发展肌肉力量和耐力的原则以及有关影响因素的基础上，制定发展肌肉力量、耐力的运动处方。

1. 开始阶段

开始阶段的重量选择得要适当。一般选择最高重复次数为12～15次的负荷，并且根据练习者的最初力量确定开始阶段的持续时间，一般为1～3周。

2. 快速增长阶段

此阶段的重量增加以最高重复次数为6～8次确定。此阶段的练习一般为每周3次，每次练习安排3组，直至达到练习者的预定目标为止。

3. 保持阶段

保持阶段的力量练习强度应比快速增长阶段的小。研究表明，力量增长后，每周1次的练习即可保持其原增长水平；但若不训练，30周后原增长水平就会完全消退。

四、肌肉功能评价方法

（一）握力

握力测试主要用于评价受试者肌肉静力的耐力状况，反应前臂及手部肌肉的力量。

测试仪器：电子握力计或弹簧式握力计。

测试方法：将握力计指针调至0位，受试者手持握力计，转动握距调节钮，使食指第二关节屈成近90°，该距离即为受试者的理想握距。测试时，受试者两脚自然分开，身体直立，两臂自然下垂，用有力的手以最大力量紧握上下两个握柄。测试2次，取最大值，不记小数。

注意事项：（1）持握力计时要手心向内。（2）用力时禁止摆臂或接触身体其他部位。（3）如果受试者区分不出有力手，则可两只手各测2次，取最大值。

评价标准：如表9-3所示。

表9-3 握力测试评价参考标准

年龄	1分	2分	3分	4分	5分
男（18~20岁）	310~360牛顿	361~410牛顿	411~485牛顿	486~539牛顿	540牛顿及以上
女（18~20岁）	170~199牛顿	200~249牛顿	250~299牛顿	300~339牛顿	340及以上
男（21~25岁）	310~360牛顿	361~410牛顿	411~485牛顿	486~539牛顿	540及以上
女（21~25岁）	165~199牛顿	200~249牛顿	250~299牛顿	300~349牛顿	350及以上

资料来源：中国国民体质监测系统课题组．中国国民体质监测系统的研究［M］．北京：北京体育大学出版社，2000.

（二）立定跳远

立定跳远是测试下肢、腰腹力量、肢体协调性及跳跃能力的手段之一。

测试方法：准备沙坑、丈量尺。沙坑要与起跳地面在同一水平面上，起跳线距沙坑近端不得少于30厘米。丈量起跳线后沿至受试者最近着地点的直线距离。每人跳3次，记录其中最远一次的成绩，犯规则成绩无效。受试者在测试时可以赤脚，但不得穿皮鞋、塑料鞋和钉鞋等。

注意事项：（1）被测试者两脚自然开立，脚尖不得踩线。（2）两脚原地同时起跳。（3）不得有垫步或连续起跳动作。

评价标准：如表9-4所示。

表9-4 男、女18~22岁立定跳远评分等级

性别	年龄	评分等级				
		1分（差）	2分（下等）	3分（中等）	4分（良好）	5分（优秀）
男	18岁	208.9厘米及以下	209.0~220.9厘米	221.0~239.9厘米	240.0~253.9厘米	254.0厘米及以上
	19~22岁	212.9厘米及以下	213.0~225.9厘米	226.0~244.9厘米	245.0~257.9厘米	258.0厘米及以上

续表

性别	年龄	评分等级				
		1 分（差）	2 分（下等）	3 分（中等）	4 分（良好）	5 分（优秀）
女	18 岁	150.9 厘米及以下	151.0～163.9 厘米	164.0～180.9 厘米	181.0～194.9 厘米	195.0 厘米及以上
	19～22 岁	154.9 厘米及以下	155.0～167.9 厘米	168.0～184.9 厘米	185.0～196.9 厘米	197.0 厘米及以上

资料来源：中国国民体质监测系统课题组．中国国民体质监测系统的研究［M］．北京：北京体育大学出版社，2000.

（三）1 分钟仰卧起坐（女）

仰卧起坐主要用于测试腹部肌肉力量和耐力。

测试方法：仰卧于垫上，两腿稍分开，屈膝成 90°，两手交叉置于脑后，同伴压住受试者的两踝关节处。起坐时，以两肘触及或超过两膝为完成一次。仰卧时，两肩胛必须触及垫子。

注意事项：（1）在起身阶段应避免对颈部产生过大的压力，也就是说，应是腹肌用力而不是颈部用力。（2）在恢复原位时，应避免头后部撞到地面。

评价标准：如表 9-5 所示。

表 9-5　女子 1 分钟仰卧起坐测试评价标准

年龄	根据 1 分钟仰卧起坐的次数评价肌肉耐力等级				
	1 分（差）	2 分（下等）	3 分（中等）	4 分（良好）	5 分（优秀）
18～20 岁	3～7 次	8～16 次	17～28 次	29～35 次	36 次及以上
21～25 岁	1～6 次	7～15 次	16～22 次	23～29 次	30 次及以上

资料来源：国家体委群体司．中国成年人体质测定标准手册［M］．北京：中国标准出版社，1996.

（四）1 分钟立卧撑

立卧撑主要用于测试体姿变换的灵敏性和身体的一般肌肉耐力。

测试方法：受试者以直立姿势开始，然后屈膝全蹲，以两手撑地（两手间距同肩宽），两腿后伸成俯撑，随即两脚用力蹬地，收腹成蹲撑，最后还原成直立姿势。连续做 1 分钟，记录完成的次数。

注意事项：(1) 两腿后伸时，不能塌腰或提臀，身体要挺直。(2) 还原成直立姿势时，腰、膝要保持正直。

评价标准：如表 9-6 所示。

表 9-6　1 分钟立卧撑测试评价标准

分值/次数/性别	1 分（差）	2 分（下等）	3 分（中等）	4 分（良好）	5 分（优秀）
男	24 次及以下	25 ~ 29 次	30 ~ 34 次	35 ~ 39 次	40 次及以上
女	18 次及以下	19 ~ 23 次	24 ~ 27 次	28 ~ 31 次	32 次及以上

资料来源：教育部，《国家学生体质健康标准（试验方案）》。

（五）1 RM 测试

1 RM 测试肌肉力量的方法已被广泛接受。受试者能成功举起一次给予的最大重量称为"一次测试值"(1 RM Value)。

测试方法：

1. 仰卧推举

仰卧在卧推凳上，两脚平踏在地上。两手掌心向上握住横杠，两手间距稍比肩宽，两臂伸直支撑住杠铃位于胸的上部，使两直臂向两侧张开，两臂慢慢弯曲，杠铃垂直落下，直到触及胸部（大约接近乳头线），然后向上推起至开始位置。

2. 负重屈肘

自然站立，掌心向前，两手间距与肩同宽，在整个动作过程中，两上臂始终紧贴于体侧，杠铃下垂在腿前，以肘关节为支点，前臂由腿前向上沿半圆形路线慢起至肩前，然后，慢慢循原路放下至腿前。

3. 肩上举

两手握住横杠，间距与肩同宽，把杠铃提起至肩上，掌心向上。把杠铃贴肩上推至两臂伸直在头顶上方。然后，慢慢循原路放下至肩上。

注意事项：(1) 充分做好准备活动，以防损伤。(2) 需经过 1 ~ 2 周的力量训练方可进行此项测试。(3) 相邻关节相对固定，不得借助其他部位的力量。

评价标准：如表 9-7 所示。

表 9-7　一次重复最大量测试中肌肉力量得分的标准

单位：千克

练习方式		力量等级				
		1 分	2 分	3 分	4 分	5 分
男	仰卧推举	50 ~ 90	100 ~ 110	110 ~ 130	130 ~ 149	149 以上
	负重屈肘	30 ~ 40	41 ~ 54	56 ~ 60	61 ~ 79	79 以上
	肩上举	41 ~ 50	51 ~ 67	68 ~ 80	81 ~ 110	110 以上
女	仰卧推举	41 ~ 69	70 ~ 74	75 ~ 80	81 ~ 99	99 以上
	负重屈肘	15 ~ 34	35 ~ 39	40 ~ 55	56 ~ 59	59 以上
	肩上举	20 ~ 46	47 ~ 54	55 ~ 59	60 ~ 79	79 以上

资料来源：Powers. S. K Total Fimess。

小贴士

锻炼时应注意的问题

1. 空腹时不宜进行体育锻炼

长时间清晨空腹进行锻炼，体内的能量大量消耗，对身体不利，最好适量进食后开始轻微活动，使休息了一整夜，长时间处于安静状态的肌肉、关节及内脏器官积极活跃起来。

2. 饭后不宜立即进行剧烈活动

饭后，人体大量血液流向消化系统，此时如进行剧烈运动，血液就会流向运动器官，以保证肌肉工作的需要，造成消化系统血液供应不足，胃肠蠕动减慢，影响消化和吸收过程的正常进行，严重的会导致胃痛、消化不良、溃疡等疾病，一般在饭后0.5 ~1小时再进行活动比较合理。

3. 剧烈运动后不宜马上洗澡

因为运动，消耗大量能量，必须等人体各系统机能恢复正常后（大约半小时）才去洗澡。

4. 剧烈运动后切忌暴饮

因大量水分进入血液，会将血液稀释，使血量增加，加重心肾负担，同时稀释胃液，导致消化功能和食欲减退。运动后，饮适量的淡盐水，以补充因汗水带走的盐分，千万不要喝生水，以免大量病菌带入体内，感染疾病。

世界卫生组织曾对健康做了这样的定义："健康，并不是对身体的'病'和'弱'的否定，而是指身体上、精神上和社会上的良好状态的总称"。通过体育锻炼可以提高身体的形态发育水平，生理机能水平，身体素质发展水平，基本活动能力水平，心理发展水平和适应自然环境的能力。希望青少年珍惜人生的春天，坚持参加体育锻炼，促使身体健康强壮！

第三节　体育锻炼促进心理健康

奥运之父顾拜旦在他的名作《体育颂》中曾满腔热情地歌颂道：体育是"勇气"，是"乐趣"，它能使人"内心充满欢喜""思路开阔""条理更加清晰"，"可使忧伤的人散心解闷，可使快乐的人生活更加甜蜜"。由此可见，体育锻炼不仅有利于身体健康，对心理健康也有着良好的作用。

一、体育锻炼可促进智力的发展

正常的智力是正确感知和认识世界的前提，是心理健康的基础。经常参加体育锻炼，不仅使锻炼者的注意力、记忆、反应、思维、想象力等能力得以改善提高，还可以令其情绪稳定、性格开朗，而这些非智力因素对人的智力具有促进作用。科学研究表明：在进行智力活动的过程中，如果伴随着学习和思考的兴奋、激动和对发现真理的诧异、惊讶，将产生愉快的心理体验，那么这种健康的情感就能强化人的智力活动，促进智力发展。体育锻炼促进智力发展，概括地讲有如下几个方面：

（一）体育锻炼促进大脑的开发与利用

经常参加体育锻炼的人神经系统的调节更加趋于准确、灵活，其兴奋与抑制转换更加合理、协调，并对外界刺激能迅速做出反应。体育锻炼能有效促进血液循环，提高呼吸系统的功能，这可使大脑获取更多的养分，从而有助于大脑的记忆、思维和想象，最终达到提高脑力劳动效率的目的。

（二）体育锻炼能减缓应激反应

应激反应（Stress）是指个体对应激源或刺激做出的反应，当个体所感知的环境要求与他所认为的自我能力之间不平衡时，则会出现应激反应。经常参加体育锻炼，可降低肾上腺素受体的数目或敏感性，能降低心率和血压，从而减轻处于消极应激状态下应激源对生理的影响，国内外的相关研究也表明：经常从事身体锻炼的人与习惯坐着的人相比更少产生生理上的应激反应，因此，体育锻炼对降低应激反应具有明显的效果。

（三）体育锻炼可提高学习效率

疲劳是一种综合性症状，它与人的生理和心理因素有关。人的活动主要是通过大脑皮层来调节的，大学生持续紧张的学习压力极易造成身心疲劳和神经衰弱，而当一个人情绪消极或任务超出个人的能力时，其生理和心理上都会很快地产生疲劳，而体育锻炼使与文化学习有关的中枢神经得以休息，这便有利于消除脑力劳动所产生的疲劳，从而提高文化知识的学习效率。

二、体育锻炼可培养和保持良好的情感体验

情绪状态是衡量体育锻炼对心理健康影响的最主要的指标。大学生具有兴奋性高、波动性大、封闭性强等情绪特点。情绪的成熟是人格全面成熟的一个重要方面。研究发现，有紧张烦躁情绪的人只要散步 15 分钟，就会放松下来，其原因是运动可增加脑部血流量，促进体内一种能产生良好感觉的“内啡肽”的释放面，从而改善情绪。而喜欢和经常参与体育锻炼的人，还可从运动中不断获取一定程度的满足，这种满足会令人产生快乐而积极的情绪，并由此成功或满足的体验来不断强化自己的自信心，进而在保持良好的情感体验中更好地完成学习和工作。

三、体育锻炼可帮助确立良好的自我概念

自我概念是个体主观上对自己身体、思想和情感等的整体的评价，它是由许许多多的自我认识所组成的，包括“我是什么”“我主张什么”“我喜欢什么”“我不喜欢什么”等。由于体育锻炼可使人体格健壮、精力充沛，因而对改善人的身体表象和自尊有着重要影响。身体表象是指头脑中形成的身体图像，身体自尊主要包括一个人对自己运动能力的评价、对自己外貌（吸引力）的评价，以及对自己身体的抵抗力和健康状况的评价（图 9-1）。无论是男性还是女性，对身体表现不满意会使个体自尊变低，并产生不安全感或忧郁症状。有研究表明，肌肉力量与身体自尊、情绪稳定性、外向性格和自信心成正相关，并且加强力量训练会使个体的自我概念显著增强。因此，体育锻炼对帮助树立自我概念会产生积极的影响。

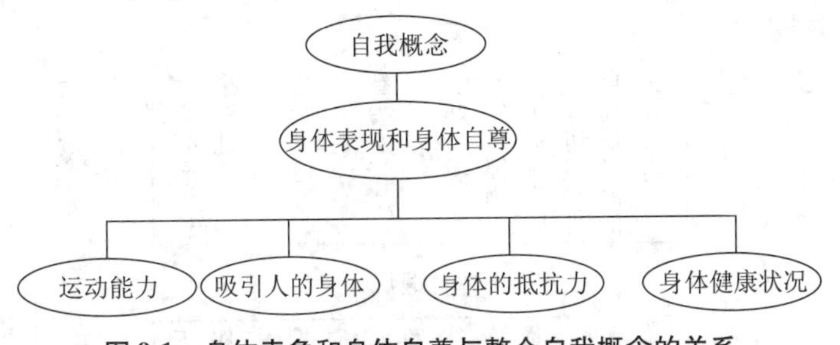

图 9-1 身体表象和身体自尊与整个自我概念的关系

四、体育锻炼有助于促进坚强意志品质的形成

意志品质是指一个人的果断性、坚韧性、自制力以及坚忍顽强和主动独立等精神，意志品质既是在克服困难的过程中表现出来的，也是在克服困难的过程中培养起来的，参加体育锻炼就是不断克服主观和客观上的种种困难，如胆怯、疲劳、损伤、气候条件、动作的难度等的过程，这便有助于磨炼大学生的意志，从而培养大学生果断、坚韧等优良的意志品质，而且这些从锻炼中培养起来的坚强意志品质，也会迁移到日常的学习、生活和工作中去。

五、体育锻炼有助于消除心理障碍，促进健全心理的形成

健康的心理寓于健康的身体之中。人的焦虑、忧愁、烦恼、抑郁等不良情绪，会影响人的情感、意志、性格和良好的人际关系的建立，容易形成不健康心理。研究表明：体育锻炼有助于摆脱压抑、悲观等消极情绪，减轻焦虑、忧郁等心理障碍。美国心理学家德里斯考发现，跑步能成功地减轻大学生在考试期间的焦虑情绪。试验也表明：长期坚持运动，可降低患忧郁症的危险，分别用跑步和药物同时治疗两组患精神忧郁症的精神病人，二个月后获得同样的效果。

体育锻炼不仅能有效地促进大学生的智力发展和良好的心理品质的形成，而且还能够调节情绪，改善人际关系，消除心理障碍，确立良好自我概念，从而形成健康心理，达到增进健康的目的。大学生可根据各自身心特点，选择最佳的体育锻炼方式，以获取最大的促进健康心理的效应（图 9-2）。

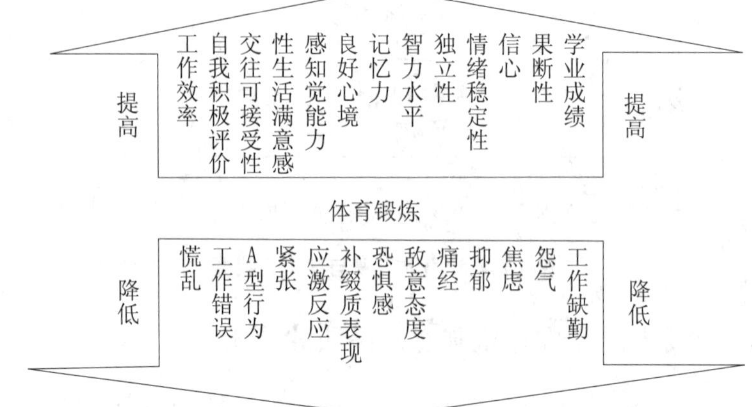

图 9-2　身体活动和运动锻炼对参加者产生心理效应

注：A 型行为（Type A Behaviour pattern）模式特征，即有强大的竞争倾向，如急躁、易怒、时间紧迫感、难耐性、没安全感。

第四节　体育运动中的自我保健

体育锻炼对大学生的生理健康的影响
来源：百度文库

体育运动不仅可以促进人体发育还能使人身心愉悦，但运动时不注意自我保护就会发生运动伤害事故。因此，对安全科学的锻炼要有一定的认识，明白体育运动要做到科学、合理、安全，要有自我保护意识。

一、体育运动的方式

简单地说，以有氧代谢供能为主的运动形式就是有氧运动；以无氧代谢供能为主的运动形式就是无氧运动；以有氧代谢、无氧代谢混合供能为主的运动形式则是混合运动。

那么，什么是有氧代谢、无氧代谢呢？这要从能量的来源上说起。人体肌肉细胞的细胞质中有一种细胞器，叫“线粒体”。线粒体内部有许多高低不平的凸起，使其有很大的表面积。在这种高低不平的凸起表面附着有许多酶，在这些酶的作用下，人体的能量物质之一——葡萄糖可以被氧化分解，并释放出一种叫 ATP（三磷酸腺苷）的能量物质（葡萄糖中的能量被转化到了 ATP 中），而 ATP 正是肌肉纤维收缩运动时能够直接利用的能源物质，这就是细胞中的能量代谢。

葡萄糖的分解过程包含两个步骤：

第一个步骤：葡萄糖分子在没有氧的条件下，直接断裂，分解成两个丙酮酸分子，并释放出少量的ATP。由于这一过程没有氧的参与，所以称为“无氧代谢”。无氧代谢的特点是产生ATP的速度快，无须氧的参与，但是产生ATP的数量比较少。

第二个步骤：丙酮酸分子在氧的参与下，继续被氧化分解，最终生成二氧化碳（CO_2）和水（H_2O），并释放出大量的ATP。由于这一过程需要有氧的参与，所以称为“有氧代谢”。有氧代谢的特点是产生ATP的数量比较多，需要有氧的参与，但是产生ATP的速度相对比较慢。

短时间的运动（如百米赛跑、跳高、跳远、举重等）中，肌肉在很短时间内需要充足的ATP，所以，这时的代谢是以无氧代谢为主。较长时间的运动（如长跑、马拉松、划船、有氧操等）中，肌肉在较长时间内需要大量的ATP，所以，这时的代谢大多是有氧代谢。但是，实际上有氧代谢和无氧代谢是相互制约又相互滋生的关系，代谢中不可能只有无氧代谢而没有有氧代谢，或者只有有氧代谢而没有无氧代谢，而是二者同时存在，混合供能，只是在不同阶段以其中某一种为主。

（一）有氧运动

有氧运动一词，是由美国空军运动研究室的库泊（Drkenmt H. Cooper）博士于1968年提出来的，是指在运动时，人体内随时都有可充分摄取的氧气，而其运动系统所需的能量主要是以有氧反应方式来供给。一个人有氧耐力是以最大耗氧量（$V_{O2}max$）来衡量的。当时，库泊正在美国空军医学研究所从事研究工作，他在给空军士兵及NASA（美国太空总署）太空人制订训练计划的过程中，提出了这一划时代的运动理论。

库泊根据大量的实验得出结论，人在20~60岁这一时期若缺乏有氧运动，其组织器官将受损，心脏、胃肠、肌肉、骨骼的功能以及身体的抵抗力都将下降30%。经过多年的研究、探索，他创造了闻名世界的“有氧运动法”及其运动处方。这一方法一经问世即风靡全球，成为人们广泛认同和使用的运动健身方法。

库泊认为，健康的标准并不是通常认为的“肌肉发达、外表强壮”，而只有心肺功能健康才是真正的健康。因为要维持身体内多得惊人的细胞的营养供应，维持其功能正常，就要为它们提供足够的氧气和营养物质，就必须有健康的心肺功能，只有这样才能使得全身各组织器官保持在良好的功能状态，且有一定的功能储备（耐力）。

有氧运动实际上是指长时间地进行运动（耐力运动），使得心（血液循环系统）、肺（呼吸系统）得到充分、有效的刺激，提高心肺功能，从而使全身各组织器官得到充足的氧气和营养供应，维持最佳的功能状况。因此，有氧运动应该是较长时间的

（大于 20 分钟，最好是 30 ~60 分钟）慢跑、游泳、骑自行车、步行、原地跑、有氧健身操等各种有益于提高心肺功能的运动形式。而静力训练、举重、短跑等运动则为无氧运动，尽管它们能够增强人的肌肉及爆发力，但由于不能有效地刺激心肺功能，其健身效果不如有氧运动。

有氧运动给人们带来的好处是全方位的。锻炼时，运动者的全身都动员起来，心跳速度加快，心脏功能得到了锻炼，能把更多的血液输送到全身；呼吸的深度和频率增加，使气体交换增加，血液氧含量增加；血液循环速度加快，新陈代谢加快；废物排泄加速；脂肪消耗增加；全身脏器也处在一种和谐的运动中；肌肉和骨髓在运动中得到强化；神经系统也在运动中得到加强……这样长期坚持下去就会得到意想不到的效果：运动者的心脏将变得强有力，肺活量增大，换气能力加强，血压、血脂和血糖将会被调整到最佳状态，骨髓密度增加，骨质疏松减轻，多余脂肪被消耗，体形变得健美，心理状态也随之得到改善。

（二）有氧运动的特点

我们首先应明确的是：并不是所有运动都能达到增进健康的目的。很多科学研究表明，对人体来说最科学、最有效的运动方式是有氧运动。很多人听说过“有氧运动”这个名词，但对其含义却不太了解。有氧运动是能增强人体内氧气的吸入、输送和利用的耐久性运动。可用 12 个字概括其特点：低强度、长时间、不间断、有节奏。

在有氧运动过程中，机体吸入的氧气量要大致等于机体所消耗的氧气量，这样可使身体在运动过程中处于“有氧”的状态之下。而有些运动在高强度和短时间内完成，在运动过程中机体吸入的氧气量远远不能满足机体消耗的要求，也就是说，机体内的氧气“入不敷出”，人体处于“缺氧”的状态之下。长期从事这种“无氧运动”对人体健康是不利的。

有氧运动使人略感气喘，又不至于上气不接下气；使人稍微出汗，又不至于大汗淋漓；使人感到全身舒展，又不觉得肢体劳累。好的有氧运动应该是全身性运动，而不是上肢或下肢的局部运动。如果有氧运动再伴随着悠扬、悦耳的音乐，那么就更容易让人坚持投入，更容易取得良好的效果。

因此，有氧运动具有如下特性：

1. 较长时间的运动

有氧运动应该持续 20 ~60 分钟，运动所需的能量主要通过氧化体内的脂肪或糖等物质来提供。

2. 全身性的肌肉活动

有氧运动时，全身参与的肌肉越多越好，最好有 2/3 的肌肉群要参与运动（至少不得少于 1/6）。相反，局部性的小肌肉运动，一方面容易引发局部疲劳，使运动中断，故不能持久；另一方面不易达到足够的氧气消耗量，当然就难以得到对心、肺及循环系统的刺激效果了。

3. 有一定的强度

有氧运动应维持在某一个特定的强度（中、低等之间），且持续时间达到 20 分钟或更长。

4. 有律动性

有氧运动是一种有律动的肢体活动。具有节律性的运动，运动强度比较容易得到控制，这样才可能将运动强度维持在合适的有氧运动强度的范围内，效果最好。断续性的运动强度变化大，效果不够理想。

二、运动方式控制

（一）运动够量

为解决人们在运动中最常提出的“如何才算运动够量”的问题，库泊博士为具有不同运动爱好、不同体质的人设计了不同的详尽评分标准和运动方法，其内容细致、精确，列表详尽，这里只做简单的介绍。

有氧运动要求每周至少达到总分30 分，值得注意的是开始进行运动的头16 周，要循序渐进，并不要求一开始就达到每周30 分。

运动项目根据性别、年龄、体力的不同而分别评分，如：

① 在 8 分钟内跑完 1600 米，得 5 分。

② 在 15 分钟内游完 550 米，得 5 分。

③ 在 20 分钟内骑自行车 80000 米，得 5 分。

④ 原地跑 12 分 30 秒，得 5 分。

据报道，美国一位学者经过多年的潜心研究，设计出了一个测定个人运动负荷的方法，这套方法简单而便于使用，适于给自己的运动负荷打分：

1. 睡眠

每睡眠 1 小时记 0. 85 分。计算一下你每天睡几个小时，然后求其与这个单位值的乘积、记分。

2. 静止活动

主要包括案头工作、阅读、吃饭、看电视、坐车等。这些活动的运动负荷最低，把消耗在这些活动上的时间加起来，每小时记1.5分。

3. 步行

如果是悠闲缓慢地散步，则每小时记3分；如果是快步走，则每小时记5分。

4. 户外活动

慢跑每小时记6分；快跑每小时记7分；游泳、滑冰每小时记8分；各种球类运动和田径运动每小时记9分；骑自行车每小时记4分；体操、跳舞每小时记3分。

5. 家务劳动

每小时记5分。

一天的活动结束后，你就可以把以上的分数加起来。如果总分在45分以下，则说明运动负荷不够，应设法增加运动负荷；如果总分在45~60分之间，就说明运动负荷正合适；如果总分超过60分，就说明运动负荷已经过度，对身体没有益处。

（二）如何计算适宜（最佳）的运动负荷

选择适宜（最佳）运动负荷的方法很多，但由于每个人的实际情况不同，安静心率相差15%~30%甚至更多，所以适宜（最佳）运动负荷应根据自己的年龄、性别、职业特点、体力状况、健康水平、体育基础、生活环境、目的任务等不同情况来决定。为了使大家学会选择适宜（最佳）运动负荷，现仅将一种简便评定法介绍给大家。

简便评定法是指即适宜（最佳）的运动心率。这是比较简单而实用的方法。一般是在运动结束后立即测脉搏，可以测15秒，然后乘以4，便得出每分钟的心率（也可测10秒乘以6）。运动中的心率保持在“（220－年龄）×60%”～“（220－年龄）×85%”的范围之内，即可认为运动负荷比较适宜。也有人主张用更为简单的方法，直接将“170－年龄”作为运动适宜（最佳）的平均心率。

另外，通常还会用到自我感知法。它根据的是练习者在锻炼过程中和锻炼结束后3~12小时（甚至24小时），身心对疲劳程度的自我感受。具体方法有：

1. 心率恢复评定法

（1）用锻炼结束后5分钟时的心率来评定。每次锻炼结束5~10分钟就立即测心率，并与安静心率比较。高出安静心率6次/分钟以上，则说明运动负荷过大；高出值在2~5次/分钟之间，则说明运动负荷适宜；若基本恢复安静心率，则说明运动负荷偏小。

（2）用晨脉评定。每日（次）锻炼后，次日早晨醒后静躺1～3分钟，自测心率，并与安静心率比较。高出6次/分钟以上，说明运动负荷过大；高出值在2～5次/分钟之间，则说明运动负荷适宜；若基本恢复安静心率，则说明运动负荷偏小。

2. 自我感受评定法

自我感受评定主要包括以下五个方面的内容：

（1）运动过程中或运动结束后，如感到全身舒展，精神焕发，有再运动一会儿的要求，那么说明运动负荷适宜。

（2）运动过程中或运动结束后，稍有疲劳感，肌肉略有酸胀感，但不影响学习、工作、饮食和睡眠，且肌肉酸胀感在1～3小时内自然消除，则说明运动负荷适宜。

（3）运动过程中或运动结束后4～12小时（甚至24小时）内，吃不香，睡不实，对再运动持冷漠态度，或运动后次日早晨醒来自感很疲劳、全身乏力、萎靡不振甚至头晕等，就说明运动负荷过大。有上述反应，要适当调整运动负荷。

（4）运动过程中或运动结束后，局部肌肉酸痛，痛点（区）扩大并加剧，可能是肌肉或肌腱有隐性炎症，也可能是练习方法安排不当所致。如有上述反应，要适当减负荷或降低强度，甚至停止练习。

（5）运动过程中或运动结束后，肌肉有不同程度发紧或麻木感，说明运动负荷过大。如有上述反应，同样应减负荷或降低强度，甚至停止练习。

评定运动负荷大小，在没有仪表的条件下，最好采用简单评定、心率恢复以及自我感知三者相结合的方法进行综合评定，这样既有助于准确、客观地掌握身体机能变化，又便于及时调控运动负荷。

三．不宜参加体育锻炼的疾病

对青年人来说，不宜参加体育锻炼的疾病主要有以下几种：

（一）体温升高的疾病

发热期间及病愈后数日至数周内、病毒性感冒愈后两周内，不宜参加运动，以避免并发心肌炎等。

（二）内脏疾病的急性期

各种疾病的急性期均不应继续参加运动。有些疾病在其后的恢复期中能否参加运动，也应慎重对待。例如下列疾病：

（1）病毒性肝炎。由于肝脏受到损害后恢复较慢，一般在肝炎愈后2～4个月内不能参加运动。

（2）活动性肺结核。一般应禁止参加运动。病灶已钙化、病变范围不大、无自觉症状者可参加适当的运动，但要定期检查。

（3）风湿性心瓣膜病和先天性心脏病，未经医学检查确定病情已稳定、心脏功能已正常前不能参加运动。

（4）心脏舒张期杂音和病理性收缩期杂音，暂不宜参加运动。

（5）心脏早搏（期前收缩）。早搏是常见的一种心律失常，半数以上的正常人偶有早搏，男性居多。生理性早搏往往在过度疲劳、失眠、精神紧张、情绪激动或烟酒过量时出现，由于心脏本身无其他不正常现象，这类人可以适当参加运动。病理性早搏是由心脏病或其他疾病（如风湿病、病毒感染等）引起的，有病理性早搏的人未经医师许可不能参加运动。

（三）高血压

严重高血压自觉症状明显者，暂不能参加运动。但下列两种高血压者可参加适当运动：

（1）“运动性”高血压。运动后收缩压和舒张压均比正常高出 1.3～2.7 千帕（10～20 毫米汞柱）。这主要是由过度疲劳和过度紧张引起的。如无自觉症状并经常运动者可继续参加锻炼，但运动量宜小，不能参加激烈的体育比赛。

（2）青年性高血压（青春期高血压）。在我国青年中的发病率约为 2%～3%。青年性高血压安静时收缩压可达 18.7～21.3 千帕（140～160 毫米汞柱），舒张压基本正常，平时无自觉症状。发生原因可能与青春期神经、内分泌的变化有关。这些人不宜参加举重、潜水等闭气运动。

（四）具有出血倾向的疾病

支气管扩张咯血、肺结核咯血和消化道出血的病人不能参加运动，以防病情加重。

第五节　常见运动损伤的防治

运动性伤害
来源：百度文库

运动中难免会发生一些意外事故，当事故发生时，一定要冷静处理，避免再度伤害。因此，喜爱运动的大学生对于一些常见的运动损伤要掌握一定的处理方法，能够自我治疗。

一、常见运动损伤的自我疗法

常见的运动损伤有指关节扭伤、肩滑囊炎、网球肘、髋部滑囊炎、腰肌劳损、股四头肌劳损、骸腰炎、腓肠肌劳损、骨膜炎、跟腱炎、踝扭伤、足弓扭伤等。发生上述运动损伤后，可立即采用“RICE”自我疗法。所谓“RICE”，R 即 rest（休息），I 即 ice（冰），C 即 compression（压迫），E 即 elevation（抬高）。

（1）休息：一旦出现疼痛，立即停止使用受伤的部位，以免使损伤加重，至少休息一天。如果损伤不重，疼痛减轻，可以逐渐开始活动并保持肌肉的收缩力。

（2）冰：把冰块裹在毛巾里或放入塑料袋，敷在受伤部位，以缓解疼痛和肿胀。注意不要造成冻伤（要将冰块砸碎）。

（3）压迫：用一种带弹性的织物（护腕、护踝、护腿）裹在损伤部位，并把冰裹在其内，要有压迫感，但不能过紧。若有麻木感、痉挛或疼痛加重等现象，说明裹缠过紧。30 分钟后，去除压迫和冰敷。再过 15 分钟，再次裹缠受伤部位 80 分钟。如此反复做 3 小时左右。

（4）抬高：把受伤部位置于比心脏更高的平面。如果是腿或足腕损伤，就要躺下，把腿放在被子上，抬高到与肩相平的位置。这是消肿的一项重要措施。

必要时，“RICE”疗法可持续做 24 小时。如果两天后肿痛未消，就可做热敷。如遇膝关节损伤、受伤部位出现畸形、受伤后迅速出现明显的肿胀（血肿等情况），最好请医生诊治。若有严重的疼痛、受伤部位无法动弹或自我治疗无效，应迅速就医。

若在受伤后的 48 小时内依照“RICE”疗法的原则进行自我治疗，许多软组织的运动创伤都会得到控制，至少能避免损伤恶化，减轻伤者的痛苦，对康复有很大的好处。

二、运动中常见的几个伤痛问题的预防和处理

运动中常见的运动损伤及其处理办法
来源：搜狐健康

初次参加有规律的慢跑或其他活动的人，可能出现小的伤痛问题，其中最常见的有水泡、肌肉酸痛、肌肉痉挛、踝关节扭伤、胫骨痛等。在发生这些问题时，一要注意查找发生原因，以吸取教训，进行预防；二要及时自我处理或求医。

（一）水泡

脚上的水泡实际是摩擦的热量导致的轻度烧伤。穿优质合脚的鞋子或没有后跟的筒

袜可以防止或减少水泡的产生。当水泡开始出现时，用绑带包住皮肤。如果情况更严重，可使用消毒的空心针放出积水，涂上杀菌水（如络合碘），包上纱布，并用胶布缠好。

（二）肌肉酸痛

肌肉酸痛通常出现在运动后 24 小时以内。这可能是由于参与运动的肌肉中的肌纤维或结缔组织出现微小撕裂，这是对运动强度不适应的表现。在感到酸痛时做一些不强烈的伸展运动，可以减轻疼痛。要慢慢地伸展酸痛的肌肉，这种伸展运动可作为第二天运动前的准备活动。按摩可帮助减轻肌肉酸痛的不适感，并使肌肉在接下来的活动中保持温暖。注意不要在出现肌肉酸痛时就停止运动，但可以降低运动强度，以使肌肉产生适应性。若因此马上停止运动，再重新开始后还会出现酸痛。

（三）肌肉痉挛

肌肉痉挛是一种强烈的不由自主的肌肉收缩。正常情况下，神经系统会告诉肌肉何时收缩、何时放松，当肌肉因某种原因拒绝放松时就会发生痉挛，这时，正常控制机制失灵，肌肉强烈收缩并伴随剧痛。当肌肉受到反方向的拉伸或按摩时，痉挛可立即消除，但这并没有消除产生痉挛的原因。人们应该在剧烈运动前做好充分的准备活动。盐和钙的丧失或受凉也容易引起肌肉痉挛。在热天运动时，由于盐分随大量出汗而丢失，应注意补充含盐饮料。

（四）踝关节扭伤

踝关节韧带扭伤中，最常见的是踝关节外侧韧带扭伤。如在凹凸不平的路上步行或跑步时，由于脚的内缘踩在凸出物（如小石头或凹坑的边缘）上，引起脚过度内翻而使踝关节外侧的韧带扭伤。踝关节扭伤时，扭伤区出现疼痛和压痛，严重时还会出现肿胀，活动受限。处理办法：冷敷，加压包扎，抬高患肢，暂停运动，24 小时后可以进行热敷和按摩。严重扭伤或怀疑有韧带撕裂时，应及时求医。

（五）胫骨痛

胫骨痛在运动医学中亦称胫腓骨疲劳性骨膜炎，此病多发于初从事跑、跳项目的锻炼者，或突然增加跑、跳练习的锻炼者中。由于这类活动使大腿屈肌群不断收缩，而过度牵扯其胫腓骨的附着部分，致使骨膜松弛，骨膜下出血，产生肿胀、疼痛等炎症反应，导致出现此病。此外，由于场地过硬，跑、跳落地动作不正确而缺乏缓冲，使小腿受到较大的反作用力冲击也是引起此病发生的常见原因。

处理的办法：适当控制用足尖跑、跳的运动负荷，但不应停止练习，使下肢在不加重症状的情况下，逐步适应过来。另外，运动前要做好准备活动，运动后加强局部按摩。并可在运动后用50℃左右的温热水浸浴小腿，每次约半小时，对减轻炎症有较好的效果。严重时应及时求医。

三、其他运动损伤及其处理

（一）皮肤擦伤

皮肤擦伤指皮肤受外力摩擦所致的皮肤出血或组织液渗出。

（1）小面积擦伤：若在一般部位，可用红药水或紫药水局部涂擦，不需包扎。而关节及其附近的擦伤，应首先进行局部消毒（用0.05%的新洁尔灭等），再涂以消炎软膏，以免局部干裂影响锻炼，若感染则易波及关节。

（2）较大面积擦伤：首先应以生理盐水或0.05%的新洁尔灭清洗创面，然后局部消毒，最后盖以消毒凡士林纱布和敷料，并包扎。必要时，可加抗生素预防感染。

（二）皮肤撕裂伤

皮肤撕裂伤是指皮肤受外力严重摩擦或碰撞所致的皮肤撕裂、出血。轻者，消毒后以胶布黏合或用创可贴敷盖即可；面积较大者，则需止血缝合和包扎。必要时，酌情用破伤风抗毒素1500～3000国际单位进行肌肉注射，以免引起破伤风感染。

（三）刺、切伤

刺、切伤是指运动中人体皮肤被尖锐器物刺破或切割所致的伤。处理方法同撕裂伤。伤口小而浅者无须缝合，深而宽者缝合后酌情用破伤风抗毒素，并用抗生素。

（四）挫伤

挫伤是指在钝器直接作用下，人体皮肤或皮下组织所受的伤，如运动时相互冲撞、踢打所致的伤。

（1）征象：单纯的挫伤仅表现为局部青紫，皮下瘀血肿胀，疼痛。以四肢多见，可伴有功能障碍。严重者可合并肌肉断裂、骨折、失血、内脏损伤和脑震荡。如合并内脏损伤，患者常伴休克，应及时送医院救治。

（2）处理：轻者可局部休息，限制活动，在24小时内冷敷和加压包扎，将患肢抬高。疼痛明显者可服索米痛片，外敷风湿跌打膏、伤湿止痛膏等。48小时后，开始理疗和按摩，肢体可开始活动，若有指（趾）甲下血肿，可局部消毒，用火针刺入放血并包扎。必要时，可用抗生素药物，以预防感染。

（五）肌肉拉伤

肌肉拉伤是指在外力直接或间接作用下，使肌肉过度主动收缩或被动拉长所致的肌肉纤维损伤或断裂。常发生于下肢、肩胛、腰背部和腹直肌等部位的肌肉。

（1）征象：局部肿胀、疼痛，明显压痛，肌肉紧张或痉挛，触之发硬，活动时疼痛加重。肌肉断裂时，则局部肿胀明显，伴有皮下严重瘀血和功能障碍，也可摸到凹陷或异常膨大的断端。

（2）处理：轻者可立即休息，抬高患肢，局部冷敷并加压包扎。疼痛明显者，可酌情给止痛药。24 小时后开始理疗和按摩。如肌肉大部分或完全断裂，应加压包扎并立即送往医院处理。

（六）关节韧带扭伤

关节韧带扭伤是指在间接外力作用下，使关节发生超常范围活动，而造成的关节内外侧韧带部分纤维断裂。常发生于踝、膝、腕、掌指、腰和颈椎关节部位。

以踝关节扭伤举例说明：踝关节外侧副韧带损伤在运动中最常见，约占急诊运动创伤病例的 16%。据统计，92% 篮球运动员中，曾有过踝关节外侧副韧带损伤，83% 曾有两次以上的损伤，大约 5. 5 次/1000 次运动时。我国国家队运动员中 73% 曾有过两次以上的踝关节外侧副韧带损伤，59% 残留有各种后遗症。

踝关节韧带损伤虽然不是非常严重的运动创伤，但若早期处理不当，也会严重影响运动员的训练，并可能造成严重的后遗症。踝关节扭伤后应立即停止运动，进行踝关节制动并加压包扎和冷敷，冷敷冰袋或冰块不可直接接触皮肤，以免冻伤。踝关节制动可采用胶带、石膏或护踝工具固定。受伤部位的制动、加压包扎和冷敷可有效地减少韧带断裂部位出血，缩短愈合时间，减少日后血肿机化性瘢痕，这是急性踝关节扭伤早期最基本的处理方法。

四、损伤类型

损伤是指不同的外界刺激突然地、瞬时地或持续地作用于机体上造成的人体组织或器官在解剖上的破坏和生理上的紊乱，并伴有机体局部或全身反应。引起人体损伤的因素是多种多样的，任何机械性的、物理的（高热、冷冻、电流、放射能）、化学的（酸、碱、毒气）和生物的（虫蜇、狗咬、蛇咬）刺激，如果达到损害组织的程度，都可以引起损伤。损伤的后果是受伤部位的局部损害或全身反应。

局部损害基本上可分两大类：闭合性损伤和开放性损伤。

（一）闭合性损伤

闭合性损伤即受伤部位的皮肤完整，没有开放性伤口。闭合性损伤又按损伤发生的方式和部位分为以下几种：

（1）挫伤：钝力或重物打击所致的皮下软组织损伤。表现为局部肿胀、皮肤青紫、皮下瘀血、压痛，严重者可至肌纤维断裂及深部血肿。

（2）拉伤：关节附近的韧带因关节过度受外力作用，超过了正常活动范围而引起的损伤。韧带纤维各部分断裂并伴有出血。出现青紫肿胀和关节功能障碍。

（3）震荡伤：头部受钝力打击所致的暂时知觉丧失，无明显的脑病变化。

（二）开放性损伤

开放性损伤指受伤部位的皮肤不完整，深部组织与外部环境接触，从而受到污染。常见的有下述几种：

（1）擦伤：皮肤受到粗糙面擦过所致的浅层破损，创面有擦痕及小出血点。

（2）裂伤：钝力打击所致的皮肤及皮下组织裂开，伤口边缘常不整齐。

（3）割伤：为锐利武器切开所致。伤口边缘较整齐，常呈直线状，深浅度不同，有的深达血管、神经，肌腱被割断，出血较多。

（4）刺伤：为尖细物件所致，伤口不大，但较深，深部的重要器官可能受到损伤，致伤物也可能折断，留于深部组织内。

（5）穿入伤：多为快速度武器所致，如枪弹等。伤口的大小和深浅决定于致伤物的速度、旋转度和体内阻力的大小。穿入伤组织损伤一般较大，致伤物件可能遗留在体内，并将污物带入组织内，易感染。

（6）贯通伤：致伤物穿透身体，因而伤口有出口和入口，及连接两口的直线所经的途径。

除表体的软组织损伤外，体内脏器也有受到损伤的情况。如颅内脑组织损伤，胸腔内的心脏、肺脏损伤，腹腔内的胃、肠、肝、胆、脾、肾的损伤等。这些损伤，如体表伤口与体腔内相通，称开放性损伤，如不通，为闭合性损伤。

损伤还可致四肢或躯干的骨折、关节脱位和肌肉、肌臆、关节韧带的撕裂等。损伤的后果不限于受伤局部组织的损害，还可能引起一系列连锁反应，如出血、休克、感染、伤口愈合后的瘢痕挛缩和功能障碍等。

治疗损伤应尽可能早期、及时，延误时间则效果差。受轻伤者应立即送到医院治疗。如受伤者损伤较重、输送困难，必须进行急救处理后才能安全输送，如止血、包扎、固定等。

思考与练习

1. 何为有氧运动，其特点是什么？
2. 进行体育锻炼的前后，应注意哪些事项？
3. 从身与心这两方面，试叙体育锻炼与身体健康的关系。

第十章 现场救护

救人一命，胜造七级浮屠。

——佛教经典语录

普及急救基本知识，提高自救互救能力。

——校园标语

成都某中学一名初三学生在上体育课慢跑活动时突感心里难受，不久便晕倒在地，面色苍白。体育老师立马拨打120，并掐人中穴施救，但当医院急救人员到达现场时，发现该学生呼吸和心跳均已停止。医生初步诊断为心源性猝死，经过一个多小时的抢救，终究未能挽回孩子的性命。

如果当时在场的师生中有人参加过心肺复苏的专业培训并及时施救的话，该学生存活的概率是很大的。从老师拨打120，120再通知医生，然后救护车赶到学校，前后七八分钟，这时已错过了最佳抢救时机。实践证明，心脏停搏后，如果在1分钟内实施心肺复苏，救活成功率大于90%；4分钟内实施，救活率约60%；而超过8分钟才进行抢救的话，救活率几乎为零。即每延迟1分钟，救活率就下降10%。因此心肺复苏施救必须抓住黄金时间，越快越好。遗憾的是，至今为止，我国大部分的普通市民都没有进行过急救培训，缺乏基本的急救技能，因此出现很多生命因抢救不及时而无法挽回的情况。大学生学习一些基本的急救知识和技能，在遇到突发事件时能够自救互救，是一件利人利己的事情。

第一节 创伤的处理方法

创伤为机械因素加于人体所造成的组织或器官的破坏。生活创伤和体育创伤是最为常见的。大学生对各类创伤有一定的了解，掌握相关的创伤诊治和处理方法，是十分重要的。

一、软组织损伤的诊治

软组织损伤可分为两类，即开放性损伤和闭合性损伤两种。开放性损伤是指损伤了皮肤或黏膜，如皮肤擦伤、撕裂伤、切割伤和刺伤等。闭合性损伤，其损伤较深，皮肤和黏膜无裂口，如肌肉挫伤、肌肉拉伤、关节韧带损伤等。

应该指出的是开放性损伤由于污染，常产生继发性化脓性感染，而其中的切割伤、刺伤和贯通伤则容易被厌氧菌所感染，导致破伤风与气性坏疽等。闭合性损伤则不同，不容易发生感染化脓。因而在治疗这两种不同损伤时有原则上的不同。

现就几种常见软组织损伤的诊治分别叙述如下：

（一）皮肤擦伤

多是在运动中跌倒，皮肤与地面或与器材摩擦所引起的皮肤表面的损伤，常表现为皮肤出血或组织液渗出。它是在外伤中最常见而又最轻的一种损伤，约占运动创伤的16%。处理创面时最好用生理盐水冲洗，清洁创面较小的擦伤可用2%的红汞、1%~2%的甲紫涂抹创面，无须包扎。对于创面面积较大较深的应用生理盐水和过氧化氢（H_2O_2）洗净消毒，然后敷以凡士林油纱块或雷夫奴尔油纱块，用无菌敷料包扎。如无感染约两周后即可痊愈。

皮肤擦伤中的刺花（Tattoo）是极为常见的，它是由于运动员跌倒时，一些石、煤、砂屑等异物嵌入于皮肤之中形成的，用常规冲洗办法是不能去除的，如果在面部则很不美观，而晚期又很难用手术切除补皮。因此，专家告诫我们，急救处理时必须用硬毛刷仔细地将这些小颗粒刷出，然后用凡士林或雷夫奴尔纱块敷盖包扎。

（二）挫伤

挫伤多指在运动中由于身体间的碰撞、身体与器械间的碰撞或踢、踩、跌倒时造成的皮下组织损伤。最常见的挫伤部位是大腿与小腿的前部以及肩部等。此外，头、面、腹部及睾丸的挫伤也不少见，其主要表现为受伤局部肿胀、瘀血、疼痛、功能活动障碍等。应注意有不少挫伤的疼痛初轻后重，常有持续 24 小时的表现。由于受伤局部损伤深浅不同、轻重程度不同，因而局部的肿胀和出血也不等，如皮肤本身的出血常表现为瘀点，皮内及皮下出血常呈现为瘀斑，皮下组织中的局限性出血常为血肿。大多数挫伤后的出血可逐渐消散吸收。

如果严重的挫伤伴有休克症状时，应首先抗休克治疗，然后治疗挫伤。挫伤的治疗原则是立即中止训练，局部冷敷，加压包扎和制动，并且一定要将患肢抬高。待损伤在 24 至 48 小时后，可采用热敷，如能配合理疗、按摩，治疗效果更好。

如若睾丸挫伤应用三角带吊起睾丸并卧床休息。手及上肢的挫伤可利用悬带固定于功能位。下肢挫伤则需卧床休息并将患肢抬高，以利静脉回流，减少出血及肿胀。

（三）关节韧带损伤

当超负荷运动、技术动作不规范、运动场地不平整时，易引起踝、膝、髋、指、腕和肘关节的损伤，表现为受损伤关节肿胀、瘀血、疼痛和关节活动受限。应立即停止运动，予以冷敷，如有条件也可在局部喷射氯乙烷，局部加压包扎、制动，将患肢抬高。伤后 24 至 48 小时后改为热敷、理疗或按摩治疗。

（四）肌腱部分或全部断裂

多在超负荷、暴发用力时产生。受伤时，运动员可感到或听到断裂声，受伤局部明显肿胀，皮下组织严重瘀血，功能活动障碍，并于受伤部位可看到或触到凹陷。此时只需对局部加压包扎，送医院治疗即可。

（五）撕裂伤、刺伤与切割伤

此三种创伤的皮肤及皮下组织都有不同程度、规则或不规则的伤口，这是十分常见的。每种伤虽然各有其特征，但在病理上却大同小异。治疗上主要是争取早期清创缝合及预防破伤风。伤后一般在 6 ~ 8 小时之内，也可以认为是在伤口感染尚未形成之前进行清创缝合。当然，在多发性损伤时，应优先处理对伤员危害最大的伤部，尤其是应对影响到呼吸、循环功能，出血不止或已上止血带的伤部，根据先重后轻的原则优先处治。如有活动性出血伴有休克时，应在抗休克的同时手术止血。

清创缝合时，先用生理盐水与肥皂水洗刷，尽一切可能清除异物，并注意保护健康组织。要剪除受到严重污染和失去活力的组织。创面可用 1/1000 或 1/2000 新洁尔灭消毒，也可用 H_2O_2 消毒，以减少厌氧菌感染的可能，然后进行止血缝合。如果疑有感染可用凡士林纱条充填伤口，三日后检查，无感染时再进行二期缝合。如合并神经和肌腱的损伤，应在清创缝合时一并处理。

二、骨折的诊断与救治

骨质的连续性发生完全或部分中断称为骨折。骨折大多由于外伤所引起，叫外伤性骨折；因骨质本身病变破坏而发生骨折称为病理性骨折。而在运动创伤中的骨折时有发生，据运动医学专家统计，骨折占运动创伤的2.5%。

对骨折进行分类，其目的在于明确骨折的部位和性质，以利于临床上正确的诊断和妥善处理。骨折分类的方法很多，如可根据骨折的程度、形态和部位分类，也可依据骨折与外界是否相通分类。

闭合性骨折——又称单纯性骨折，骨折端不与外界相通，没有细菌污染，比较多见。

开放性骨折——骨折端穿破皮肤，直接与外界相通。这种骨折易感染，有发生骨髓炎或败血症的可能。

复杂性骨折——骨折后，锐利的骨折端刺伤了重要的组织与器官，如刺伤血管、神经、肺、心、肝，或影响关节活动，以致发生更严重的症状。这种现象常在伤员躁动、没有及早给伤员采取制动措施时发生。

常见的骨折有肋骨骨折、锁骨骨折、手足骨骨折、踝骨骨折、肱骨骨折、胫骨骨折、腓骨骨折以及股骨骨折等，有时甚至发生脊椎骨折。骨折后可见骨折处明显肿胀、畸形、瘀血，患肢失去正常功能和剧烈疼痛，甚至发生休克。

（一）骨折的诊断

骨折的诊断主要根据伤员病史、体征和X射线照相，进行细致的分析和判断。

扼要询问伤员病史，主要了解伤员受伤时间、经过和受伤部位，伤员自觉症状和功能改变等。如病情危重，应边治疗边了解病史。

检查伤员要有全局观点，尤其是对伤情严重者，由全身到局部，注意轻重缓急，要有针对性，抓主要矛盾，具体情况具体对待。检查时应首先注意影响伤员全身的改变，如有无呼吸困难、大出血、休克、意识障碍、发热及尿潴留等，还要注意有无颅脑、胸及腹部脏器等多发性外伤。

（二）局部检查

1. 骨折合并伤的检查

检查骨折时，要及时发现骨折附近的神经、血管和脏器的损伤。如并发大出血，则应该立即止血或修复损伤的血管，同时对骨折做适当的处理。

2. 伤口的检查

要注意伤口的部位、范围、深浅、出血程度（开放性骨折常有伤口出血），有无多处损伤，有无感染，伤口引流如何以及有无气体自伤口溢出等。

3. 骨折的检查

肿胀——骨折时局部可有明显的瘀血和水肿。伤后1~2日更为明显。

畸形——在四肢长骨骨折后，因肌肉收缩、肢体的重量、骨折类型和不同方向的外力作用引起骨折的重叠、旁侧移位或成角畸形，因此出现肢体短缩、变粗和异常弯度等。一般根据肢体短缩和成角畸形就可以确诊骨折。

触诊——用触摸骨骼的外形和骨折部位有无压痛来判断骨折。表浅的骨骼发生骨折时容易触摸到骨折部位、压痛和畸形，骨折部位的压痛一般较软组织挫伤重。但亦应指出，嵌入型骨折和不完全骨折肿胀和畸形可以不明显，而局部是有压痛的。

功能障碍——由于骨折骨骼失去了支架作用，活动时引起局部剧烈疼痛，使肢体活动受限。

骨传导音减弱——骨折后骨传导音减弱，可利用这一特点来判断有无骨折。此检查方法适用于四肢长骨骨折，有一定的准确性，病人无痛苦。

异常动度和骨擦音——在长骨干骨折、肢体移动时，骨折处可见异常动度；骨折断端接触时可摸出或听到骨擦音。因为容易引起剧烈疼痛，甚至刺破血管、神经等重要组织，所以一般不做此项检查。

X线检查——常用X线照片或透视来确定骨折类型和移位情况。应指出有些骨折必须通过X线照片才能确诊，如腕舟骨骨折、嵌入型骨折、不完全性骨折等。

（三）骨折的急救和治疗

骨折的急救和治疗十分重要。一般处理：凡有骨折可疑的病人，均应按骨折处理。首先抢救生命；如病人处于休克状态中，应以抗休克为首要任务；注意保温，有条件时应输血、输液。对处于昏迷的病人，应注意保证呼吸道通畅。闭合性骨折有穿破皮肤，损伤血管、神经的危险时，应尽量消除显著的移位，然后用夹板固定。

创口包扎：绝大多数的创口出血，用绷带压迫包扎后即可。在大血管出血时，可用止血带，记录开始用止血带的时间。若骨折端已穿出创口并污染，但未压迫血管神经时，不应立即复位，以免将污染物带进创口深处。可待清创后将骨折端清理，再行复位。

妥善固定：妥善固定是骨折急救的重要措施。急救固定的目的是为了避免在搬运时骨折端移动而加重软组织、血管、神经或内脏损伤；骨折固定后即可止痛，有利于防止休克；便于运输，若备有特制的夹板，最为妥善。

迅速转运：病人经妥善固定后，应迅速运往医院救治。及时的包扎也只能暂时稳定，送往医院得到正确的诊治才是当务之急。

（四）关节脱臼的处理

因为运动导致关节脱位，也就是关节面失去了正常的连接，也叫脱臼。关节脱臼会出现畸形，局部肿胀，有疼痛感，丧失正常活动功能。

处理步骤及方法：

（1）应立即在脱位之后，固定肢体位置，可以用纸板、绳子或者毛巾固定，不能乱动，否则会导致伤情严重。

（2）要防止震动，然后及时送医院治疗。

（3）在没有把握能做好复位处理时，不要随便做复位手术，避免加重损伤，增加痛感。

注意事项：冷静处理，可先用冰敷减轻痛感，及时就医，切不可自己动手。要正确冷静对待。

（五）骨折愈合的标准

骨折的愈合应根据细致的临床检查和 X 线照片的结果做出判断。因下肢要负重，所以掌握标准要严格。

（1）局部无压痛。

（2）沿肢体长轴叩击时骨折部位不痛。

（3）自行抬起患肢无不适感。

（4）用适当力量扭转患肢，骨折处无异常动度，无不适感。

（5）X 线照片显示确切的连续性骨痂，仍可见骨折线即为骨愈合。骨折线完全消失后，骨愈合方牢固。上肢骨折，在形成骨痂后，可在注意保护的前提下开始活动并使用；下肢骨折则要更加慎重，应在骨折愈合牢固后方可完全负重。

（六）骨折外固定的时间

根据骨折的轻重、部位以及骨折类型的不同，外固定的时间长短也不同，一般 4 到 6 周，最长不超过 10 到 12 周。

（七）功能锻炼及注意事项

1. 动静结合，加强功能锻炼

骨折与脱臼治疗的最终目的在于恢复功能，而复位固定与功能锻炼是治疗中的一对主要矛盾，是对立统一的，始终贯穿在治疗的过程中，因此处理二者关系适当与否决定着治疗和康复的效果如何。过分强调固定而忽视功能锻炼，可影响关节活动，引致肢体肌肉萎缩，甚至发生关节强直，妨碍骨折的愈合和功能恢复。

2. 注意事项

术后要密切注意伤员全身及局部的病情变化。有伤口的患肢要注意保护伤口，有感染要及时发现和处理，如适当调整抗生素的应用及观察引流通畅与否。采用小夹板和石膏固定的伤员，要注意肢体循环是否良好，肿胀程度和疼痛的情况怎样，如固定包扎过紧，应立即松解小夹板及石膏，重新固定。

三、止血与包扎

（一）止血

止血包扎、外伤处理
来源：酷六网

现场止血术常用的有五种，使用时要根据具体情况，可选用其中的一种，也可以把几种止血法结合在一起应用，以达到最快、最有效、最安全的止血目的。

1. 指压动脉止血法

适用于头部和四肢某些部位的大出血。方法为用手指压迫伤口近心端动脉，将动脉压向深部的骨头，阻断血液流通。这是一种不要任何器械、简便、有效的止血方法，但因为止血时间短暂，常需要与其他方法结合进行。

2. 直接压迫止血法

适用于较小伤口的出血。用无菌纱布直接压迫伤口处，压迫约 10 分钟。

3. 加压包扎止血法

适用于各种伤口，是一种比较可靠的非手术止血法。先用无菌纱布覆盖压迫伤口，再用三角巾或绷带用力包扎，包扎范围应该比伤口稍大。这是一种目前最常用的止血方法，在没有无菌纱布时，可用消毒卫生巾、餐巾等替代。

4. 填塞止血法

适用于颈部和臀部较大而深的伤口。先用镊子夹住无菌纱布塞入伤口内，如一块纱布止不住出血，可再加纱布，最后用绷带或三角巾包扎固定。

5. 止血带止血法

止血带止血法只适用于四肢大出血，当其他止血法不能止血时才用此法。使用止血带的注意事项：

（1）部位：上臂外伤大出血应扎在上臂上 1/3 处，前臂或手大出血应扎在上臂下 1/3 处，不能扎在上臂中 1/3 处，因该处神经走行贴近肱骨，易被损伤。下肢外伤大出血应扎在股骨中下 1/3 交界处。

（2）衬垫：使用止血带的部位应该有衬垫，否则会损伤皮肤。止血带可扎在衣服外面，把衣服当衬垫。

（3）松紧度：应以出血停止、远端摸不到脉搏为合适。过松达不到止血目的，过紧会损伤组织。

（4）时间：一般不应超过 5 小时，原则上每 1 小时要放松 1 次，放松时间为 1 ~ 2 分钟。

（5）标记：使用止血带者应有明显标记贴在前额或胸前易发现部位，写明时间。如立即送往医院，可以不写标记，但必须当面向值班人员说明扎止血带的时间和部位。

（二）包扎

伤口包扎在急救中应用范围较广，可起到保护创面、固定敷料、防止污染和止血、止痛作用，有利于伤口早期愈合。包扎应动作轻巧，不要碰撞伤口，以免增加出血量和疼痛。接触伤口面的敷料必须保持无菌，以免增加伤口感染的机会；包扎要快且牢靠，松紧度要适宜，打结避开伤口和不宜压迫的部位。

1. 包扎材料

一是三角巾。用边长为 1 米的正方形白布或纱布，将其对角剪开即分成两块三角巾。为了方便不同部位的包扎，可将三角巾折叠成带状，称为带状三角巾，或将三角巾折叠成燕尾式，称为燕尾式三角巾。二是袖带卷，也称绷带。用长条纱布制成，长度和宽度有多种规格。常用的有宽 5 厘米，长 600 厘米和宽 8 厘米，长 600 厘米的纱布两种。

2. 包扎方法

（1）头部包扎：①三角巾帽式包扎。适用于头顶部外伤，先在伤口上覆盖无菌纱布（所有的伤口包扎前均先覆盖无菌纱布，以下不再重复），把三角巾底边的正中放在伤员眉间上部，顶角经头顶拉到枕部，将底边经耳上向后拉紧压住顶角，然后抓住两个底角在枕部交叉返回到额部中央打结。②三角巾面具式包扎。适用于颜面部外伤，把三角巾一折为二，顶角打结放在头正中，两手拉住底角罩住面部，然后双手持两底角拉向枕后交叉，最后在额前打结固定。可以在眼、鼻处提起三角巾，用剪刀剪洞开窗。③双眼三角巾包扎。适用于双眼外伤，将三角巾折叠成三指宽带状，中段放在头后枕骨上，两旁分别从耳上拉向眼前，在双眼之间交叉，再持两端分别从耳下拉向头后枕下部打结固定。④头部三角巾十字包扎。适用于下颌、耳部、前额、颞部小范围伤口，将三角巾折叠成三指宽带状放于下颌敷料处，两手持带巾两底角分别经耳部向上提，长的一端绕头顶与短的一端在颞部交叉成十字，然后两端水平环绕头部经额、颞、耳上、枕部，与另一端打结固定。

（2）颈部包扎，适用于颈部外伤，包括：①三角巾包扎。嘱咐伤员健侧手臂上举抱住头部，将三角巾折叠成带状，中段压紧覆盖的纱布，两端在健侧手臂根部打结固定。②绷带包扎。方法基本与三角巾包扎相同，只是改用绷带，环绕数周再打结。

（3）胸、背、肩、腋下部包扎：①胸部三角巾包扎。适用于一侧胸部外伤。将三角巾的顶角放于伤侧的肩上，使三角巾的底边正中位于伤部下侧，将底边两端绕下胸部至背后打结，然后将三角巾顶角的系带穿过三角底边与其固定打结。②背部三角巾包扎。适用于一侧背部外伤。方法与胸部包扎相似，只是前后相反。③侧胸部三角巾包扎。适用于单侧侧胸外伤，将燕尾式三角巾的夹角正对伤侧腋窝，双手持燕尾式底边的两端，紧压在伤口的敷料上，利用顶角系带环绕下胸部与另一端打结，再将两个燕尾角斜向上拉到对侧肩部打结。④肩部三角巾包扎。适用于一侧肩部外伤，将燕尾三角巾的夹角对着伤侧颈部，巾体紧压伤口的敷料上，燕尾底部包绕上臂根部打结，然后两个燕尾角分别经胸、背拉到对侧腋下打结固定。⑤腋下三角巾包扎。适用于一侧腋下外伤，将带状三角巾中段紧压腋下伤口敷料上，再将三角巾的两端向上提起，于同侧肩部交叉，最后分别经胸、背斜向对侧腋下打结固定。

（4）腹部包扎：腹部三角巾包扎适用于腹部外伤。双手持三角巾两底角，将三角巾底边拉直放于胸腹部交界处，顶角置于会阴部，然后两底角绕至伤员腰部打结，最后顶角系带穿过会阴与底边打结固定。

（5）四肢外伤简易包扎：①臀部三角巾包扎。适用于臀部外伤，方法与侧胸外伤包扎相似。只是燕尾式三角巾的夹角对着伤侧腰部，紧压伤口敷料上，利用顶角系带环绕伤侧大腿根部与另一端打结，再将两个燕尾角斜向上拉到对侧腰部打结。②上肢、下肢绷带螺旋形包扎。适用于上、下股除关节部位以外的外伤，先在伤口敷料上用绷带环绕两圈，然后从肢体远端绕向近端，每缠一圈盖住前圈的1/3～1/2成螺旋状，最后剪掉多余的绷带，然后胶布固定。③八字肘、膝关节绷带包扎。适用于肘、膝关节及附近部位的外伤。先用绷带的一端在伤口的敷料上环绕两圈，然后斜向经过关节，绕肢体半圈再斜向经过关节，绕向原开始点相对应处，现绕半圈回到原处。这些反复缠绕，每缠绕一圈覆盖前圈的1/3～1/2，直到完全覆盖伤口。④手部三角巾包扎。适用于手外伤，将带状三角巾的中段紧贴手掌，将三角巾在手背交叉，三角巾的两端绕至手腕交叉，最后在手腕绕一周打结固定。⑤脚部三角巾包扎。方法与手部三角巾包扎相似。⑥手部绷带包扎。方法与肘关节包扎相似，只是环绕腕关节八字包扎。⑦脚部绷带包扎。方法与膝关节相似，只是环绕踝关节八字包扎。

第二节 意外伤害的急救

近年来，意外伤害事故的发生率不断上升，在校大学生为多发人群。由于在校大学生对意外伤害自救互救知识的认识程度过浅，往往不能在急救的“黄金时间”采取正确的自救互救措施，而失去抢救生命的机会。因此，学习一些意外伤害自救互救的知识，并且全面普及自救互救技能是十分必要的。

灾害与急重症的急救
来源：百度文库

一、蛰咬伤的急救

（一）被蛇咬伤

毒蛇有毒牙和毒腺，头部大多为三角形，颈部较细，尾部较短粗，色斑较鲜艳，牙齿较长。被毒蛇咬伤者，一般可在患处发现有 2 ~ 4 个大而深的牙痕，局部疼痛。

被无毒蛇咬伤的，一般有两排“八”字形牙痕，小而浅，排列整齐，伤处无明显疼痛。对一时无法确定的，则应按毒蛇咬伤处理。

（1）立即就地自救或互救，千万不要惊慌、奔跑，那样会加快毒素的吸收和扩散。

（2）立即用皮带、布带、手帕、绳索等物在距离伤口 3 ~ 5 厘米的地方缚扎，以减缓毒素扩散速度。每隔 20 分钟需放松 2 ~ 3 分钟，以避免肢体缺血坏死。

（3）用清水冲洗伤口，用生理盐水或高锰酸钾液冲洗更好。此时，如果发现有毒牙残留必须拔出。

（4）冲洗伤口后，用消过毒或清洁的刀片，联结两毒牙痕为中心做“十”字形切口，切口不宜太深，只要切至皮下能使毒液排出即可。

（5）有条件的话，可以用拔火罐或者吸乳器反复抽吸伤口，将毒液吸出。紧急时也可用嘴吸，但是吸的人必须口腔无破溃，吐出毒液后要充分漱口。吸完后，要将伤口温敷，以利毒液继续流出。

（6）可点燃火柴，烧灼伤口，破坏蛇毒。

（7）尽快食用各类蛇药，咬伤 24 小时后再用药无效。同时可用温开水或唾液将药片调成糊状，涂在伤口周围的2厘米处，伤口上不要包扎。

（8）经处理后，要立即送附近医院。

（二）被狗咬伤

被狗咬伤对人的危害较大，因为狗的牙齿里生长着各种病菌和病毒，很容易通过伤口侵入人体，引发疾病，甚至造成伤风致人死亡。如果是被疯狗咬伤，还会由狂犬病毒引发狂犬病，狂犬病致人死亡率非常高。所以，被狗咬伤决不能轻视，必须采取紧急处理措施。

（1）一般情况下很难区别是否被疯狗咬伤，所以一旦被狗咬伤，都应按疯狗咬伤处理。

（2）被狗咬伤后，要立即处理伤口，首先在伤口上方扎止血带（可用手帕、绳索等代用），防止或减少病毒随血液流入全身。

（3）迅速用洁净的水或肥皂水对伤口进行流水清洗，彻底清洁伤口。对伤口不要包扎。

（4）迅速送往医院进行诊治，在24小时内注射狂犬病疫苗和破伤风抗毒素。

（三）被蜜蜂、黄蜂等蜇伤

蜂的种类很多，有蜜蜂、黄蜂和土蜂等，蜂的腹部末端有与毒腺相连的蜇刺，当蜇刺扎入人体时，可随之注入毒液将人体蜇伤，蜇伤后伤处会出现肿胀、水疱，局部剧痛或瘙痒，甚至出现头痛、恶心、烦躁、发烧等症状。被蜂蜇伤可以采取如下做法：

（1）不要紧张、保持镇静。

（2）如有毒刺蜇入皮肤，先拔去毒刺。

（3）清洗伤口，最好用肥皂水、食盐水或糖水。

（4）被黄蜂蜇伤的，可以取食用醋涂在患处。

（5）可以将大蒜、生姜捣烂后取汁涂于患处。

（6）如有韭菜，可取少许，洗净捣烂成泥状涂在患处。

（7）症状比较严重的，应该赶快送往医院进行抢救。

二、触电的急救

触电包括交流电和雷电造成的击伤。损伤包括外损伤和内损伤。触电可造成体表入口伤和出口伤，均由电能通过身体产生的热能所致。触电伤员轻者造成机体损伤、功能障碍，重者死亡。

（一）触电现场表现

1. 轻伤

触电部位起水泡，组织破坏，损伤重的皮肤烧焦，甚至骨折，肌肉、肌腱断裂，能发现两处伤口。

2. 重伤

抽搐、休克、心律不齐，有内脏破裂，触电当时也可出现呼吸、心跳停止。

（二）现场急救

（1）切断总电源。如电源总开关在附近，则迅速切断电源，否则采取下一步措施。

（2）脱离电源。用绝缘物（木质制品、塑料制品、橡胶制品、书本、皮带、棉麻制品、瓷器等）迅速将电线、电器与伤员分离。要防止相继触电。

（3）包扎电烧伤伤口。如有伤口出血采取紧急止血措施。

（4）心肺复苏。对心跳、呼吸停止者立即进行心肺复苏，转送医院。

三、烧伤和烫伤的急救

烧伤和烫伤由火焰、沸水、热油、电流、辐射线、化学物质（强酸、强碱）等物质引起。最常见的是火焰烧伤，热水、热油烫伤。

烧伤和烫伤首先损伤皮肤，轻者皮肤肿胀，起水泡，疼痛；重者皮肤烧焦，甚至血管、神经、肌腱等同时受损。呼吸道也可烧伤。烧伤引起的剧烈疼痛等因素能导致休克，晚期出现感染、败血症，危及生命。

烧伤和烫伤的急救措施有：

生活中各种意外伤害的急救方法
来源：360文库

（1）立即脱离险境，但不能带火奔跑，这样不利于灭火，并会加重呼吸道烧伤。

（2）带火者迅速卧倒，就地打滚灭火，或用水灭火，也可用棉被、大衣等覆盖灭火。

（3）冷却受伤部位，用冷自来水冲洗伤肢，冷却伤处。

（4）脱掉伤处的手表、戒指、衣物。

（5）用消毒敷料（或清洗过的毛巾、床单等）覆盖伤处。

（6）勿刺破水泡，伤处勿涂药膏，勿粘贴受伤皮肤。

（7）口渴严重时可饮盐水，以减少水分从皮肤渗出，有利于预防休克。

（8）迅速转送医院。

第三节　突发疾病的处理

人的生命宝贵而脆弱，生活中的意外随处可见，如中暑、休克、晕厥等，面对突如其来的突发疾病，很多人因缺乏急求常识而不知所措，从而贻误了挽回生病的宝贵时机。急救已不仅仅是医护人员的事，而是所有公民均应掌握的基本技能。

一、中暑的急救

突发疾病的应急处理
来源：360文库

在高温（室温＞35℃）或在强热辐射下从事长时间劳动，如无足够防暑降温措施，可发生中暑；在气温不太高而湿度较高和通风不良的环境下从事重体力劳动也可中暑。年老、体弱、营养不良、疲劳、肥胖、饮酒、饥饿、失水失盐、最近有过发热、穿紧身不透风衣裤、水土不服，及甲亢、糖尿病、心血管病、广泛皮肤损害、先天性汗腺缺乏症、震颤麻痹、使用阿托品等常为中暑诱因。此外，长期大剂量服用氰丙嗪的精神病患者在高温季节易中暑。

户外活动时如何防止中暑：

（一）喝水

大量出汗后，要及时补充水分。外出活动，尤其是远足、爬山或去缺水的地方，一定要带充足的水。条件允许的话，还可以带些水果等解渴的食品。

（二）降温

外出活动前，应该做好防晒准备，最好准备太阳伞、遮阳帽，着浅色透气性好的服装。外出活动时一旦有中暑的征兆，要立即采取措施，寻找阴凉通风之处，解开衣领，降低体温。

（三）备药

可以随身带一些人丹、十滴水、藿香正气水等药品，以缓解轻度中暑引起的症状。如果中暑症状严重，应该立即送医院诊治。

二、休克的急救

（一）休克的表现

休克是一种急性循环功能不全综合征。发生的主要原因是有效血循环量不足，引起全身组织和脏器血流灌注不良，导致组织缺血、缺氧、微循环瘀滞、代谢紊乱和脏器功能障碍等一系列病理生理改变。

休克病人表现为血压下降，心率增快，脉搏细弱，全身乏力，皮肤湿冷，面色苍白或静脉萎陷，尿量减少。休克开始时，病人意识尚清醒，如不及时抢救，则可能出现烦躁不安、反应迟钝、神志模糊，进入昏迷状态甚至死亡。

（二）现场急救

（1）令病人平卧，下肢稍抬高，以利对大脑血流供应，但伴有心衰、肺水肿等情况出现时，应取半卧位。

（2）应注意保暖，保持病人呼吸道畅通，以防发生窒息。

（3）保持安静，避免随意搬动病人，以免增加其心脏负担，使休克加重。

（4）若是因过敏导致的休克，应尽快脱离致敏场所和致敏物质，并给予备用脱敏药物，如氯苯那敏片口服。

（5）有条件要立即吸氧，对于未昏迷的病人，应酌情给予含盐饮料（每升水含盐3克、碳酸氢钠1.5克）。

值得特别注意的是，一旦发现病人出现休克时，应分秒必争打“120”呼救，或送至就近医院抢救。因为一般情况下，在医院外完全治好病人的休克，可以说是根本不可能的。

三、晕厥的急救

（一）晕厥的表现

晕厥亦称晕倒，即由于脑部一时性血液不足或脑血管痉挛而发生暂时性知觉丧失现象。病人晕厥时会因知觉丧失而突然昏倒。在昏倒前常见周身发软无力，头晕，眼黑目眩；昏倒后，可见面色苍白或出冷汗，脉搏细弱，手足变凉等。轻度晕厥，经短时休息即可清醒，醒后可有头痛、头晕、乏力等症状。

晕厥一般可分为血管神经性晕厥和心脑疾病引起的晕厥两类，如疼痛恐惧、过度疲劳、饥饿、情绪紧张、气候闷热、体位突然改变等因素可诱发血管神经性晕厥。心律失常、心肌梗死、心肌炎、高血压、脑血管痉挛等疾病也可导致晕厥发生。

（二）现场急救

（1）令病人平卧，松解其衣领和腰带，打开室内门窗，便于空气流通。另外使病人头部稍低，双足略抬高，保障其脑部供血。

（2）病人如有心脏病史，并可疑是心脏病变引起的晕厥，应使病人取半卧位，以利于呼吸。

（3）可用针刺或手指掐病人的人中、内关、合谷等穴，促使其苏醒。

（4）注意对病人身体的保暖，随时观察病人呼吸、脉搏等情况。

（5）待病人清醒后，可给病人服用温糖水或热饮料。（在晕厥时忌经口给予病人任何饮料及药物）

（6）经急救处理仍未清醒者，应及时进行呼救或妥善送往附近医院。

第四节　心肺复苏

心肺复苏术
来源：百度文库

心肺复苏是指对由各种原因所致的循环和呼吸突然停止、伴有意识丧失这一急症所采取的一系列急救措施。在现场初级急救中包括人工呼吸和胸外心脏按压两部分，病人送到医院后还应有药物及器械的继续抢救（包括脑复苏）。

在现场抢救时，如病人仅仅是呼吸停止而心跳尚存，可以立即对其进行人工呼吸；如病人伴有心跳停止，则应同时进行胸外心脏按压。在实际病例中，往往呼吸停止与心搏骤停是同时存在或相继存在的。

一、紧急抢救的原因

大脑是对缺氧非常敏感的组织，同时也是高耗氧的组织。脑组织虽只占体重的2%，但耗氧量却占全身总耗氧量的20%；其血流量占心输出量的15%。氧吸入人体后与血液中的血红蛋白结合形成氧合血红蛋白，随血液循环送至全身各组织、器官以满足其生理需要。当心跳骤停后，血液循环停止，可引起全身严重的缺血、缺氧。当心跳骤停3秒钟时，病人就可以感到头晕；10～20秒时则发生晕厥；40秒钟可发生惊厥；60秒钟延髓受抑制而呼吸停止；心脏停搏4～6分钟后脑细胞即发生不可逆性的损害。故此，抢救者必须争分夺秒，不得延误，要求在病人心搏骤停的4分钟以内开始心肺复苏。心肺复苏开始得越早，病人存活率越高，后遗症、并发症亦越少。

二、心跳呼吸骤停的原因

导致心搏骤停的常见原因有各种心血管疾病（如冠心病、急性心肌梗死、脑血管意外等）、各种意外伤害和严重创伤、大失血、溺水、电击等。呼吸停止的原因可有气道异物阻塞、呼吸中枢抑制、窒息等等。无论何种原因所致的心跳呼吸骤停，在处理原则上基本相同，就是要尽快进行心肺复苏，以尽早地建立有效的血液循环和人工呼吸，抢救病人生命。

三、对病人的初步判断

心肺复苏教学视频
来源：爱奇艺

当看到一个疑似失去知觉，呼吸、心搏骤停的病人，应首先在短暂的几秒钟时间内识别和确定病人的病情程度及其通气、循环状态，可从以下几个方面来判定：

当某人突然倒下疑似昏迷时，轻轻摇动其肩膀并对之叫喊。（如图 10-1）

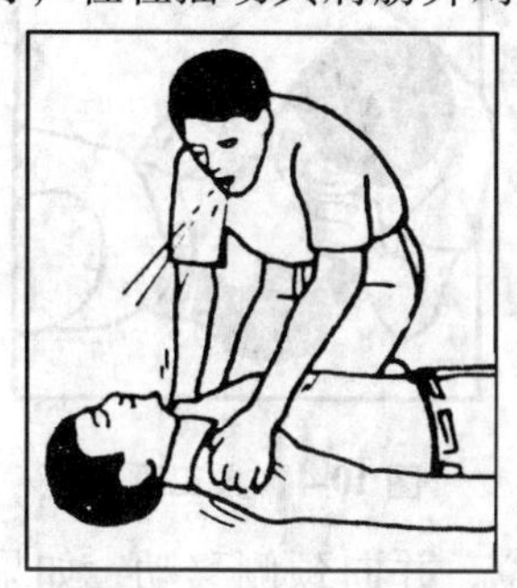

图 10-1　判断病人意识

用一只手将其颈部托起，另一只手则使其头部向后仰翻，保持其气道开放。（如图 10-2）

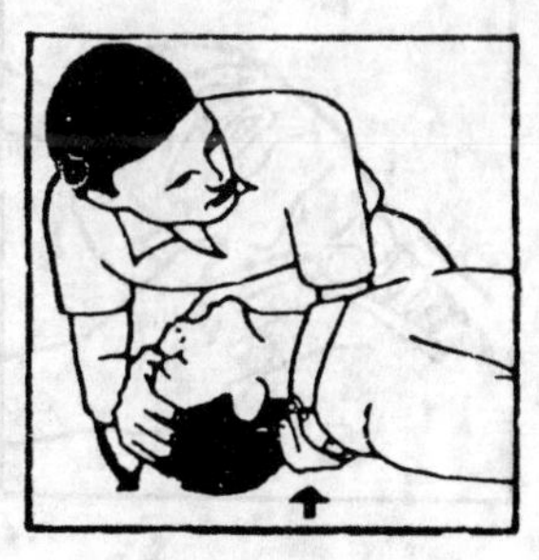

图 10-2　打开气道

将耳朵贴向昏迷者口部并观察其胸部活动，用耳朵测听和面颊之感觉来判断昏迷者是否在呼吸。（如图 10-3）

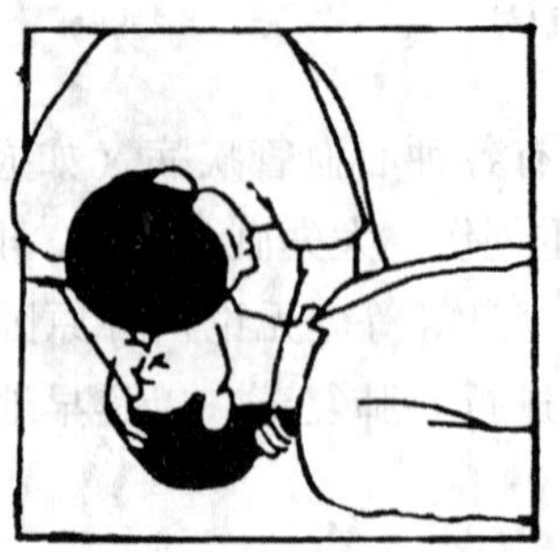

图 10-3　判断呼吸

捏住昏迷者鼻孔，做一次深呼吸，然后将吸入之气吹入昏迷者口中，同时注意其胸部是否隆起。同样动作迅速做四次，每次之间隔不必等待前次吹入之空气呼出即接着进行。（如图 10-4）

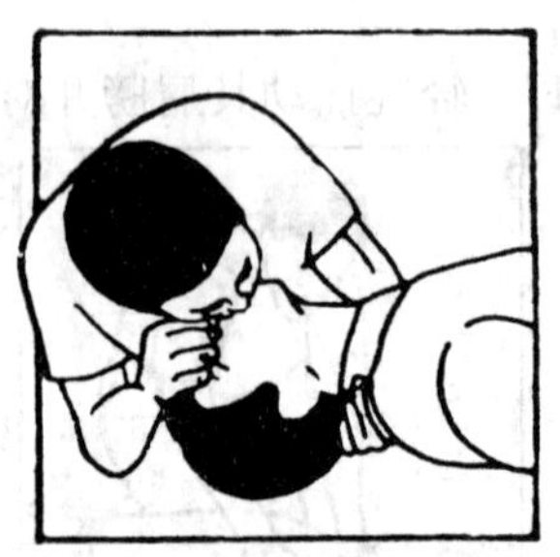

图 10-4　人工呼吸

将两指置于昏迷者喉结部位，并向颈侧移动，如果发现其脉搏仍在跳动，则继续以正常呼吸之节律给昏迷者进行人工呼吸。但如果脉搏停止时则找出正确按摩位置。（如图 10-5）

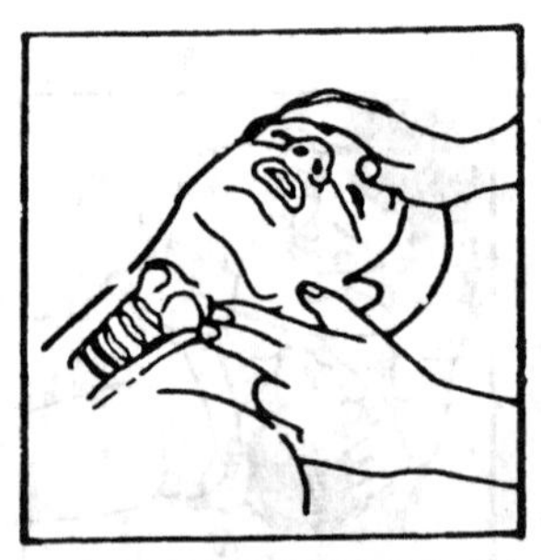

图 10-5　判断正确按摩位置

两手交叠置于昏迷者胸骨切迹上2～3厘米处，向胸部下压1～1.5厘米，松手，每分钟60～80次。做15次按压后迅速俯向昏迷者头部，捏住其鼻孔，向其口中吹气2次,如此重复。同时，让身旁的人去拨打“120”急救电话。（如图10-6）

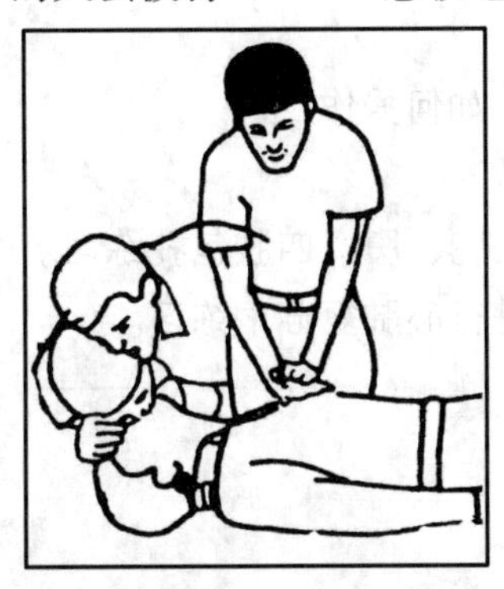

图10-6 心肺复苏

若两个人同时抢救，可一人做人工呼吸，另一人做心外按压，按压频率为60次/分。心外按压与人工呼吸之比为5∶1，即一人做心外按压5次，另一人做人工呼吸1次。二人必须配合默契，做人工呼吸者要经常检查病人的颈动脉有无波动。

四、心肺复苏的效果判定

心肺复苏是否有效可以从以下几个方面来判定：

（1）每次心外按压后可摸到昏迷者颈动脉一次搏动，说明心肺复苏有效。

（2）昏迷者面色由青紫或苍白逐渐转为红润，口唇转红，说明心肺复苏有效。如昏迷者面色转为灰白说明心肺复苏无效。

（3）昏迷者瞳孔由大变小说明心肺复苏有效，如瞳孔由小变大且固定则说明无效。

（4）昏迷者出现自主呼吸说明心肺复苏有效。

病人呼吸、心跳恢复，仅仅是现场初级心肺复苏的成功，病人能否真正恢复，还要看心肺复苏的后期处理。接下来对于病人心跳和呼吸的维持、酸中毒的纠正及抗感染等一系列药物救治，还必须在转送到附近医院后方可进行。

若病人深度昏迷，自主呼吸持续停止，瞳孔散大且固定15～30分钟以上，则表明脑死亡；心肺复苏持续1小时以上仍无心跳，无脉搏，则表示心脏死亡，可以终止心肺复苏。但如病人有脉搏，收缩压保持在8千帕（60毫米汞柱）以上，瞳孔处于收缩状态，则应继续进行现场心肺复苏抢救。

思考与练习

1. 现场止血术有哪几种，如何操作?
2. 触电后应如何进行急救?
3. 两人一组进行头、颈、胸、腹、四肢包扎练习。
4. 模拟演练：两人一组进行心肺复苏术练习。

附 录

附录一 医学检验正常值

医学检验是临床工作中不可缺少的组成部分，它的基本任务是对人体血液、体液和分泌物等进行实验室检查，了解致病原因、病理变化和脏器功能状态，从而对疾病诊断、治疗和愈后提供科学依据。

一、血液、细胞学检验

（一）红细胞（RBC）计数

正常值：成人男性（4～5.5）$\times 10^{12}$/L（旧单位400万～500万/mm^3）；成人女性（3.5～4.5）$\times 10^{12}$/L（旧单位350万～450万/mm^3）。

临床意义：

（1）减少常见于各类型贫血。

（2）增多见于慢性肺源性心脏病、发绀型先天性心脏病、肺气肿及严重烧伤等。

（二）白细胞（WBC）计数与分类

正常值：成人（4～10）$\times 10^{9}$/L（旧单位4000～10000/mm^3）。

分类正常值：中性杆状核粒细胞（S）1%～5%，中性分叶核粒细胞（N）50%～70%，嗜酸性粒细胞（E）0.5%～5%，嗜碱性粒细胞（B）0%～1%，淋巴细胞（L）20%～40%，单核细胞（M）3%～8%。

临床意义：

（1）减少常见于某些病毒性疾病、再生障碍性贫血、脾功能亢进等；

（2）增多常见于急性细菌性感染、螺旋体病、恶性肿瘤及白血病。

（三）血小板计数

正常值：（100～300）$\times 10^{9}$/L（旧单位10万～30万/mm^3）。

临床意义：

(1) 生理性波动可见于运动、进餐、妇女月经期等。

(2) 病理性减少多见于造血功能障碍、营养缺乏。

(3) 病理性增加见于急性失血、溶血性贫血、慢性粒细胞白血病早期。

(四) 红细胞沉降率 (ESR)

正常值：成人男性0～10mm/h，成人女性0～15mm/h。

临床意义：血沉增快多见于风湿、发热、肿瘤等情况，需结合临床诊断疾病。

(五) 血红蛋白 (Hb) 测定

正常值：成人男性135～150g/L（旧单位13.5克%～15克%）；成人女性120～140g/L（旧单位12克%～14克%）。

临床意义与红细胞计数意义相似。

(六) 尿液检查

正常尿液为淡黄色或深黄色透明液体，尿蛋白阴性，尿糖阴性，镜检尿中细胞为阴性，尿酮体阴性，尿胆红素阴性。

临床意义：通过尿液检查了解肾脏功能，如出现蛋白尿或尿液中出现红、白细胞表明肾脏有损害；出现尿糖时指示可能有糖尿病等。

(七) 粪便检查

正常粪便外观呈黄色或棕黄色软便，镜检无异常。

临床意义：黑便或柏油样便常见于上消化道出血、消化道肿物；果酱色便见于阿米巴痢疾或肠套叠；黏液脓血便见于急性菌痢；水样便经常见于急性肠炎。显微镜下检查：红细胞见于消化道出血、肠结核、肠肿瘤；白细胞指示肠道炎症。镜下还可查寄生虫卵。

二、生物化学检验

(一) 血清丙氨酸氨基转移酶 (ALT) 测定

正常值：成人<40U/L。

临床意义：增高见于急性病毒性肝炎、慢性肝炎、肝硬化活动期、肝脓肿、肝癌。也可见于心肌梗死、心肌炎、心力衰竭及急性胰腺炎等疾病。

(二) 谷氨酸草酰乙酸转氨酸 (AST) 测定

正常值：成人<40U/L。

临床意义：增高见于肝损害、急性心肌梗死、病毒性心肌炎等。

（三）血清碱性磷酸酶（AKP）测定

正常值：成人 <130U/L（速率法）。

临床意义同 ALT。

（四）血清胆红素定性及定量检查

正常值：总胆红素 <17.0umol/L，直接胆红素 <13.6umol/L。

临床意义：阻塞性黄疸时，直接反应阳性；溶血性黄疸时，间接反应强阳性，直接反应阴性；肝细胞性黄疸时，直接反应、间接反应均为阳性。

（五）血清总蛋白、白蛋白及球蛋白测定

正常值：总蛋白（TP）：60～80g/L，白蛋白（ALB）：35～45g/L，球蛋白（r-GT）<50U/L。

临床意义：

（1）见于肝硬化合并腹水、营养不良、糖尿病、肾病综合征。

（2）见于严重脱水和休克、烧伤、出血等。

（3）球蛋白见于慢性肝炎、结核病、血吸虫病等。

（六）血清磷酸肌酸激酶（CPK 或 CK）测定

正常值：速率法 <170/L。

临床意义：急性心肌梗死、多发性皮肌炎、风湿性心肌炎、病毒性心肌炎、脑膜炎等。

（七）血清总胆固醇（TC）测定

正常值：2.9～6.0mmol/L。

临床意义：增高时多为高脂血症。

三、免疫血清学检查

（一）甲肝病毒 IgM 抗体测定

正常值：ELISA 法，阴性。

临床意义：确定诊断甲型肝炎。

（二）乙型肝炎表面抗原（HB_sAg）

正常值：ELISA 法，阴性。

临床意义：判断是否感染乙肝病毒。

（三）乙型肝炎表面抗体（HB_eAb）

正常值：ELISA 法，阴性。

临床意义：确定是否患过乙型肝炎等。

（四）乙型肝炎 e 抗原（HB_eAg）

正常值：ELISA 法，阴性。

临床意义：确定诊断乙型肝炎。

（五）乙型肝炎 e 抗体（HB_eAb）

正常值：ELISA 法，阴性。

临床意义：用于判断乙型肝炎（乙肝）的传染性或病毒复制的活动性。

（六）乙型肝炎核心抗体（HB_cAb）

正常值：ELISA 法，阴性。

临床意义：HB_eAg 与乙肝感染密切相关，HB_sAg 阳性是乙型肝炎病毒感染的一个特异性标志。

附录二　献血常识

献血是医疗、急救及战时抢救伤病员的重要医疗措施。它是以互相帮助的原则为基础，由健康人献出少量血液，以挽救他人生命的一种高尚行为。献血，就其实质而言，是人们之间的相互受益，你献血救治他人，将来有可能别人献血来帮助自己。献血是架设在人们之间一座友谊的桥梁，是救死扶伤、实行革命人道主义的具体体现，是精神文明的标志之一。每个健康适龄的公民，都有责任和义务奉献出自己的少量血液，去造福于他人。

一、献血与血液生理

献血常识
来源：浙江省血液中心

血液在人体中起着运送氧气、排除废物、抵御细菌侵入等重要作用，所以，血液被誉为“生命之河”。血液对伤病患者来说，更具有特殊作用，像外科手术、产后大出血、外伤性出血、血液病等，多离不开输血治疗。

人体内的血液占体重的8%左右，成年人的血量大约是4000～5000毫升，其中大约1/5到2/5的血液储存在人体的血库——肝、脾、肺等脏器内，平时不参加血液循环。人体本身具有很强的调节功能，在正常营养情况下，失血500毫升以下（包括意外出血事故和献血）不会出现什么症状。因此献血200毫升，几小时内血容量就会恢复到原来水平，血浆蛋白一两天后就可以补足，各种血细胞成分在2～3周后就可以完全恢复。

每人每次献血量为200～400毫升，这只相当于人体储存血液量的1/5到2/5，占人体总血量的1/20到1/10，凡符合献血条件的人，不必担心献血会使体内的血量减少。另外，血细胞也受到新陈代谢这一宇宙间物质运动的基本规律支配，红细胞的寿命大约是120天，血小板是1周左右，白细胞寿命更短。血液中的每一种细胞都有新生、成长、衰老、死亡的生命周期，人体的造血器官每时每刻都在制造新的细胞。献血后，造血器官会马上加紧工作，在短期内使血液成分得到补充，恢复到原来的水平。

二、血液的主要成分及功能

血液大致可分为血细胞和血浆两大部分：血细胞部分主要包括红细胞、白细胞、血小板；血浆部分主要包括水分、各种血浆蛋白、无机盐类、各种激素和很多种酶。这些血液成分在人体内各自起着不同的作用：

红细胞——从肺部将氧气运送到身体各部，将二氧化碳运送到肺部排出体外。

白细胞——抵御细菌和其他异物的侵袭，是人体健康的卫士。

血小板——起血液凝固作用。

血浆——将营养物质运送到各组织细胞，将废物排出体外，维持正常血压。

三、献血的健康标准

为了保证献血者和受血者的身体健康，献血前要进行严格的体检及血液化验，符合下列条件者方能献血：

（1）年龄：男18至50岁，女18至45岁（男55岁，女50岁以内，本人自愿，经体检合格和医师审定，亦可参加献血）。

（2）体重：男50千克以上，女45千克以上。

（3）血压：13.3～20.0/8.0～12.0千帕（100～150/60～90毫米汞柱）。

（4）内科检查：发育正常，营养中等，心肺正常，肝脾不肿大。

（5）化验检查：血比重，男1.052以上；女1.050以上。肝功能化验正常，乙型肝炎表面抗原阴性、丙型肝炎抗体阴性。

（6）胸部透视未见异常。

四、血型与遗传

人类的血液可以分为多种的血型。在目前所掌握的21种血型系统中，临床意义较大的有“ABO”系统和“Rh”系统。人们是怎样鉴别各种血型的呢？拿“ABO”系统的血型来说，就是根据红细胞表面的抗原性质来判定的。凡含有A抗原的叫A型，含有B抗原的叫B型，同时含有A和B抗原的称为AB型，两种抗原均不含的称为O型。输血时必须同型相输，不然会引起严重输血反应。在我国，Rh阴性血型的人较少，大约只占2‰～3‰，凡是Rh阴性的血型常被人们称为“稀有血型”。

血型是遗传的，可以从已知的父母血型推知子女可能的血型，因此通过鉴定一个人的血型，可以推测出与其亲属的血缘关系。

血型与遗传关系如下表所示：

血型与遗传的关系

双亲血型	子女血型的可能性	子女不可能有的血型
O + O	O	A、AB、B
O + A	A、O	AB、B
O + B	B、O	A、AB
O + AB	A、B	O、AB
A + A	A、O	AB、B
A + B	AB、B、A、O	
A + AB	A、B、AB	O
B + B	B、O	A、AB
B + AB	B、A、AB	O
AB + AB	AB、A、B	O

五、献血注意事项

（1）献血前要休息好，保证充足睡眠。

（2）献血前一天晚上和当天早上不要吃油腻食物，因为食物中的脂肪会被吸收到血液里，这种混有大量脂肪的血液如果输给病人往往会引起输血反应。但要吃些清淡饮食，不要空腹献血。

（3）献血时精神不要紧张，献血当天不做剧烈运动。

（4）献血后注意针眼处清洁，以免感染。

（5）献血后可适当增加营养，吃些瘦肉、鸡蛋、豆制品等蛋白质含量较高的食品及新鲜蔬菜、水果等，不多吃油腻食物，以防消化不良。

附录三 艾滋病防治条例

第一章 总 则

第一条 为了预防、控制艾滋病的发生与流行，保障人体健康和公共卫生，根据《传染病防治法》，制定本条例。

第二条 艾滋病防治工作坚持预防为主、防治结合的方针，建立政府组织领导、部门各负其责、全社会共同参与的机制，加强宣传教育，采取行为干预和关怀救助等措施，实行综合防治。

第三条 任何单位和个人不得歧视艾滋病病毒感染者、艾滋病病人及其家属。艾滋病病毒感染者、艾滋病病人及其家属享有的婚姻、就业、就医、入学等合法权益受法律保护。

第四条 县级以上人民政府统一领导艾滋病防治工作，建立健全艾滋病防治工作协调机制和工作责任制，对有关部门承担的艾滋病防治工作进行考核、监督。

县级以上人民政府有关部门按照职责分工负责艾滋病防治及其监督管理工作。

第五条 国务院卫生主管部门会同国务院其他有关部门制定国家艾滋病防治规划；县级以上地方人民政府依照本条例规定和国家艾滋病防治规划，制定并组织实施本行政区域的艾滋病防治行动计划。

第六条 国家鼓励和支持工会、共产主义青年团、妇女联合会、红十字会等团体协助各级人民政府开展艾滋病防治工作。

居民委员会和村民委员会应当协助地方各级人民政府和政府有关部门开展有关艾滋病防治的法律、法规、政策和知识的宣传教育，发展有关艾滋病防治的公益事业，做好艾滋病防治工作。

第七条 各级人民政府和政府有关部门应当采取措施，鼓励和支持有关组织和个人依照本条例规定以及国家艾滋病防治规划和艾滋病防治行动计划的要求，参与艾滋病防治工作，对艾滋病防治工作提供捐赠，对有易感染艾滋病病毒危险行为的人群进行行为干预，对艾滋病病毒感染者、艾滋病病人及其家属提供关怀和救助。

第八条 国家鼓励和支持开展与艾滋病预防、诊断、治疗等有关的科学研究，提高艾滋病防治的科学技术水平；鼓励和支持开展传统医药以及传统医药与现代医药相结合防治艾滋病的临床治疗与研究。

国家鼓励和支持开展艾滋病防治工作的国际合作与交流。

第九条 县级以上人民政府和政府有关部门对在艾滋病防治工作中做出显著成绩和贡献的单位和个人，给予表彰和奖励。

对因参与艾滋病防治工作或者因执行公务感染艾滋病病毒，以及因此致病、丧失劳动能力或者死亡的人员，按照有关规定给予补助、抚恤。

第二章 宣传教育

第十条 地方各级人民政府和政府有关部门应当组织开展艾滋病防治以及关怀和不歧视艾滋病病毒感染者、艾滋病病人及其家属的宣传教育，提倡健康文明的生活方式，营造良好的艾滋病防治的社会环境。

第十一条 地方各级人民政府和政府有关部门应当在车站、码头、机场、公园等公共场所以及旅客列车和从事旅客运输的船舶等公共交通工具显著位置，设置固定的艾滋病防治广告牌或者张贴艾滋病防治公益广告，组织发放艾滋病防治宣传材料。

第十二条 县级以上人民政府卫生主管部门应当加强艾滋病防治的宣传教育工作，对有关部门、组织和个人开展艾滋病防治的宣传教育工作提供技术支持。

医疗卫生机构应当组织工作人员学习有关艾滋病防治的法律、法规、政策和知识；医务人员在开展艾滋病、性病等相关疾病咨询、诊断和治疗过程中，应当对就诊者进行艾滋病防治的宣传教育。

第十三条 县级以上人民政府教育主管部门应当指导、督促高等院校、中等职业学校和普通中学将艾滋病防治知识纳入有关课程，开展有关课外教育活动。

高等院校、中等职业学校和普通中学应当组织学生学习艾滋病防治知识。

第十四条 县级以上人民政府人口和计划生育主管部门应当利用计划生育宣传和技术服务网络，组织开展艾滋病防治的宣传教育。

计划生育技术服务机构向育龄人群提供计划生育技术服务和生殖健康服务时，应当开展艾滋病防治的宣传教育。

第十五条 县级以上人民政府有关部门和从事劳务中介服务的机构，应当对进城务工人员加强艾滋病防治的宣传教育。

第十六条 出入境检验检疫机构应当在出入境口岸加强艾滋病防治的宣传教育工

作，对出入境人员有针对性地提供艾滋病防治咨询和指导。

第十七条 国家鼓励和支持妇女联合会、红十字会开展艾滋病防治的宣传教育，将艾滋病防治的宣传教育纳入妇女儿童工作内容，提高妇女预防艾滋病的意识和能力，组织红十字会会员和红十字会志愿者开展艾滋病防治的宣传教育。

第十八条 地方各级人民政府和政府有关部门应当采取措施，鼓励和支持有关组织和个人对有易感染艾滋病病毒危险行为的人群开展艾滋病防治的咨询、指导和宣传教育。

第十九条 广播、电视、报刊、互联网等新闻媒体应当开展艾滋病防治的公益宣传。

第二十条 机关、团体、企业事业单位、个体经济组织应当组织本单位从业人员学习有关艾滋病防治的法律、法规、政策和知识，支持本单位从业人员参与艾滋病防治的宣传教育活动。

第二十一条 县级以上地方人民政府应当在医疗卫生机构开通艾滋病防治咨询服务电话，向公众提供艾滋病防治咨询服务和指导。

第三章 预防与控制

第二十二条 国家建立健全艾滋病监测网络。

国务院卫生主管部门制定国家艾滋病监测规划和方案。省、自治区、直辖市人民政府卫生主管部门根据国家艾滋病监测规划和方案，制定本行政区域的艾滋病监测计划和工作方案，组织开展艾滋病监测和专题调查，掌握艾滋病疫情变化情况和流行趋势。

疾病预防控制机构负责对艾滋病发生、流行以及影响其发生、流行的因素开展监测活动。

出入境检验检疫机构负责对出入境人员进行艾滋病监测，并将监测结果及时向卫生主管部门报告。

第二十三条 国家实行艾滋病自愿咨询和自愿检测制度。

县级以上地方人民政府卫生主管部门指定的医疗卫生机构，应当按照国务院卫生主管部门会同国务院其他有关部门制定的艾滋病自愿咨询和检测办法，为自愿接受艾滋病咨询、检测的人员免费提供咨询和初筛检测。

第二十四条 国务院卫生主管部门会同国务院其他有关部门根据预防、控制艾滋病的需要，可以规定应当进行艾滋病检测的情形。

第二十五条 省级以上人民政府卫生主管部门根据医疗卫生机构布局和艾滋病流行情况，按照国家有关规定确定承担艾滋病检测工作的实验室。

国家出入境检验检疫机构按照国务院卫生主管部门规定的标准和规范，确定承担出入境人员艾滋病检测工作的实验室。

第二十六条 县级以上地方人民政府和政府有关部门应当依照本条例规定，根据本行政区域艾滋病的流行情况，制定措施，鼓励和支持居民委员会、村民委员会以及其他有关组织和个人推广预防艾滋病的行为干预措施，帮助有易感染艾滋病病毒危险行为的人群改变行为。

有关组织和个人对有易感染艾滋病病毒危险行为的人群实施行为干预措施，应当符合本条例的规定以及国家艾滋病防治规划和艾滋病防治行动计划的要求。

第二十七条 县级以上人民政府应当建立艾滋病防治工作与禁毒工作的协调机制，组织有关部门落实针对吸毒人群的艾滋病防治措施。

省、自治区、直辖市人民政府卫生、公安和药品监督管理部门应当互相配合，根据本行政区域艾滋病流行和吸毒者的情况，积极稳妥地开展对吸毒成瘾者的药物维持治疗工作，并有计划地实施其他干预措施。

第二十八条 县级以上人民政府卫生、人口和计划生育、工商、药品监督管理、质量监督检验检疫、广播电影电视等部门应当组织推广使用安全套，建立和完善安全套供应网络。

第二十九条 省、自治区、直辖市人民政府确定的公共场所的经营者应当在公共场所内放置安全套或者设置安全套发售设施。

第三十条 公共场所的服务人员应当依照《公共场所卫生管理条例》的规定，定期进行相关健康检查，取得健康合格证明；经营者应当查验其健康合格证明，不得允许未取得健康合格证明的人员从事服务工作。

第三十一条 公安、司法行政机关对被依法逮捕、拘留和在监狱中执行刑罚以及被依法收容教育、强制戒毒和劳动教养的艾滋病病毒感染者和艾滋病病人，应当采取相应的防治措施，防止艾滋病传播。

对公安、司法行政机关依照前款规定采取的防治措施，县级以上地方人民政府应当给予经费保障，疾病预防控制机构应当予以技术指导和配合。

第三十二条 对卫生技术人员和在执行公务中可能感染艾滋病病毒的人员，县级以上人民政府卫生主管部门和其他有关部门应当组织开展艾滋病防治知识和专业技能的培训，有关单位应当采取有效的卫生防护措施和医疗保健措施。

第三十三条 医疗卫生机构和出入境检验检疫机构应当按照国务院卫生主管部门的规定，遵守标准防护原则，严格执行操作规程和消毒管理制度，防止发生艾滋病医院感染和医源性感染。

第三十四条 疾病预防控制机构应当按照属地管理的原则，对艾滋病病毒感染者和艾滋病病人进行医学随访。

第三十五条 血站、单采血浆站应当对采集的人体血液、血浆进行艾滋病检测；不得向医疗机构和血液制品生产单位供应未经艾滋病检测或者艾滋病检测阳性的人体血液、血浆。

血液制品生产单位应当在原料血浆投料生产前对每一份血浆进行艾滋病检测；未经艾滋病检测或者艾滋病检测阳性的血浆，不得作为原料血浆投料生产。

医疗机构应当对因应急用血而临时采集的血液进行艾滋病检测，对临床用血艾滋病检测结果进行核查；对未经艾滋病检测、核查或者艾滋病检测阳性的血液，不得采集或者使用。

第三十六条 采集或者使用人体组织、器官、细胞、骨髓等的，应当进行艾滋病检测；未经艾滋病检测或者艾滋病检测阳性的，不得采集或者使用。但是，用于艾滋病防治科研、教学的除外。

第三十七条 进口人体血液、血浆、组织、器官、细胞、骨髓等，应当经国务院卫生主管部门批准；进口人体血液制品，应当依照药品管理法的规定，经国务院药品监督管理部门批准，取得进口药品注册证书。

经国务院卫生主管部门批准进口的人体血液、血浆、组织、器官、细胞、骨髓等，应当依照国境卫生检疫法律、行政法规的有关规定，接受出入境检验检疫机构的检疫。未经检疫或者检疫不合格的，不得进口。

第三十八条 艾滋病病毒感染者和艾滋病病人应当履行下列义务：

（一）接受疾病预防控制机构或者出入境检验检疫机构的流行病学调查和指导；

（二）将感染或者发病的事实及时告知与其有性关系者；

（三）就医时，将感染或者发病的事实如实告知接诊医生；

（四）采取必要的防护措施，防止感染他人。

艾滋病病毒感染者和艾滋病病人不得以任何方式故意传播艾滋病。

第三十九条 疾病预防控制机构和出入境检验检疫机构进行艾滋病流行病学调查时，被调查单位和个人应当如实提供有关情况。

未经本人或者其监护人同意，任何单位或者个人不得公开艾滋病病毒感染者、艾滋病病人及其家属的姓名、住址、工作单位、肖像、病史资料以及其他可能推断出其具体身份的信息。

第四十条 县级以上人民政府卫生主管部门和出入境检验检疫机构可以封存有证据证明可能被艾滋病病毒污染的物品，并予以检验或者进行消毒。经检验，属于被艾滋病病毒污染的物品，应当进行卫生处理或者予以销毁；对未被艾滋病病毒污染的物品或者经消毒后可以使用的物品，应当及时解除封存。

第四章 治疗与救助

第四十一条 医疗机构应当为艾滋病病毒感染者和艾滋病病人提供艾滋病防治咨询、诊断和治疗服务。

医疗机构不得因就诊的病人是艾滋病病毒感染者或者艾滋病病人，推诿或者拒绝对其其他疾病进行治疗。

第四十二条 对确诊的艾滋病病毒感染者和艾滋病病人，医疗卫生机构的工作人员应当将其感染或者发病的事实告知本人；本人为无行为能力人或者限制行为能力人的，应当告知其监护人。

第四十三条 医疗卫生机构应当按照国务院卫生主管部门制定的预防艾滋病母婴传播技术指导方案的规定，对孕产妇提供艾滋病防治咨询和检测，对感染艾滋病病毒的孕产妇及其婴儿，提供预防艾滋病母婴传播的咨询、产前指导、阻断、治疗、产后访视、婴儿随访和检测等服务。

第四十四条 县级以上人民政府应当采取下列艾滋病防治关怀、救助措施：

（一）向农村艾滋病病人和城镇经济困难的艾滋病病人免费提供抗艾滋病病毒治疗药品；

（二）对农村和城镇经济困难的艾滋病病毒感染者、艾滋病病人适当减免抗机会性感染治疗药品的费用；

（三）向接受艾滋病咨询、检测的人员免费提供咨询和初筛检测；

（四）向感染艾滋病病毒的孕产妇免费提供预防艾滋病母婴传播的治疗和咨询。

第四十五条 生活困难的艾滋病病人遗留的孤儿和感染艾滋病病毒的未成年人接

受义务教育的，应当免收杂费、书本费；接受学前教育和高中阶段教育的，应当减免学费等相关费用。

第四十六条 县级以上地方人民政府应当对生活困难并符合社会救助条件的艾滋病病毒感染者、艾滋病病人及其家属给予生活救助。

第四十七条 县级以上地方人民政府有关部门应当创造条件，扶持有劳动能力的艾滋病病毒感染者和艾滋病病人，从事力所能及的生产和工作。

第五章 保障措施

第四十八条 县级以上人民政府应当将艾滋病防治工作纳入国民经济和社会发展规划，加强和完善艾滋病预防、检测、控制、治疗和救助服务网络的建设，建立健全艾滋病防治专业队伍。

各级人民政府应当根据艾滋病防治工作需要，将艾滋病防治经费列入本级财政预算。

第四十九条 县级以上地方人民政府按照本级政府的职责，负责艾滋病预防、控制、监督工作所需经费。

国务院卫生主管部门会同国务院其他有关部门，根据艾滋病流行趋势，确定全国与艾滋病防治相关的宣传、培训、监测、检测、流行病学调查、医疗救治、应急处置以及监督检查等项目。中央财政对在艾滋病流行严重地区和贫困地区实施的艾滋病防治重大项目给予补助。

省、自治区、直辖市人民政府根据本行政区域的艾滋病防治工作需要和艾滋病流行趋势，确定与艾滋病防治相关的项目，并保障项目的实施经费。

第五十条 县级以上人民政府应当根据艾滋病防治工作需要和艾滋病流行趋势，储备抗艾滋病病毒治疗药品、检测试剂和其他物资。

第五十一条 地方各级人民政府应当制定扶持措施，对有关组织和个人开展艾滋病防治活动提供必要的资金支持和便利条件。有关组织和个人参与艾滋病防治公益事业，依法享受税收优惠。

第六章 法律责任

第五十二条 地方各级人民政府未依照本条例规定履行组织、领导、保障艾滋病防治工作职责，或者未采取艾滋病防治和救助措施的，由上级人民政府责令改正，通报批评；造成艾滋病传播、流行或者其他严重后果的，对负有责任的主管人员依法给予行政处分；构成犯罪的，依法追究刑事责任。

第五十三条 县级以上人民政府卫生主管部门违反本条例规定，有下列情形之一的，由本级人民政府或者上级人民政府卫生主管部门责令改正，通报批评；造成艾滋病传播、流行或者其他严重后果的，对负有责任的主管人员和其他直接责任人员依法给予行政处分；构成犯罪的，依法追究刑事责任：

（一）未履行艾滋病防治宣传教育职责的；

（二）对有证据证明可能被艾滋病病毒污染的物品，未采取控制措施的；

（三）其他有关失职、渎职行为。

出入境检验检疫机构有前款规定情形的，由其上级主管部门依照本条规定予以处罚。

第五十四条 县级以上人民政府有关部门未依照本条例规定履行宣传教育、预防控制职责的，由本级人民政府或者上级人民政府有关部门责令改正，通报批评；造成艾滋病传播、流行或者其他严重后果的，对负有责任的主管人员和其他直接责任人员依法给予行政处分；构成犯罪的，依法追究刑事责任。

第五十五条 医疗卫生机构未依照本条例规定履行职责，有下列情形之一的，由县级以上人民政府卫生主管部门责令限期改正，通报批评，给予警告；造成艾滋病传播、流行或者其他严重后果的，对负有责任的主管人员和其他直接责任人员依法给予降级、撤职、开除的处分，并可以依法吊销有关机构或者责任人员的执业许可证件；构成犯罪的，依法追究刑事责任：

（一）未履行艾滋病监测职责的；

（二）未按照规定免费提供咨询和初筛检测的；

（三）对临时应急采集的血液未进行艾滋病检测，对临床用血艾滋病检测结果未进行核查，或者将艾滋病检测阳性的血液用于临床的；

（四）未遵守标准防护原则，或者未执行操作规程和消毒管理制度，发生艾滋病医院感染或者医源性感染的；

（五）未采取有效的卫生防护措施和医疗保健措施的；

（六）推诿、拒绝治疗艾滋病病毒感染者或者艾滋病病人的其他疾病，或者对艾滋病病毒感染者、艾滋病病人未提供咨询、诊断和治疗服务的；

（七）未对艾滋病病毒感染者或者艾滋病病人进行医学随访的；

（八）未按照规定对感染艾滋病病毒的孕产妇及其婴儿提供预防艾滋病母婴传播技

术指导的。

出入境检验检疫机构有前款第（一）项、第（四）项、第（五）项规定情形的，由其上级主管部门依照前款规定予以处罚。

第五十六条 医疗卫生机构违反本条例第三十九条第二款规定，公开艾滋病病毒感染者、艾滋病病人或者其家属的信息的，依照传染病防治法的规定予以处罚。

出入境检验检疫机构、计划生育技术服务机构或者其他单位、个人违反本条例第三十九条第二款规定，公开艾滋病病毒感染者、艾滋病病人或者其家属的信息的，由其上级主管部门责令改正，通报批评，给予警告，对负有责任的主管人员和其他直接责任人员依法给予处分；情节严重的，由原发证部门吊销有关机构或者责任人员的执业许可证件。

第五十七条 血站、单采血浆站违反本条例规定，有下列情形之一，构成犯罪的，依法追究刑事责任；尚不构成犯罪的，由县级以上人民政府卫生主管部门依照献血法和《血液制品管理条例》的规定予以处罚；造成艾滋病传播、流行或者其他严重后果的，对负有责任的主管人员和其他直接责任人员依法给予降级、撤职、开除的处分，并可以依法吊销血站、单采血浆站的执业许可证：

（一）对采集的人体血液、血浆未进行艾滋病检测，或者发现艾滋病检测阳性的人体血液、血浆仍然采集的；

（二）将未经艾滋病检测的人体血液、血浆，或者艾滋病检测阳性的人体血液、血浆供应给医疗机构和血液制品生产单位的。

第五十八条 违反本条例第三十六条规定采集或者使用人体组织、器官、细胞、骨髓等的，由县级人民政府卫生主管部门责令改正，通报批评，给予警告；情节严重的，责令停业整顿，有执业许可证件的，由原发证部门暂扣或者吊销其执业许可证件。

第五十九条 未经国务院卫生主管部门批准进口的人体血液、血浆、组织、器官、细胞、骨髓等，进口口岸出入境检验检疫机构应当禁止入境或者监督销毁。提供、使用未经出入境检验检疫机构检疫的进口人体血液、血浆、组织、器官、细胞、骨髓等的，由县级以上人民政府卫生主管部门没收违法物品以及违法所得，并处违法物品货值金额3倍以上5倍以下的罚款；对负有责任的主管人员和其他直接责任人员由其所在单位或者上级主管部门依法给予处分。

未经国务院药品监督管理部门批准，进口血液制品的，依照药品管理法的规定予以处罚。

第六十条 血站、单采血浆站、医疗卫生机构和血液制品生产单位违反法律、行政法规的规定，造成他人感染艾滋病病毒的，应当依法承担民事赔偿责任。

第六十一条 公共场所的经营者未查验服务人员的健康合格证明或者允许未取得健康合格证明的人员从事服务工作，省、自治区、直辖市人民政府确定的公共场所的经营者未在公共场所内放置安全套或者设置安全套发售设施的，由县级以上人民政府卫生主管部门责令限期改正，给予警告，可以并处500元以上5000元以下的罚款；逾期不改正的，责令停业整顿；情节严重的，由原发证部门依法吊销其执业许可证件。

第六十二条 艾滋病病毒感染者或者艾滋病病人故意传播艾滋病的，依法承担民事赔偿责任；构成犯罪的，依法追究刑事责任。

第七章 附 则

第六十三条 本条例下列用语的含义：

艾滋病，是指人类免疫缺陷病毒（艾滋病病毒）引起的获得性免疫缺陷综合征。

对吸毒成瘾者的药物维持治疗，是指在批准开办戒毒治疗业务的医疗卫生机构中，选用合适的药物，对吸毒成瘾者进行维持治疗，以减轻对毒品的依赖，减少注射吸毒引起艾滋病病毒的感染和扩散，减少毒品成瘾引起的疾病、死亡和引发的犯罪。

标准防护原则，是指医务人员将所有病人的血液、其他体液以及被血液、其他体液污染的物品均视为具有传染性的病原物质，医务人员在接触这些物质时，必须采取防护措施。

有易感染艾滋病病毒危险行为的人群，是指有卖淫、嫖娼、多性伴、男性同性性行为、注射吸毒等危险行为的人群。

艾滋病监测，是指连续、系统地收集各类人群中艾滋病（或者艾滋病病毒感染）及其相关因素的分布资料，对这些资料综合分析，为有关部门制定预防控制策略和措施提供及时可靠的信息和依据，并对预防控制措施进行效果评价。

艾滋病检测，是指采用实验室方法对人体血液、其他体液、组织器官、血液衍生物等进行艾滋病病毒、艾滋病病毒抗体及相关免疫指标检测，包括监测、检验检疫、自愿咨询检测、临床诊断、血液及血液制品筛查工作中的艾滋病检测。

行为干预措施，是指能够有效减少艾滋病传播的各种措施，包括：针对经注射吸毒传播艾滋病的美沙酮维持治疗等措施；针对经性传播艾滋病的安全套推广使用措施，以及规范、方便的性病诊疗措施；针对母婴传播艾滋病的抗病毒药物预防和人工代乳品喂养等措施；早期发现感染者和有助于危险行为改变的自愿咨询检测措施；健康教育措施；提高个人规范意识以及减少危险行为的针对性同伴教育措施。。

第六十四条　本条例自2006年3月1日起施行。1987年12月26日经国务院批准，1988年1月14日由卫生部、外交部、公安部、原国家教育委员会、国家旅游局、原中国民用航空局、国家外国专家局发布的《艾滋病监测管理的若干规定》同时废止。

参考文献

［1］汪海燕．走进阳光地带——大学生心理健康导航［M］．武汉：华中师范大学出版社，2004.

［2］汪海燕．高职高专学生心理健康指导［M］．北京：高等教育出版社，2005.

［3］黄希庭，郑涌．当代中国大学生心理特点与教育［M］．上海：上海教育出版社，1999.

［4］樊富珉．大学生心理素质教程［M］．北京：北京出版社，2002.

［5］胡玉明．当代大学生健康教育教程［M］．北京：北京师范大学出版社，2007.

［6］姜宪明．大学生心理自我保健［M］．北京：北京出版社，2001.

［7］李进宏．当代大学生心理解读［M］．武汉：武汉理工大学出版社，2003.

［8］马绍斌．心理保健［M］．广州：暨南大学出版社，2002.

［9］陈家麟，骆伯巍．青春期性心理卫生［M］．哈尔滨：黑龙江科学技术出版社，1998.

［10］王登峰，崔红．心理卫生学［M］．北京：高等教育出版社，2003.

［11］陈天翔．大学生健康教育［M］．成都：四川大学出版社，2009.

［12］张友菊．大学生健康教育［M］．北京：中国人民大学出版社，2015.